普通高等教育"十三五"规划教材

U0753904

Excel 在会计与财务管理中的应用

孟俊婷◎主编　　李孟浩◎副主编

立信会计出版社
LIXIN ACCOUNTING PUBLISHING HOUSE

图书在版编目(CIP)数据

Excel 在会计与财务管理中的应用/孟俊婷主编. —
上海:立信会计出版社,2017.10
ISBN 978 - 7 - 5429 - 5543 - 2

Ⅰ.①E··· Ⅱ.①孟··· Ⅲ.①表处理软件-应用-
会计②表处理软件-应用-财务管理③Excel Ⅳ.①F232
②F275-39

中国版本图书馆 CIP 数据核字(2017)第 165239 号

策划编辑 余 榕
责任编辑 余 榕
封面设计 南房间

Excel 在会计与财务管理中的应用

出版发行 立信会计出版社
地 址 上海市中山西路 2230 号 邮政编码 200235
电 话 (021)64411389 传 真 (021)64411325
网 址 www.lixinaph.com 电子邮箱 lxaph@sh163.net
网上书店 www.shlx.net 电 话 (021)64411071
经 销 各地新华书店

印 刷 常熟市梅李印刷有限公司
开 本 787 毫米×1092 毫米 1/16
印 张 14.25
字 数 341 千字
版 次 2017 年 10 月第 1 版
印 次 2019 年 1 月第 2 次
印 数 3101—6200
书 号 ISBN 978 - 7 - 5429 - 5543 - 2/F
定 价 39.00 元

如有印订差错,请与本社联系调换

前言 FOREWORD

随着计算机与网络技术的迅猛发展和经济环境的快速变化,先进的管理软件层出不穷,使得原来可望而不可即的先进管理模式在管理软件的支持下得以广泛应用,信息技术的发展为会计与财务管理职能的发挥提供了良好的机遇。经过30多年的发展,我国计算机会计与财务管理教育取得了一定的成绩,计算机会计与财务管理已经成为会计学专业与财务管理学专业的必修课程。但是,目前市场上销售的相关教材大都是关于Excel在财务管理中的应用,关于在会计中的应用则较少;大部分学校只安排会计软件实训的课程,教给学生利用会计软件进行会计业务的处理,学生只能按照编好程序的步骤进行业务操作,并没有真正理解会计学原理等。这些是目前我国会计学专业在教材和教学应用上普遍存在的问题,本书专为解决上述问题而编写。本书不仅介绍Excel在财务管理中的应用,而且也把Excel在会计中的应用内容加入进来,注重教给学生利用Excel的函数和工具进行账务处理、财务报表分析、薪资管理、固定资产管理和购销存管理模型设计的方法,形成集会计与财务管理为一体的信息系统,使学生学习后对会计学原理有了完整的概念,同时通过Excel进行账务处理,尤其是期末损益的结转,学生会对会计学原理有了更深刻的理解,达到较好的教学效果。通过对本书所授方法的学习,学生可以对"会计学""财务管理学""管理会计"等课程中所讲述的理论和先进的管理方法进行很好的验证。从西方发达国家开设的课程来看,特别是美国全国会计师协会(NAA)下属的管理会计协会(IMA)每年的管理会计师资格考试,已在决策分析中加入会计信息系统及决策系统建立等内容。因此,财会人员除需具备现代会计、财务管理理论知识外,还应掌握计算机技术及各种财务软件的应用,为企业生产经营决策和长期投资决策服务,正是在这样的背景下,笔者编写了《Excel在会计与财务管理中的应用》一书。

"Excel在会计与财务管理中的应用"课程属于交叉学科,是一门实用性很强的课程,在上此课程时,学生应已具备相当扎实的会计专业和财务管理专业知识,但他们只有理论没有实践,虽然非常渴望将所学的知识用于实践之中,又不知如何具体应用,本书正是针对这样学以致用的需求而编写的,旨在帮助学生掌握和利用Excel软件来解决在会计与财务管理中所遇到问题的方法和技巧。

在对本书各章节进行设计时,笔者注意理论联系实际,尤其是在对每一个财务模型进行设计时,一是告诉学生这个模型在会计或财务管理中的作用,解决会计或财务管理中的哪些问题;二是模型如何设计及构思,使学生能够利用计算机先进技术在 Excel 2010 财务管理软件中,在虚拟的计算机环境下,模拟现实企业的财务环境,建立适合企业财务需求的分析和决策模型,充分发挥学生的想象力和创造力,解决在会计与财务管理中存在的问题,更好地参与企业的管理和决策工作。

本书全面、系统地介绍了在计算机环境中会计与财务管理模型设计的方法,并通过大量的实例,阐述了如何利用 Excel 2010 进行会计业务的处理与财务管理问题的处理。通过对本书系统的学习,学生可以掌握利用 Excel 对会计与财务管理中所出现问题的解决方法和技巧;可以独立完成会计与财务模型的设计,并能应用设计出模型解决会计与财务管理中存在的实际问题,真正提高分析问题和解决问题的能力,为将来在工作中真正发挥管理职能打下良好的基础。

本书具有以下特点:

(1) 注重挖掘学生的潜力,引导其个性的发挥。为了满足会计专业和财务管理专业教育改革的需要,笔者在教学中参考大量的资料,并根据多年的教学实践,以 ABC 企业为例自编了一套会计与财务管理系统模型,这些模型大部分在本书中用图表的形式表现出来,在模型的设计中强调模型设计的个性化和创造性的发挥;注重对学生能力的培养,引导学生个性和创造性的发挥。学生通过系统地学习本书,可以真正学会模型设计的方法,提高独立分析问题、解决问题与创新的能力。

(2) 涵盖会计信息系统和财务管理信息系统的主要内容。本书解决了过去的财务管理理论中许多手工计算难以解决的问题,特别是投资决策模型、杜邦分析模型、综合分析模型和财务预算模型等,具有很强的实用性。

(3) 便于学生进行学习和比较,是学校和企业进行财务技能培训的好教材。本书中的模型大都来自会计与财务管理书籍和实践,学生在学习并掌握了本书模型的设计方法后,可以自行设计出会计与财务管理模型,可将模型计算的结果与会计学原理和财务管理学中的数据进行比较,特别是投资决策模型、筹资决策模型、固定资产管理模型的设计,使学生对应用计算机解决会计与财务管理问题有了新的认知——只要掌握模型设计的基本方法,就可解决在会计与财务管理中出现的各种问题。

(4) 具有可操作性、实用性和超前性。本书内容丰富,不仅对企业和学生进行会计业务的处理、薪资管理、固定资产管理、购销存管理及财务管理有帮助,而且利用财务管理的方法对企业生产经营决策和日常财务管理具有很高的实用价值,有些模型和方法完全可以用于"财务管理"和"管理会计"等课程的理论教学,特别是财务管理、管理会计和成本会计中大量的公式和计算问题,都可以通过设计 Excel 模型的方法来解决,这对改进会计与财务管理教学,提高学生的理解能力和操作能力也是切实可行的方法。本书集会计与财务管理模型设计于一身,在一定程度上可填补我国计算机会计与计算机财务管理方面的空白。

(5) 努力培养出符合 21 世纪企业发展所需的有用的复合型人才。随着我国的国际化进程的加快,我国在国际上的政治地位和经济地位不断提高,特别是习主席提出的"一带一路"伟大的畅想,受到全世界的瞩目和重视,所以21世纪将是辉煌的世纪,同时也是充满竞争和机遇的世纪,我国企业要想在竞争中立于不败之地,提高企业的核心竞争力,必须从教育抓起,只有教会学生使用先进管理软件和掌握先进的数据处理方法,才能提高工作的效率,才能在激烈的市场竞争中立于不败之地。因此,学生只要认真学习本书所授方法,基本上都能熟练解决会计与财务管理中出现的问题,以满足复合型人才的需求。

本书共分12章,由孟俊婷和李孟浩共同编写:孟俊婷为主编,负责全书的策划、编写大纲和最后定稿,并负责全书的第1章、第7章至第10章的编写;李孟浩负责第2章至第6章、第11章、第12章的编写。本书不仅适用于各高校经济管理类师生的使用,亦可作为企业经营管理者和财务管理人员的参考用书。

本书在编写的过程中参阅了大量的文献和资料,在此谨向有关作者致谢。由于编者水平有限,本书难免有不足之处,敬请读者批评指正。

编　者

2017年9月于温州商学院

目录 CONTENTS

第1章 财务软件工具 Excel 2010 基础知识

随着市场经济的发展和市场竞争的加剧,各个企业的经济环境在不断地发生变化,企业对会计职能的要求已从单纯的会计核算型向财务管理型发展,这要求企业必须充分利用现有的财务信息资源,准确地分析当前的财务状况,并对未来的财务状况进行分析,以便为管理层提供较好的决策方案。美国微软(Microsoft)公司推出的 Excel 2010 软件工具是一个功能强大、技术先进、使用方便的电子表格式数据管理与分析系统,目前已被国内外财务人员公认为是强有力的数据管理与分析的软件工具,特别是其丰富的财务函数、灵活的表格计算功能及智能功能,可供人们用来方便地记录和分析财务数据、编辑数学公式、绘制图表及编辑文本等,为财务人员建立各种财务分析模型,高效、准确地从事财务管理活动,提供了保证。基于此,本章先介绍 Excel 2010 的基础知识。

1.1 Excel 2010 概述

Microsoft Excel 2010 是一个功能强大的电子表格软件,具有数据库处理功能、图表图形功能、因特网开发功能以及丰富的函数和宏命令。本章主要介绍 Excel 2010 中文版(以下简称 Excel)的基础知识。通过本章的学习,学生可以快速掌握 Excel 2010 的一些基本操作,学会通过 Excel 的帮助功能,在无人指导的情况下解决在会计财务管理的具体操作过程中遇到的问题。

1.1.1 启动 Excel

在使用 Excel 电子表格之前,需要先启动 Excel 工作簿,使 Excel 处于工作状态。启动 Excel 的操作步骤如下:

(1) 单击 Windows 桌面左下角的[开始]按钮。

(2) 将鼠标指向[程序]选项后,再将鼠标指向[Microsoft Excel]选项。

(3) 单击[Microsoft Excel]选项,进入 Excel 2010 中文版界面,如图 1-1 所示。

1.1.2 Windows 环境下的 Excel 2010 界面

进入 Excel 2010 中文版界面后,就可以了解 Excel 界面中的各个组件。有些组件看上去很熟悉,因为它们也常在其他 Windows 程序中出现。下面结合图 1-1 分别介绍各组件的内容。

（1）菜单栏。单击该栏上的任何菜单名，将显示与所做工作有关的一系列可用的菜单命令。

（2）常用及格式工具栏。常用工具栏由一些按钮图标组成，每一个按钮代表一个命令，这些命令与菜单的功能一样，一般来说，单击按钮比单击菜单操作时的工作效率更高。格式工具栏中的工具用于编辑排版，能够使输入的数据和文本更加漂亮。

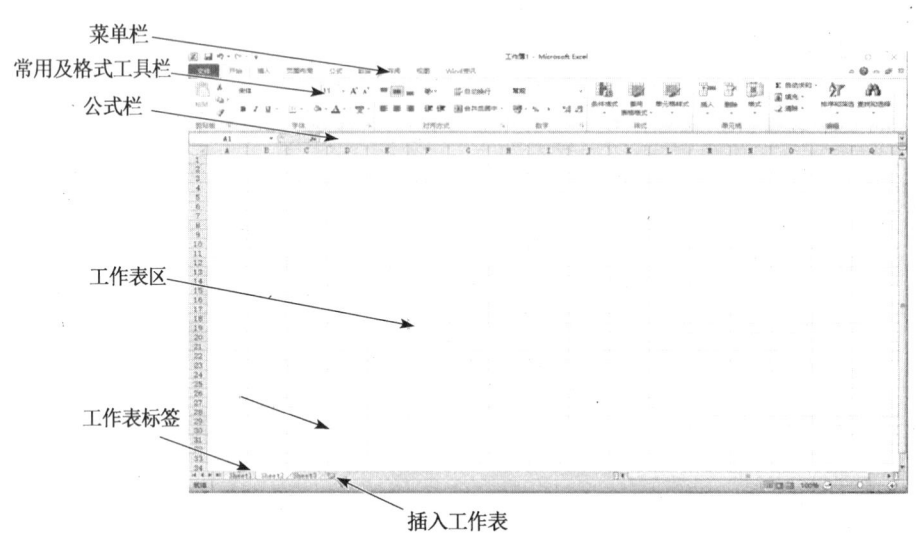

图 1-1　Windows 环境下 Excel 2010 界面及各组件名称

（3）公式栏。可以在公式栏键入公式或函数对单元格中的内容进行编辑。

（4）工作表区。它是屏幕中最大的用于记录数据的区域，输入的信息都将存在该表中。该表由方格组成，横向为行，由行号区的数字分别加以命名(1，2，3，…)，纵向为列，由列号区的字母分别加以命名(A，B，C，…)。当单击列区的字母时，该列就被选中；当单击行号区的数字时，该行就被选中。另外，在行号区和列号区的交界处(左上角单元格)时"全选中"单元格，单击它就选中了整张表格。

（5）工作表标签。它们标志一个工作簿中的各张工作表，其默认状态下的命名为"sheet1，sheet2，…"。用户可以简单地给它们取一些有意义的名字，这时只需在标签上双击鼠标左键，对"sheet1，sheet2，…"进行重新命名，命名时可根据表格的内容给工作表起更有实际意义的名字。

1.1.3　Excel 的信息表示结构

由图 1-1 可看出，Excel 工作表由一个个小方格(单元)组成，它们是组成表格的"细胞"，因此，了解 Excel 的组织结构以及如何科学地对其加以应用，是学习和应用 Excel 的前提。

1. 单元格

单元格是 Excel 中最小的单元，在单元格里可以输入字符串、数据和日期等信息。单元格的大小无关紧要，在 Excel 中它被视为一个最小的整体进行操作。实际上，单元格的大小可以任意改变。当把鼠标光标移到行号区（或列号区）时，在两个行号（或列号）相邻处附近就会发现光标变为双箭头。这时拖动这个双箭头，单元格的大小就会发生变化。

选择当前单元格的操作如下：用鼠标单击显示在窗口中的某一单元，该单元即变为当前活动单元。活动单元是用一个深色框框起来的，一般用键盘在活动单元中输入数据。

选择当前单元格所用按键如下：

↑（或↓、←、→）　使原单元之上（或下、左、右）的某一单元成为活动单元。

PgUp　上移一屏，新屏中同样位置的单元为活动单元。

PgDn　下移一屏，新屏中同样位置的单元为活动单元。

Home　回到表的第一单元。

Ctrl＋Home　回到行的第一单元。

End＋↑（或↓、←、→）　原单元在数据区中，上（或下，左，右）移到数据区中遇空白为止的第一个（或最后一个）单元，为当前活动单元。

2. 单元地址

单元地址主要指在 Excel 工作表格中一个单元或一组单元的位置，以便 Excel 由此"参考"辨识目标单元，以进行数据分析处理。在工作表格中所使用的"地址"基本上有相对地址与绝对地址两种形式。

（1）相对地址。相对地址以某一特定单元为基准来对其他单元进行定位。例如，你若告诉别人温州商学院的地址时，可以说在温州市瓯海区茶山镇，这就是以"相对"概念来说明地址。相对地址的表示形式为"A1""B1"等，即用行、列地址作为它的名字。例如在图 1-1 中，第 3 行、第 3 列一个单元的相对地址为 C3；第 6 行、第 1 列到第 9 行、第 2 列单元区域的相对地址为区域 A6：B9。

（2）绝对地址。绝对地址则直接说明 Excel 某些单元在工作表格中的确切位置。例如，你告诉别人你居住在温州市瓯海区茶山镇朝阳新街 F 区 6-205，这就是以"绝对"概念来说明地址的。绝对地址的表示形式为"＄A＄1""＄B＄1"等，即用行、列地址加＄作为名字。例如，在图 1-1 中，第 3 行、第 3 列单元的绝对地址为＄C＄3；第 6 行、第 1 列到第 9 行、第 2 列单元区域的绝对地址为＄A＄6：＄B＄9。

3. 单元引用

相对地址与绝对地址之间的最主要差异在于函数或公式中对单元的引用。

（1）相对引用。单元的相对引用是指公式中参数以单元的相对地址表示。当因插入、复制等原因引起行、列地址的变化，公式中的相对引用随公式的移动而变动。变动的原则是：公式中的相对地址会随公式地址的变化而变化。

（2）绝对引用。单元的绝对引用是指公式中参数以单元的绝对地址表示。当因插入、复制等原因引起行、列地址的变化，公式中的绝对地址不会随公式的地址变化而变化。

下面以图 1-2 为例来说明相对引用、绝对引用之间的差别。

在图 1-2 中，单元格 D5 的公式中用了相对引用，其公式为"＝D2＋D3＋D4"；将该公式复制到单元格 D6，其单元格的值发生变化，单元格 D6 的公式为"＝D3＋D4＋D5"。单元格

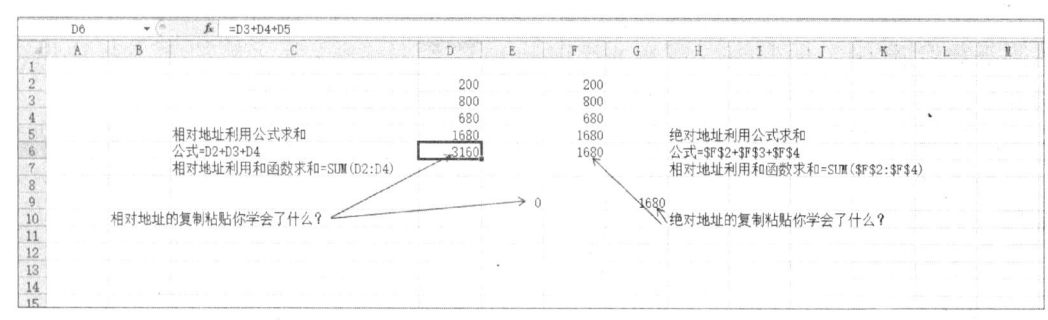

图 1-2　Excel 中相对引用、绝对引用

F5 的公式用了绝对引用,其公式为"＝＄F＄2＋＄F＄3＋＄F＄4";将该公式复制到单元格 F6,其单元格的值没有发生变化,单元格 D6 的公式为"＝＄F＄2＋＄F＄3＋＄F＄4"。

4. 单元区域

单元区域是指若干个单元组成的区域。单元区域的表示方法有以下三种:

(1)连续区域:第一个单元和最后一个单元引用中间用冒号":"连接,表示由若干个连续单元组成的区域。例如,"G2:J7"是指 G2 到 J7 这样一个矩形区域,如图 1-3 所示。

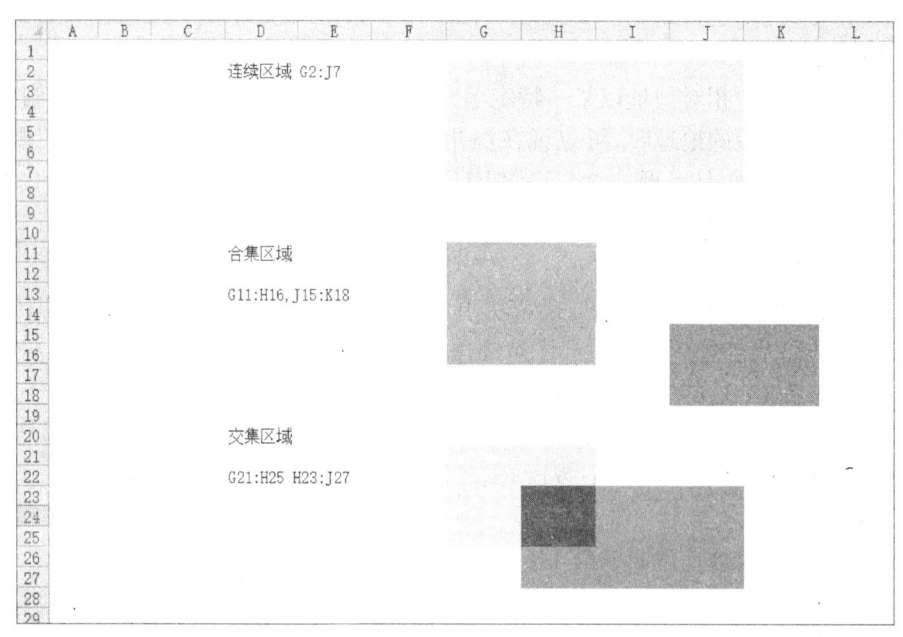

图 1-3　连续区域、合集区域和交集区域

(2)合集区域:是指两个单元区域组成的两个互不相连的单元区域的合集。例如,区域 G11:H16 和区域 J15:K18 的合集,用"G11:H16,J15:K18"表示,两个单元区域中间用逗号隔开,如图 1-3 所示。

(3)交集区域:是指两个单元区域交集的公共单元区域。例如,H23:H25 是单元区域 G21:H25 与单元区域 H23:J27 相交部分区域,用"G21:H25 H23:J27"表示,两个单元区域中间用空格隔开,如图 1-3 所示。

在很多情况下,不只是对一个单元操作,而是对一个区域操作,如删除、复制、粘贴等操作都可针对一个单元区域进行。选择单元区域是一种常用的操作。

1.1.4 工作表的编辑和使用

1. 插入或删除工作表

每一个 Excel 文档都是一个工作簿,打开的工作簿中含有默认的 3 个工作表,它们分别是以"sheet1""sheet2""sheet3"命名。但在实际使用中,用户往往需要添加或删除工作表。在 Excel 中,用户可以根据需要来增加或减少工作表的数目。

(1)插入工作表。若要插入工作表,单击工作表标签最右侧"黄点"标记,即可增加一张新的工作表。

(2)删除工作表。若要删除一张工作表,首先单击工作表标签来选定要删除的工作表,其次点击鼠标右键来删除工作表命令,那么选中的工作表将被删除,同时该工作表后面的工作表成为当前工作表。

2. 移动和复制工作表

在实际工作中,有时需要重新安排工作表的次序,或需要复制一张工作表,这在 Excel 中很容易实现。

(1)移动工作表。在工作簿中移动工作表的方法是:首先单击工作表标签来选定要移动的工作表;其次按住鼠标左键,沿着标签行拖动选中的工作表到达新的位置,之后松开鼠标左键,即可将工作表移动到新的位置。在拖动过程中,屏幕上会出现一个黑色的三角形来表示工作表将要被插入的位置。

(2)复制工作表。在工作簿中复制工作表的方法是:首先单击工作表标签来选定要复制的工作表;其次按住[Ctrl]键和鼠标左键,沿着标签行拖动选中的工作表到达新的位置。此外,也可以选中工作表,即选择工作表行列交叉点,用工具栏复制、粘贴图标进行复制,或用复制、粘贴命令进行复制均可。

3. 重命名工作表

Excel 在建立新的工作簿时,所有工作表分别以"sheet1""sheet2"等命名,实际中,为了便于记忆管理,往往需要对其加以修改。重命令工作表的方法是:首先双击工作表标签来选定需要修改名字的工作表,这时屏幕上会看到标签名呈选中状态;其次输入新的名字,按回车键即可。

4. 选中工作表整行

选中工作表整行的操作比较简单,只需将鼠标光标移动到所要选中的行的行号处,然后单击行号即可。例如,需要选中第 3 行,就只需在第 3 行的行号处单击即可,单击后的屏幕如图 1-4 所示。

5. 选中工作表整列

选中工作表整列的操作也同样简单,只需将鼠标光标移动到所要选中的列的列号处,然后单击列号即可。例如,需要选中第 F 列,就只需在第 F 列的列号处单击即可,单击后的屏幕如图 1-5 所示。

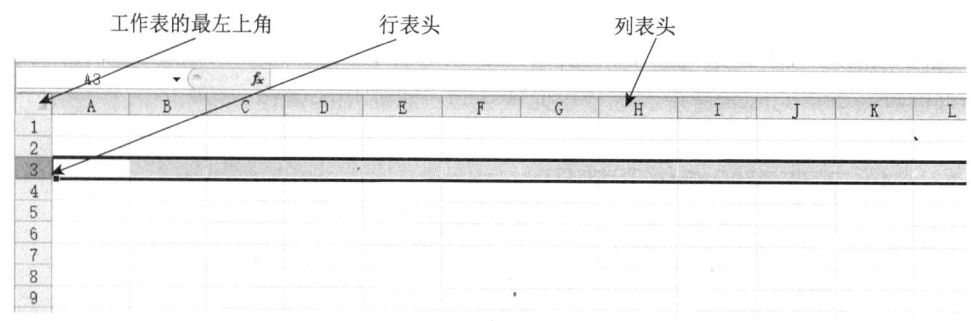

图 1-4　选中工作表第 3 行

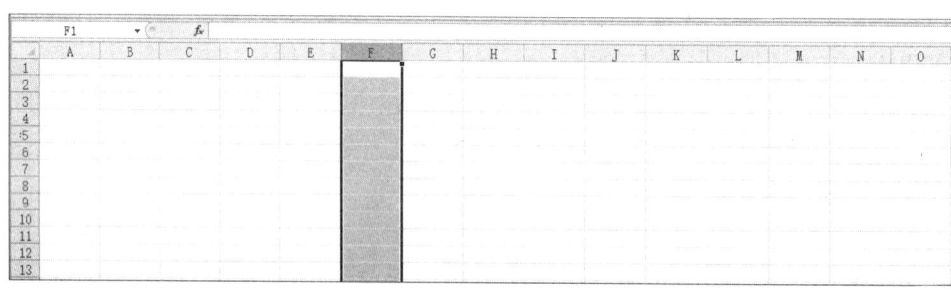

图 1-5　选中工作表第 F 列

6. 选中整张工作表

工作表的最左上角（即列号 A 的左边，行号 1 的上边）是［选中整张工作表］按钮，单击它可以选中整张工作表，即整张工作表全部变成蓝色，这时就可以在整张工作表中进行全局的编辑、修改、复制和粘贴，如图 1-6 所示。

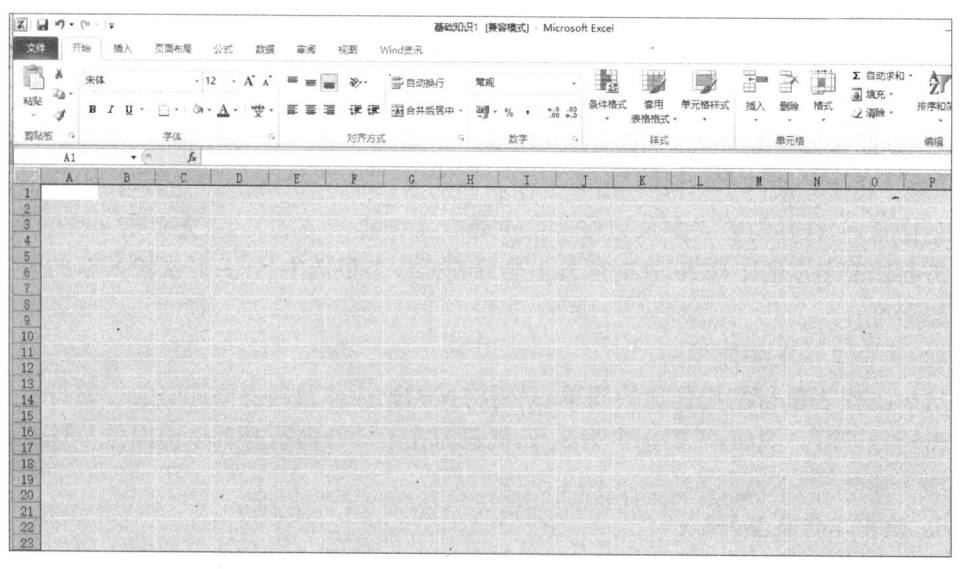

图 1-6　选中整张工作表

7. 选中区域

由前面的介绍可知,所谓区域,就是指一组被选中的单元格。单元格可以是相邻的,也可以是彼此分离的。

对于相邻单元格的区域选中,可以采用如下操作步骤:

(1) 将鼠标光标指向所要选中的区域的第 1 个单元格。

(2) 按住鼠标左键,然后沿着对角线从第 1 个单元格拖动鼠标光标到最后 1 个单元格。

(3) 松开鼠标左键。

8. 单元格的插入和删除

在建立工作表的过程中,经常需要插入单元格,有时也需要删除单元格。

(1) 插入单元格。插入单元格的步骤如下:①单击要插入的单元格。例如,若希望在单元格 C10 和 D10 之间插入数据"25",就单击单元格 D10,使之成为活动单元格。②点击鼠标右键插入菜单中的[单元格]命令,这时屏幕上会出现如图 1-7 所示的"插入"对话框。③在"插入"对话框中的选项框中有:"活动单元格右移""活动单元格下移""整行""整列"4组选项。在本例中选择"活动单元格右移",单击该选项,如图 1-7 所示。④单击[确定]按钮,屏幕上单元格 C10 中的内容就右移到了单元格 D10 中,单元格 C10 出现了空白,这时就可以追加数据了。

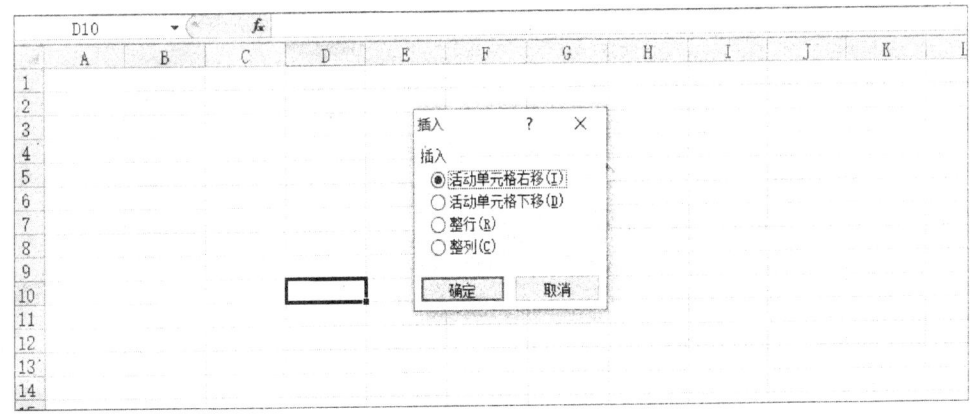

图 1-7　单元格插入前

(2) 删除单元格。删除单元格的步骤如下:①用鼠标光标选中要删除的单元格,使其成为活动单元格。②点击鼠标右键,选择[删除]命令,这时屏幕上就会出现如图 1-8 所示的"删除"对话框。③在对话框的选项框中有:"右侧单元格左移""下方单元格上移""整行""整列"4组选项。在本例中选择"右侧单元格左移",单击该选项,如图 1-8 所示。④单击[确定]按钮,屏幕上的单元格 D10 中的内容就左移到了单元格 C10 中。

9. 在工作表中插入行

对于一个编辑好的表格,可能要在表中通过增加行(或列)的操作来增加新的数据。

插入行的步骤如下:

① 将鼠标光标指向要插入行的位置,单击行号"7"。②点击鼠标右键,选择[插入]命令,这时就可以看到第 7 行前插入了新的一行,如图 1-9 所示。

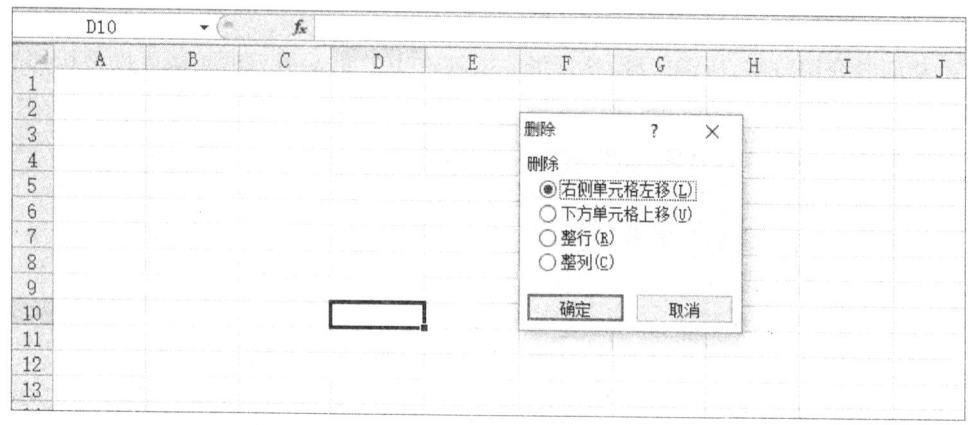

图 1-8 单元格 D10 删除前

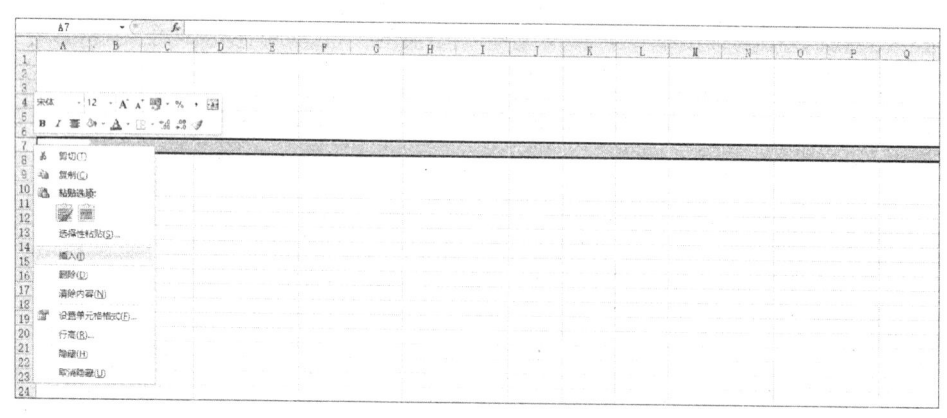

图 1-9 在第 7 行前插入一行

10. 在工作表中插入列

插入列的操作与插入行类似,只需选中要插入的列的位置,然后单击鼠标右键,选择[插入]命令,就可以在选中的列的左侧插入新的一列了。

11. 数据的删除

数据的删除有两种方式:一是使用键盘的[Delete]键删除数据;二是使用鼠标右键删除数据。

(1) 使用键盘的[Delete]键删除数据。其操作步骤如下:①选中要删除的单元格或区域。②在键盘上按下[Delete]键。

(2) 使用鼠标右键删除数据。其步骤如下:①选中要删除的单元格或区域。②单击鼠标右键,屏幕上会出现如图 1-10 所示的菜单。③根据情况选择要删除命令,单击[确定]按钮即可。

在一般情况下,使用第一种方式删除最简单、便捷。

12. 数据的替换

数据的替换比较简单。例如,要将图 1-11 中的"技术人员"替换成"干部",可以按以下步骤进行:

(1) 点击菜单栏最右下方的[查找和选择]下面的小三角,出现如图 1-11 所示的"查找

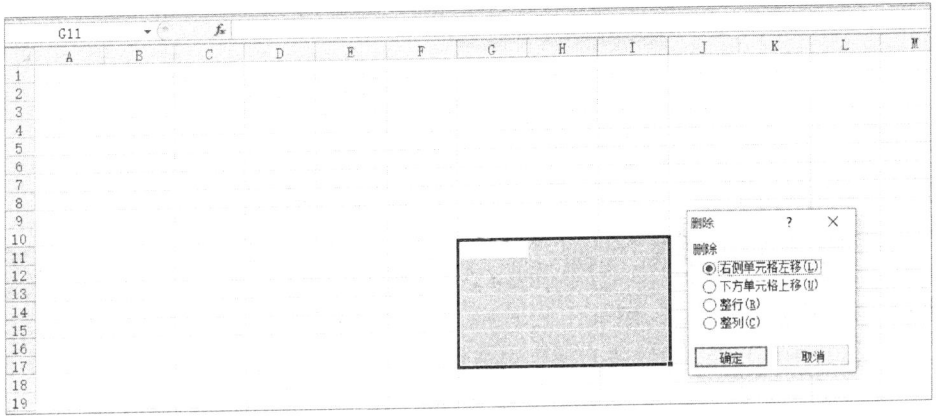

图 1-10　使用鼠标右键删除数据

和替换"对话框。

（2）在［替换］选项卡中，将"查找内容"栏中输入"技术人员"，在"替换为"栏中输入"管理人员"。单击［替换］按钮，即完成替换，如图 1-12 所示。

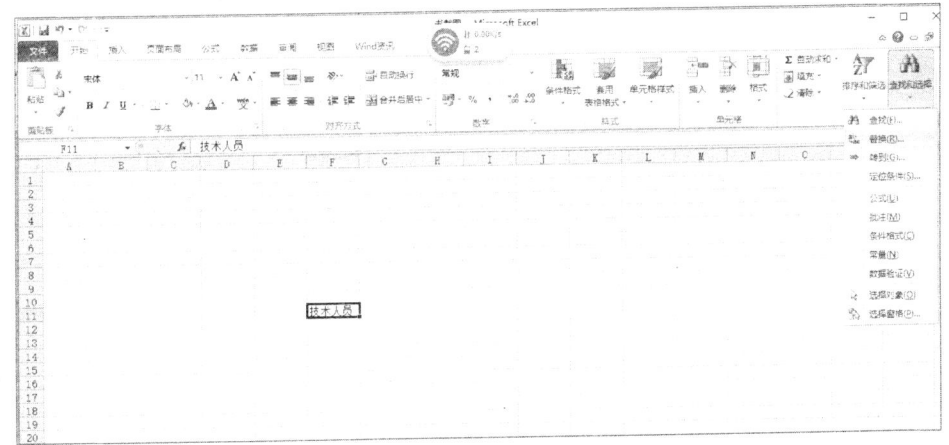

图 1-11　数据查找和替换（一）

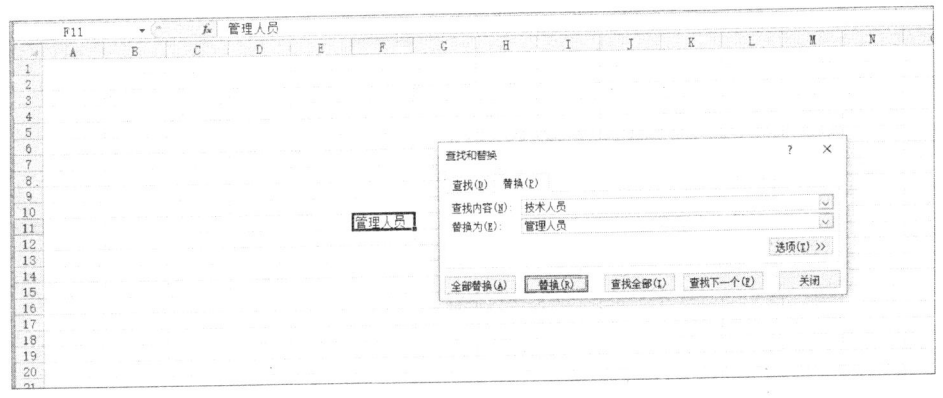

图 1-12　数据查找和替换（二）

1.2　在公式中使用单元格引用

　　Excel 允许用户使用公式对数值进行计算。公式是对数据进行分析与计算的等式。使用公式可以对工作表中的数值进行加法、减法、乘法和除法等运算。每个 Excel 公式必须包含三个基本元素：一是等号（＝），用于指出该单元格的输入为公式；二是用于计算的数据或单元格引用；三是数学运算符，用于让 Excel 知道执行何种运算。

　　在 Excel 表中创建公式时，若使用了单元格引用，就意味着这个公式同工作簿中其他的单元格连接起来了。此时，公式值的变化依赖于所引用单元格的数值，即当所引用单元格中的数值发生变化时，公式的值也相应地发生变化。

　　例如，当在单元格 E6 中输入一个数值"50"，并在单元格 G6 中输入公式"＝E6"时，单元格 G6 的值就等于50，如图 1-13 所示。若改变单元格 E6 的值为 1 000，那么单元格 G6 的值也会随之发生变化，也变成 1 000，如图 1-14 所示。在以后创建公式时，将会进一步体会到使用单元格引用的好处。

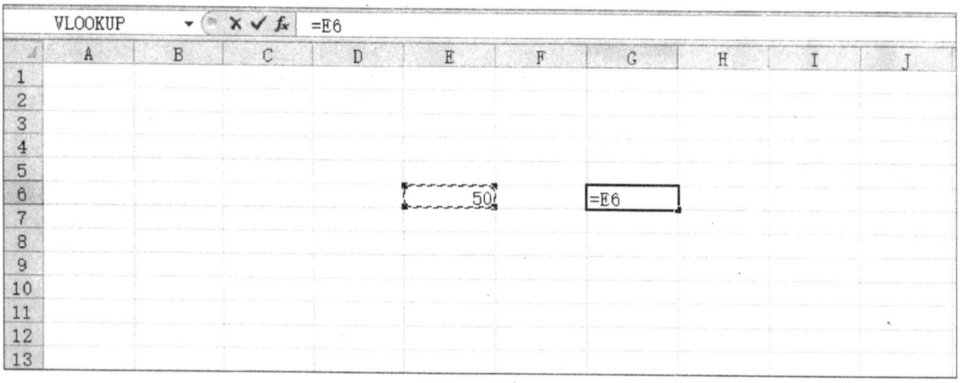

图 1-13　公式的输入

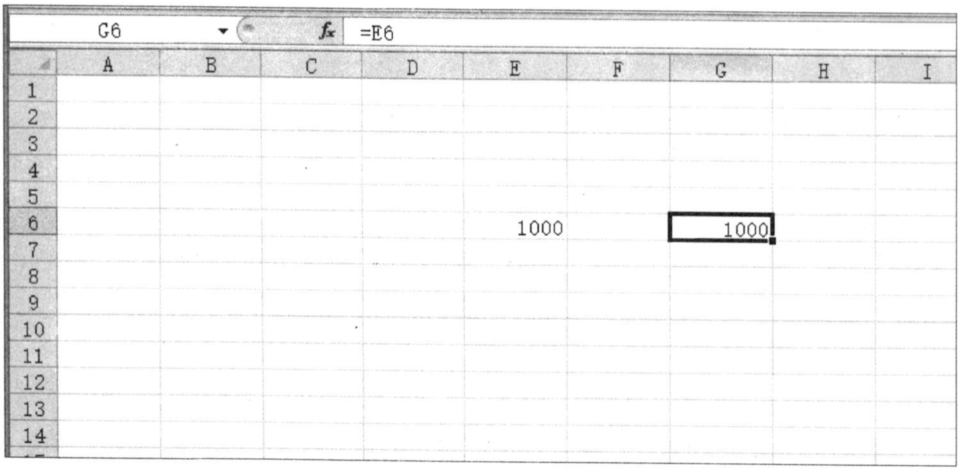

图 1-14　建立公式后的结果

会计信息生成的实质性操作是有关 Excel 软件中公式和函数的应用,因此了解公式与函数的用法是十分必要的。

1.2.1 公式法

1. 直接输入公式

特别值得注意的是:在单元格中输入公式时,必须在公式前面加上等号;否则,仅是文字表述而得不到任何数值结果。在参数的输入过程中应当注意的问题是:公式中的字符总数不能超过 1 024 个,每个字符串不能多于 255 个字符;公式中的文字必须包括在双引号中,若文字本身包括引号,那么文字中的每个双引号就要用两个双引号来表示。例如,在单元格 E6 中输入公式"=C6+D6"时,表示在单元格 E6 中的数值应当是单元格 C6 与单元格 D6 中的数值之和 50(20+30),如图 1-15 所示,如果在输入公式的时候忘记加等号,那么在单元格 E3 中仅显示文字"C3+D3",而非数值"50"。

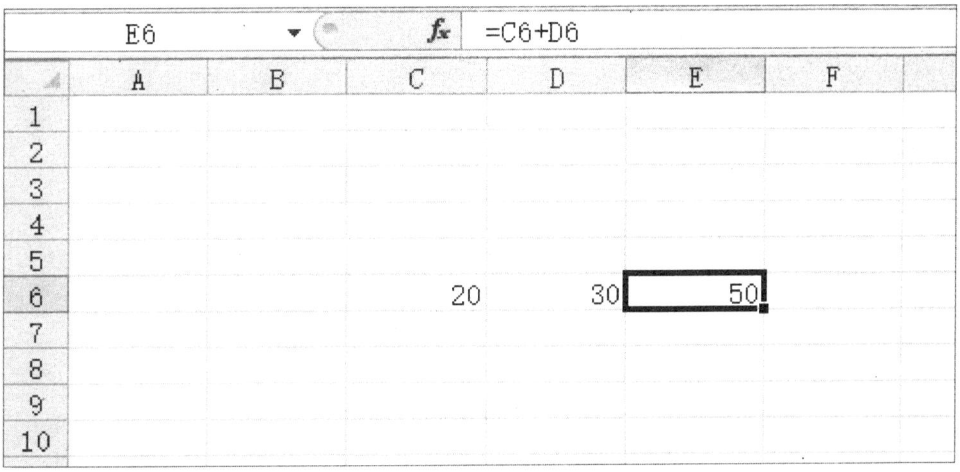

图 1-15 输入公式时要加等号

2. 利用填充柄进行复制的方法实现公式的自动写入

在 Excel 中可以利用填充方法实现公式的自动写入。如图 1-16 所示,其中单元格 E3 的值已经计算出来,单元格 E4 的值和单元格 E5 的值可以通过自动填充法来计算。具体操作方法是:先激活单元格 E3,将鼠标光标移动到"填充柄"处,按住鼠标左键,向下拖动,扫过单元格 E4 和单元格 E5 后松开鼠标,就会在这两个单元格上填写计算公式,并计算结果,如图 1-16 所示。

3. 利用鼠标输入公式

在公式中输入单元格引用,利用鼠标点击单元格不仅可以节约时间,而且可以提高准确性。例如,假定已经在单元格 C3 和单元格 D3 中分别输入值"20"和"30",现在要在单元格 E3 中引用,对单元格 C3 和单元格 D3 的值求乘积,则可按以下操作步骤进行:

	E3	▼	●	f_x	=C3+D3		
	A	B	C	D	E	F	G	H
1								
2							填充柄	
3			20	30	50			
4			40	50	90			
5			60	70	130			
6								
7								
8								

图 1-16　利用填充柄复制的方法实现公式的自动写入

（1）用鼠标选择单元格 E3，并输入等号"＝"。

（2）用鼠标单击单元格 C3，并输入乘号"∗"。

（3）用鼠标单击单元格 D3，并按回车键。

此时单元格 E3 显示的值为 600，如图 1-17 所示。

	E3	▼	●	f_x	=C3*D3		
	A	B	C	D	E	F	G
1							
2							
3			20	30	600		
4							
5							
6							

图 1-17　利用鼠标建立公式

 **温馨提示**

公式输入完毕后，一定要按回车键，如果不按回车键而又选择另一个单元格，Excel 就会认为此单元格的引用也包括在内。

1.2.2　相对地址引用

所谓"相对地址"，是指把一个含有地址的公式复制到一个新的位置时，公式中的单元格地址的值会随之改变，这个随之改变的地址就是相对地址。例如，事先在 Excel 表中输入数据，如图 1-18 中的区域 C3：E5 所示，在单元格 C6 中输入公式"＝C3＋C4＋C5"，按回车键后，单元格的值为"90"。现在将单元格 C6 的公式复制到单元格 D6 和单元格 E6 中。具体操作方法是：先选中单元格 C6，用填充柄复制法进行复制，并观察公式地址的变化。

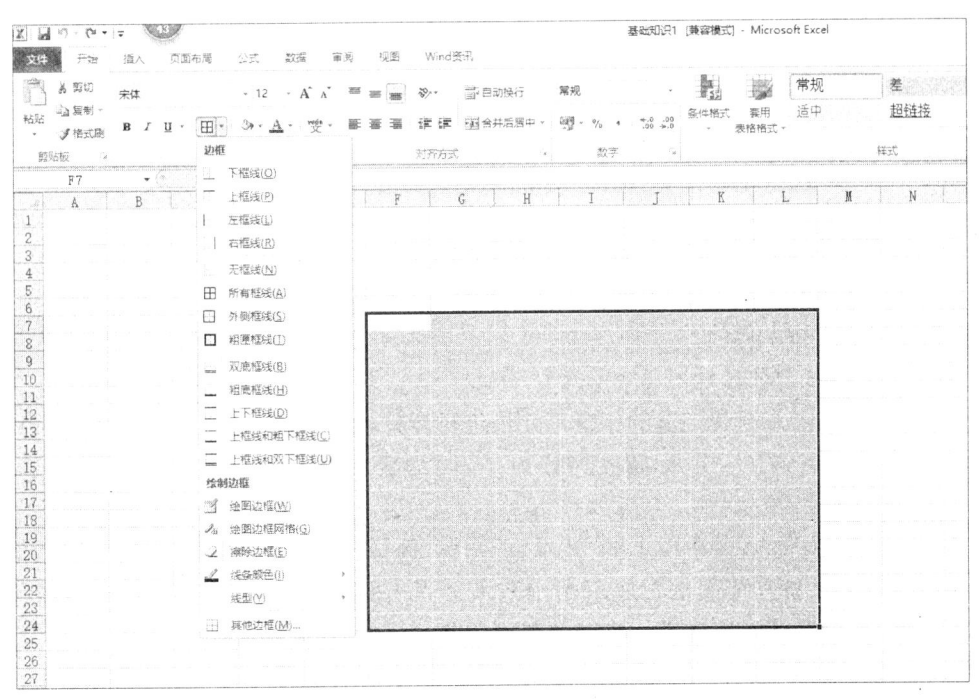

	C6	▼	fx	=C3+C4+C5		
	A	B	C	D	E	F	G
1							
2							
3			20	30	40		
4			30	50	60		
5			40	80	90		
6			90				
7							
8							

图 1-18　相对地址复制

注意: 用填充柄复制时更快更便捷,但必须是连续区域。

1.2.3　Excel 的智能功能

1. Excel 表的编制

在介绍智能功能前,先简单介绍一下 Excel 表的编制。下面以智能功能表编制为例加以说明,先选中所要画的图表区域,再选择"开始"菜单栏上边框图标旁的小三角,出现如图 1-19 所示界面,选择所有框线,出现如图 1-20 所示界面。

图 1-19　Excel 表的编制(一)

但在图 1-20 中,表的框线与网格线在一起很乱,为了突出表格,可以去掉网格线。其具体操作方法有以下两种:

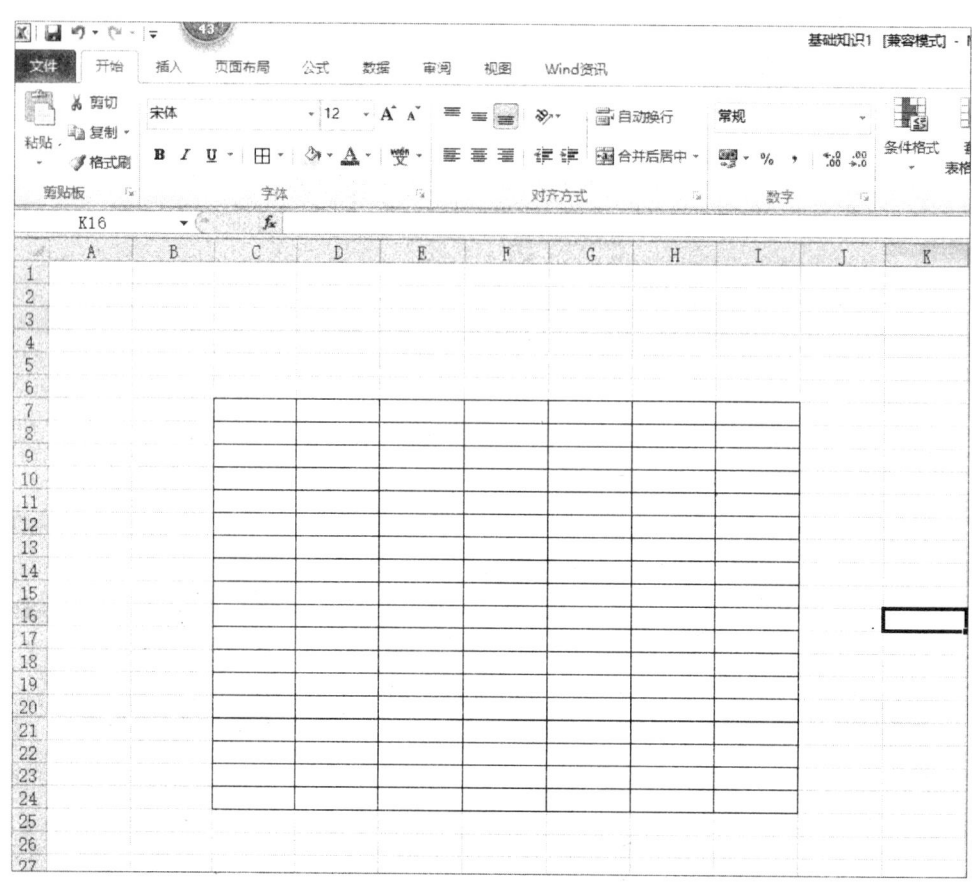

图 1-20　Excel 表的编制(二)

方法一:点击"页面布局"菜单栏,在"网格线"选项下点击"查看"图标,将对勾去掉,则网格线就去掉了,如图 1-21 所示,此时工作表看似一张白纸,表格更加突出。

方法二:选中整个工作表,点击"开始"菜单栏上的填充颜色,选择背景色白色,则也可以看到如图 1-21 所示界面。

2.　Excel 表标题的设计

方法一:对表上方与表同宽的一行单元格进行合并,输入标题,可以在"开始"菜单栏中选择自己喜欢的字体、字号,标题就制作好了,因为合并单元格会使标题始终处于居中状态。

方法二:选择"插入"菜单栏上的"艺术字"图标,选择自己喜欢的艺术字进行输入即可。下面将要介绍的智能功能表的标题就是用艺术字列出的,其字体漂亮、有颜色、有特色,为表格增加美感,而且还可以随着表格的调整而调整。

3.　智能功能表的编制

Excel 软件工具具有智能和联想功能。下面将常用的智能功能作一归纳,并用列表形式表示,其中主要的操作是利用 Excel 的填充柄进行的。

(1)复制功能。在单元格 C6 中输入"我们",再利用填充柄拖拽到单元格 C23,如图 1-22所示。如果相邻几个单元格的数值相同,那么输入时不必逐个重复,只需在最左上

图 1-21　去掉网格线的 Excel 表

角的单元格的数值输入后,用鼠标选中此单元格,然后用鼠标对准该单元格右下角的"填充柄"(形状为一小的黑正方形),按住鼠标左键并往右或往下拖,一直拖到相同内容连续单元格的最后一个单元格为止,最后松开鼠标左键即可。

（2）等差数列。如果某一行或某一列的一组连续的单元格数据呈等差数列,那么可以采用简便输入的方法。具体操作方法是:先在单元格 D6 输入数值"1",在单元格 D7 输入数值"3",然后同时选中区域 D6:D7,这时可看到单元格 D6 是白底黑字的,单元格 D7 是反显的,这时将鼠标对准单元格 D7 右下角的"填充柄",按住鼠标拖拽到单元格 D23,然后松开鼠标左键,就会出现如图 1-22 所示的等差数列。因为当给出第二个数值时,Excel 就能知道公差是多少了,下面的数值即可自动算出。

（3）等比数列。选中单元格 E6,输入数值"3",然后选中区域 E6:E23,再点击"开始"菜单栏右侧中"填充"图标,选择"系列",如图 1-23 所示,再选等比数列,给出公比(即步长值)为"3",点击[确定]按钮,即可计算出图 1-22 结果,具体如图 1-23 和图 1-24 所示。

4. 其他智能功能和输入

在图 1-22 中的单元格 F6 中输入"第 1 季度",用填充柄拖拽至单元格 F23,则系统会自动给出"第 2 季度、第 3 季度、第 4 季度";在单元格 G6 输入"星期一",用填充柄拖拽至单元

智能功能

填充柄的使用

复制	等差数列	等比数列	季度	星期	日期	其他
我们	1	3	第1季度	星期一	2014/9/1	甲
我们	3	9	第2季度	星期二	2014/9/2	乙
我们	5	27	第3季度	星期三	2014/9/3	丙
我们	7	81	第4季度	星期四	2014/9/4	丁
我们	9	243	第1季度	星期五	2014/9/5	戊
我们	11	729	第2季度	星期六	2014/9/6	己
我们	13	2187	第3季度	星期日	2014/9/7	庚
我们	15	6561	第4季度	星期一	2014/9/8	辛
我们	17	19683	第1季度	星期二	2014/9/9	壬
我们	19	59049	第2季度	星期三	2014/9/10	癸
我们	21	177147	第3季度	星期四	2014/9/11	甲
我们	23	531441	第4季度	星期五	2014/9/12	乙
我们	25	1594323	第1季度	星期六	2014/9/13	丙
我们	27	4782969	第2季度	星期日	2014/9/14	丁
我们	29	14348907	第3季度	星期一	2014/9/15	戊
我们	31	43046721	第4季度	星期二	2014/9/16	己
我们	33	129140163	第1季度	星期三	2014/9/17	庚
我们	35	387420489	第2季度	星期四	2014/9/18	辛

图 1-22　Excel 智能功能

格 G23 则系统会自动给出"星期二、星期三……星期日";在单元格 H6 输入"2014/9/1",用填充柄拖拽至单元格 H23,Excel 会自动给出日期排序;在单元格 I6 输入"甲"字,用填充柄拖拽,则系统会自动给出"乙、丙、丁……"。

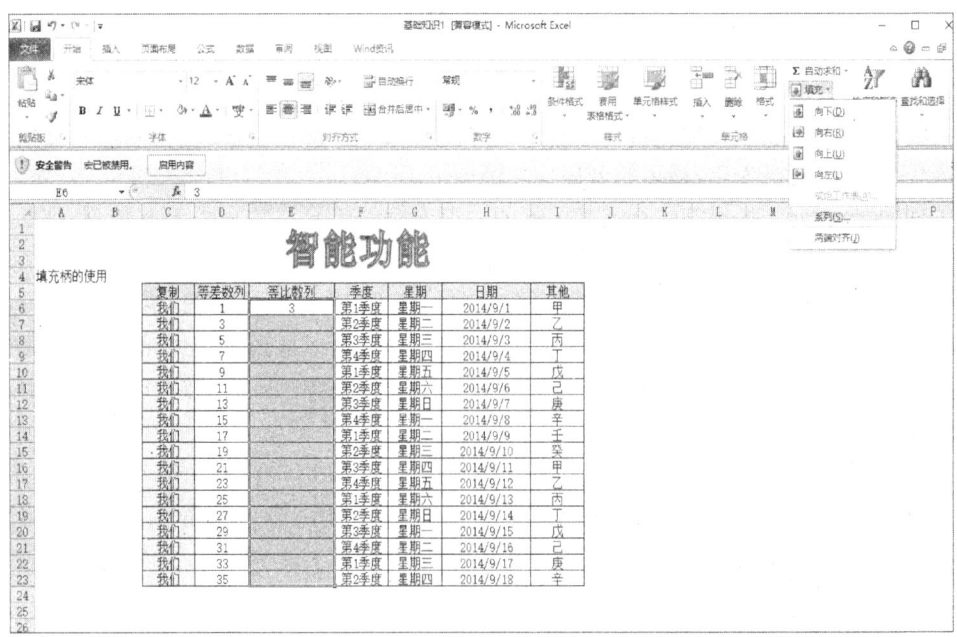

图 1-23　等比数列的选取

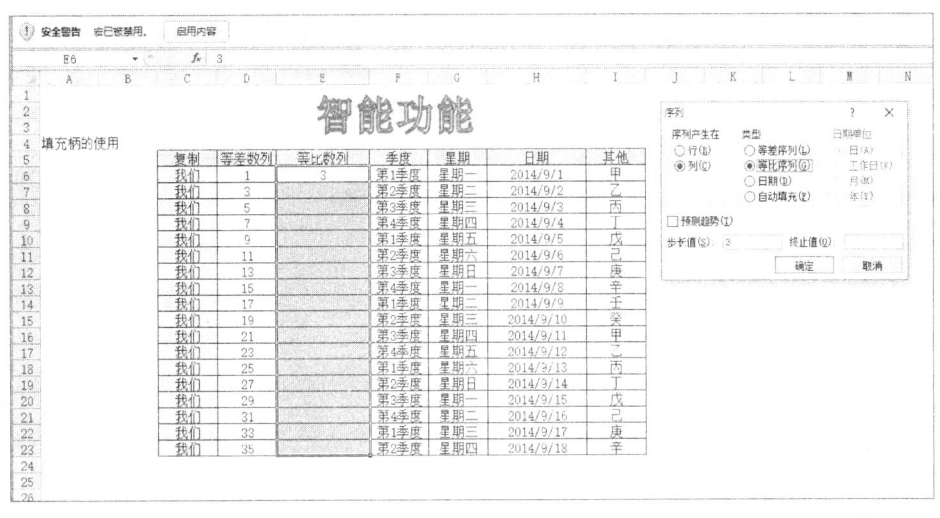

图 1-24　等比数列的生成

（1）表格编制完一定要排版一下，使表看起来更加美观漂亮，如上面文字自动靠左，数字自动靠右，看起来非常不美观，可以选中整个表，点击工具栏居中图标就可以对全表进行居中。

（2）在一般情况下，表第一行的行标题要居中，列标题居左。如果是财务报表数据，则涉及小数点位数的对齐，一般居右排。

1.3　Excel 函数及使用

为了满足各种数据处理的要求，Excel 提供了大量函数。函数是一个预先写好的特殊公式，根据一个或多个参数执行操作，并返回一个值。函数可以单独使用，也可以作为一个较大公式的一部分。使用函数可以简化或缩短工作表中的公式，使数据处理简单方便。

1.3.1　Excel 函数的基本语法及使用

Excel 函数基本上由三部分组成，即函数名称、括号和参数。

格式：函数名称（参数 1，参数 2，…，参数 N）。

含义：函数名称是指函数的含义，如 SUM 是求和函数，AVERAGE 是平均值函数；括号是指括住参数的符号，即括号中包含所有参数；参数是指 Excel 所欲执行的目标单元或数值，参数用逗号隔开。

1. SUM 函数

SUM 函数即求和函数,用于计算一系列数的和。

格式:=SUM(Number1，Number2，…，NumberN)。

含义:Number 可以是数值、公式和区域等。

调用 Excel 中 SUM 函数会出现如图 1-25 所示界面,可以在其中输入数值、公式和区域等。

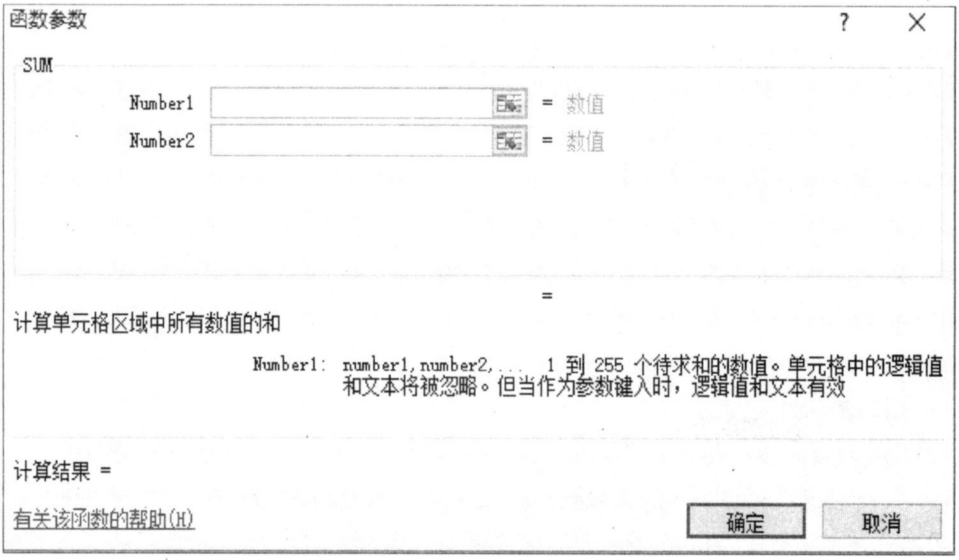

图 1-25　SUM 函数界面

由于 SUM 函数是一个最常用的函数,所以在"开始"菜单栏上专门为它设置了一个特殊的按钮"∑",也叫自动求和图标,使用它可以直接调用 SUM 函数。SUM 函数具有智能功能,可以猜测用户想要对哪些数据求和。以图 1-26 为例,当用户选择单元格 K6 并单击"∑"按钮后,会有一个转动的虚线框将区域 C6:J6 围起来,并在编辑栏中自动填写一个公式"=SUM(C6:J6)",如果操作人员同意,则点击一下编辑栏中"√"或按回车键均可;否则,可在编辑栏中进行修改。SUM 函数中的参数不一定都是由连续的单元区域所组成的,也可以由不连续的单元区域组成。

1) 利用 SUM 函数求区域的和

(1) 求连续区域的和。例如,对如图 1-26 所示连续区域 G2:J7 中所有数字求和。具体操作方法是:选择单元格 L4,输入公式"=SUM(G2:J7)",则可计算出连续区域 G2:J7 全部数字的和,其结果为 956。

(2) 求合集区域的和。例如,对如图 1-26 所示合集区域"G11:H16，J15:K18"中所有数字求和。具体操作方法是:选择单元格 L12,输入公式"=SUM(G11:H16,J15:K18)",则可计算出合集区域"G11:H16，J15:K18"全部数字的和,其结果为 1 019。

(3) 求交集区域的和。例如,对如图 1-26 所示交集区域"G21:H25 H23:J27"中所有数字求和。具体操作方法是:选择单元格 L22,输入公式"=SUM(G21:H25 H23:J27)",则可计算出交集区域"G21:H25 H23:J27"全部数字的和,其结果为 95;或者直接求交集的和,选择单元格 L26,输入公式"＝SUM(H23：H25)",得出结果 95。

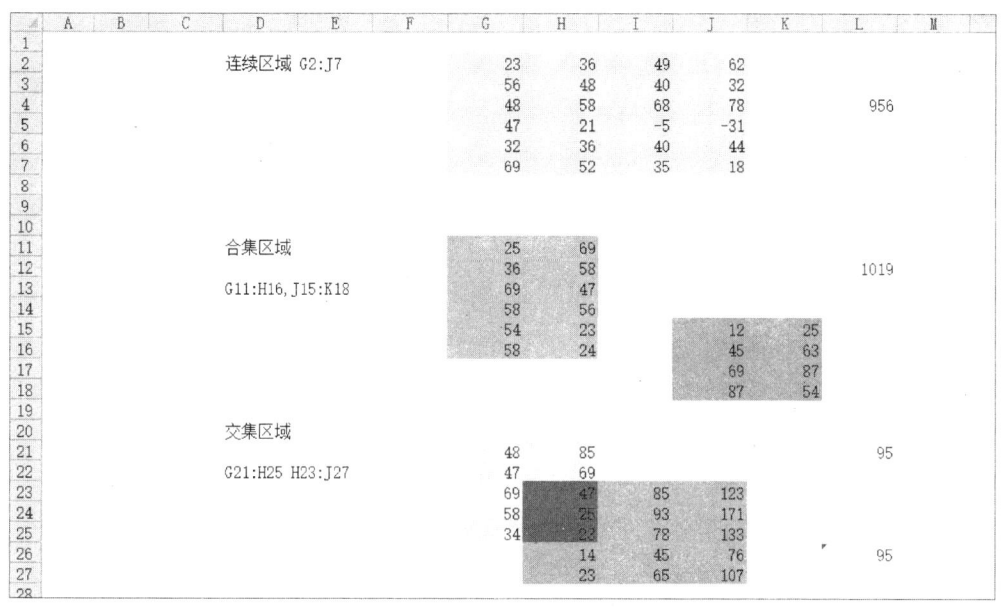

图 1-26　区域求和

2）利用 SUM 求一行或一列的和

【例 1-1】　图 1-27 给出温州商学院 14 会计本 1 同学的各科成绩,现在要对该班同学成绩进行汇总,评出总分排名第一的同学。具体操作方法如下:

（1）选择第一位同学吴红各科成绩范围 D6：J6,点击"开始"菜单栏上的自动求和图标"∑",吴红同学的总分在单元格 K6 中显示出计算结果 612,如图 1-27 所示。求一列和的方法类同。

图 1-27　SUM 函数的使用

（2）再计算出所有同学的各门成绩的和（即总分）。选择单元格 K6，用填充柄向下拖拽即可把下面各位同学的成绩计算出来，其原理是利用相对地址的复制，如图 1-28 所示。

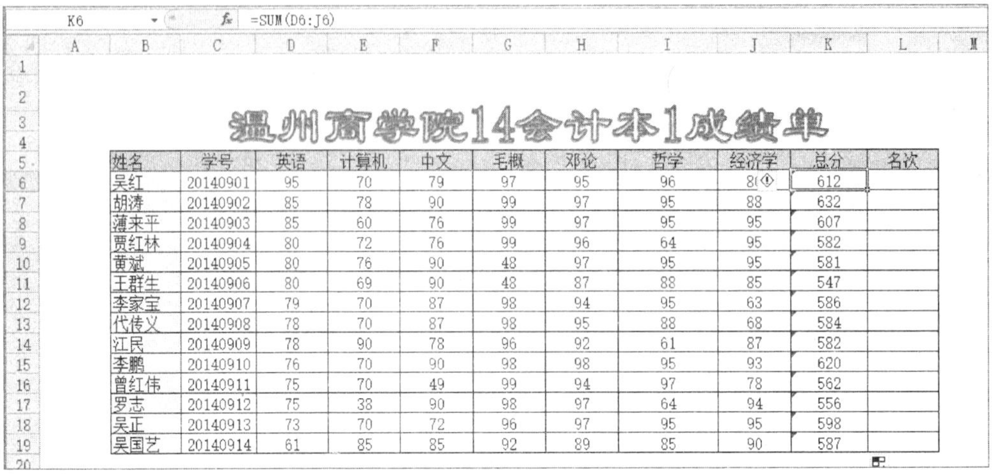

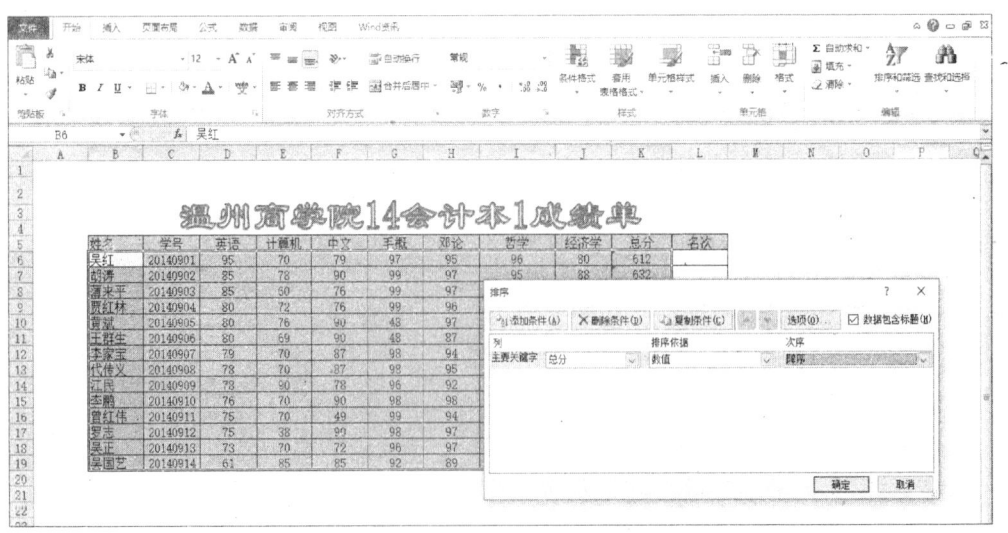

图 1-28　利用填充柄进行相对地址引用，以求出各门成绩的和

3）对总分进行排序

【例 1-2】　承[例 1-1]，在计算出总分后，还可以进行成绩排名，排出班级名次。具体操作方法如下：

（1）选择成绩单区域 B5:K19，点击"开始"菜单栏右侧的"排序和筛选"的下拉框，选择"自定义排序"，出现如图 1-29 所示的界面，选择主要关键字"总分"，选择次序为"降序"，则 Excel 按照总分由高到低进行排名。

（2）在单元格 L6 输入"1"，单元格 L7 输入"2"，选择区域 L6:L7，用填充柄复制到单元格 L17，将班级总分排名完毕，这又利用了等差数列产生方法，如图 1-30 所示。

图 1-29　将成绩按总分排序

图 1-30 将成绩按总分排序后结果

姓名	学号	英语	计算机	中文	毛概	邓论	哲学	经济学	总分	名次
胡涛	20140902	85	78	90	99	97	95	88	632	1
李鹏	20140910	76	70	90	98	98	95	93	620	2
吴红	20140901	95	70	79	97	95	96	80	612	3
薄来平	20140903	85	60	76	99	97	95	95	607	4
吴正	20140913	73	70	72	96	97	95	95	598	5
吴国艺	20140914	61	85	85	92	89	85	90	587	6
李家宝	20140907	79	70	87	98	94	95	63	586	7
代传义	20140908	78	70	87	98	95	88	68	584	8
贾红林	20140904	80	72	76	99	96	64	95	582	9
江民	20140909	78	90	78	96	92	61	87	582	10
黄斌	20140905	80	76	90	48	97	95	95	581	11
曾红伟	20140911	75	70	49	99	94	97	78	562	12
罗志	20140912	75	38	90	98	97	64	94	556	13
王群生	20140906	80	69	90	48	87	88	85	547	14

2. SUMIF 函数

SUMIF 函数为条件求和函数,用于分类汇总。

格式:SUMIF(Range,Criteria,Sum_range)。

含义:SUMIF(查找范围,查找条件,求和范围)。

点击工作表公式栏前的按钮"fx",可以调用该函数,其界面如图 1-31 所示。

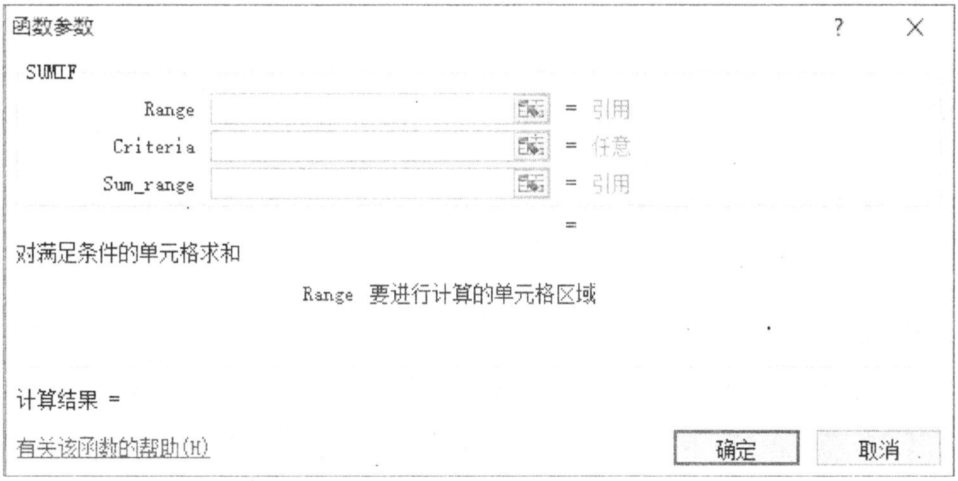

图 1-31 SUMIF 函数界面

其中:"查找范围"是"查找条件"的作用区域;"查找条件"是进行查询的条件;"求和范围"是求和的区域,与"查找范围"有一定的对应关系。

【例 1-3】 图 1-32 记录了王府井商场 9 月份家电部的销售流水账,要想统计商品代码为 101 的产品的销售额时,可以在单元格 H18 中输入公式"＝SUMIF(＄E＄10:＄E＄16,E18,＄H＄10:＄H＄16)",其返回值为 21 840。要想求商品代码为 102、103 和 104 代码这三类产品的销售额，可以利用前面讲的绝对地址和相对地址引用的方法，查找范围用绝对地址，查找条件单元格 E18 用相对地址，求和范围用绝对地址＄H＄10：＄H＄16，再利用填充柄进行复制，分别可得商品代码为 102、103 和 104 这三类产品的销售额 41 958、23 400和 6 400；同理，如果将求和范围改为＄G＄10：＄G＄16，则统计的是四种商品的销售数量。用 SUMIF 函数进行分类汇总非常方便快捷，后面我们在进行账务处理时多次用到这个函数。

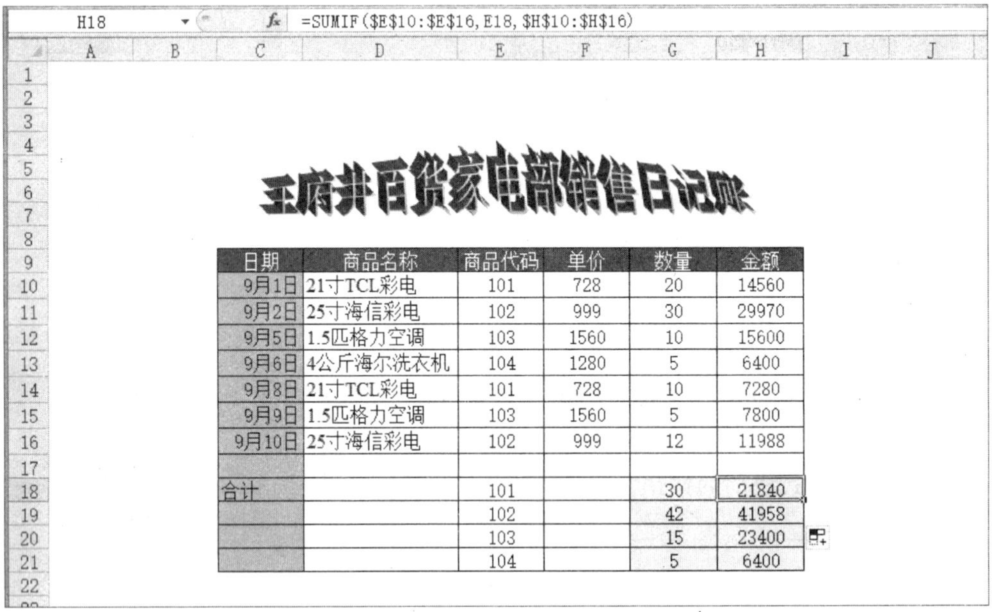
H18 =SUMIF($E$10:$E$16,E18,$H$10:$H$16)

王府井百货家电部销售日记账

日期	商品名称	商品代码	单价	数量	金额
9月1日	21寸TCL彩电	101	728	20	14560
9月2日	25寸海信彩电	102	999	30	29970
9月5日	1.5匹格力空调	103	1560	10	15600
9月6日	4公斤海尔洗衣机	104	1280	5	6400
9月8日	21寸TCL彩电	101	728	10	7280
9月9日	1.5匹格力空调	103	1560	5	7800
9月10日	25寸海信彩电	102	999	12	11988
合计		101		30	21840
		102		42	41958
		103		15	23400
		104		5	6400

图 1-32 SUMIF 函数的使用

3. ABS 函数

ABS 函数为绝对值函数，即返回参数的绝对值。

格式：ABS(参数)。

含义：参数可以是数或表达式。例如，“ABS(－100)”的返回值是 100。

4. SQRT 函数

SQRT 函数为平方根函数，用于求正数的平方根。

格式：SQRT(参数)。

含义：参数必须是非负数的数。例如，“SQRT(81)”等于 9；而“SQRT(－9)”则返回＃NUM!，即出错。

5. LEFT 函数

LEFT 函数用于指定字符串中提取左边 N 个字符。

格式：LEFT(字符串，N)。

例如，LEFT(" 1001" ，1)的返回值应为“1”。使用该函数应该注意 N 的取值应小于字符串的总长度。

1.3.2 逻辑函数的基本语法及使用

大多数逻辑函数用逻辑表达式来判断指定的条件能否成立，即是真还是假。为了构成逻辑表达式，必须使用比较运算符。如前所述，Excel 有 6 个比较运算符：等于(＝)，小于(＜)，小于或等于(＜＝)，大于(＞)，大于或等于(＞＝)，不等于(＜＞)。

1. IF 函数

IF 函数为条件函数。

格式：IF(logical_test，value_if_true，value_if_false)。

含义：IF(逻辑表达式，真值，假值)。

　　　　　条件　条件为真　条件为假

当逻辑表达式成立时，返回真值；否则，返回假值。

【例 1-4】 在图 1-33 中，单元格 G5 的公式为"＝IF(H1＞＝60,"及格","不及格")"

如果单元格 H1 的值大于或等于 60，则表达式 H1＞＝60 的值为 TRUE，返回值为"及格"；如果单元格 H1 的值小于 60，则表达式 H1＞＝60 的值为 FALSE，返回值为"不及格"。

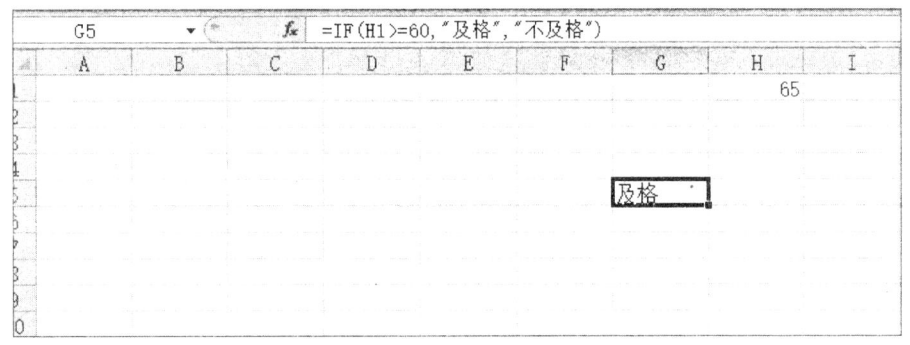

图 1-33　IF 函数的使用

2. IF 函数的嵌套使用

【例 1-5】 假设单元格 H1 是学生的成绩，如果成绩大于等于 85 为"A 级"；如果成绩小于 85 但大于等于 70 为"B 级"；否则，为"C 级"。

用函数嵌套定义该公式为"＝IF(H1＞＝85,"A 级",IF(H1＞＝70,"B 级","C 级"))"。这种 IF 函数嵌套使用的方法我们在后面工资管理模型中反复用到。

1.3.3 查找与引用函数的基本语法及使用

1. MATCH 函数

MATCH 函数为查找与引用函数之一，用于从一系列元素中检索出一项与查找值最相近的元素的序号。

格式：MATCH(Lookup_value，Lookup_array，Match_type)。

含义：MATCH(查找值,查找范围,类型)。

点击工作表公式栏前的按钮"fx"，在查找与引用函数中,可以调用该函数,其界面如图 1-34 所示。

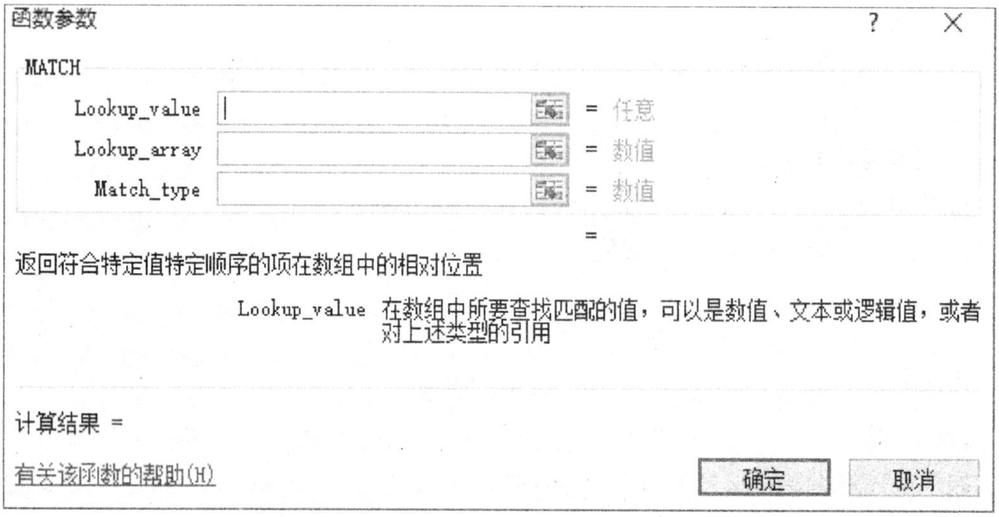

图 1-34　MATCH 函数

其中："查找值"可以是数值或字符串；"类型"定义搜索规则,取值是 1、0 或 −1。①当"类型"值是 1 或省略时,该函数在查找区域内查找小于等于"查找值"的最大值；但这时还有一个附加条件——"查找范围"内各元素必须按升序排列。②当"类型"值是 0 时,MATCH 函数只在查找范围内找出第 1 个完全与"查找值"匹配的值,此时不要求查找范围排序。③当"类型"值是 −1 时,该函数在查找区域内查找大于或等于"查找值"的最小值,这时"查找范围"内的各元素必须按降序排列。④如果查找范围内没有任何一项满足查找条件,则函数返回♯N/A,即出错。此函数在账务处理时进银行存款账,与企业账对账时使用。

2. VLOOKUP 函数

VLOOKUP 函数为查找与引用函数之一,用于搜索表区域首列满足条件的元素,确定待检索单元格在区域中的列数,再进一步返回选定单元格的值。

格式：VLOOKUP(lookup_value，table_array，col_index_num，range_lookup)。

参数：lookup_value 为需要在数据表第一列中查找的数据；table_array 为需要在整张数据表中查找的数据；col_index_num 为 table_array 中待返回的匹配值的序列号；range_lookup 为逻辑值,指明函数 VLOOKUP 返回时是精确匹配还是近似匹配。

含义：VLOOKUP(查找值,查找表或区域范围,列索引号,检索类型)。

点击工作表公式栏的按钮"fx"，在查找与引用函数中,找出该函数,其界面如图 1-35 所示。

VLOOKUP 函数是一个应用非常广泛的查找与引用函数,它可以迅捷地从复杂的数据库中找到所需要的信息。大型公司的存货成千上万,要想管理得有条不紊有相当的难度,

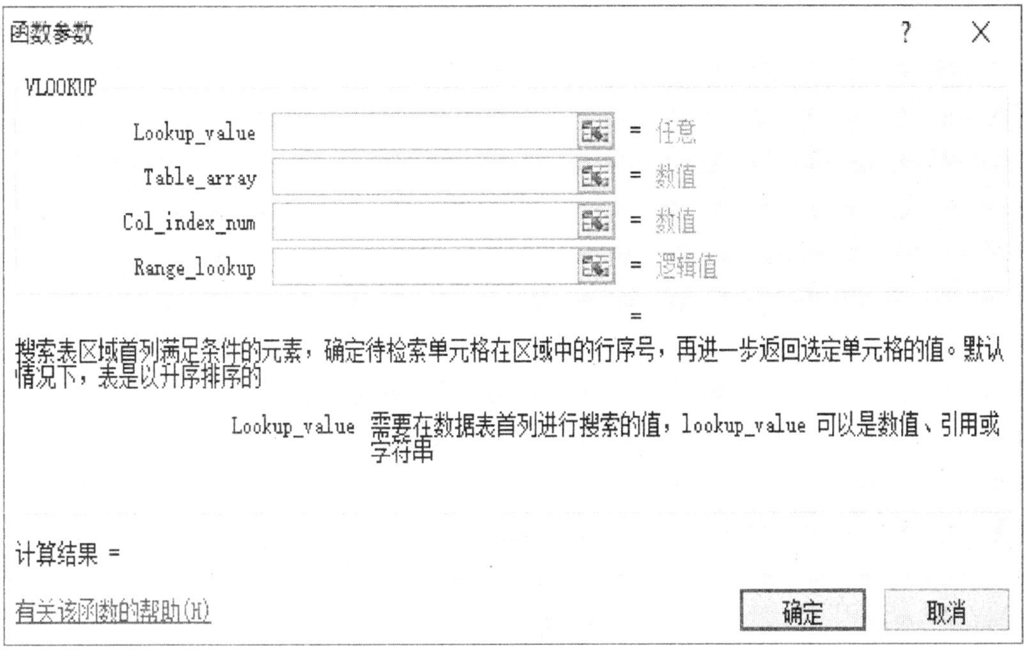

图 1-35 中的对话框内容：

函数参数 VLOOKUP

Lookup_value ＝ 任意
Table_array ＝ 数值
Col_index_num ＝ 数值
Range_lookup ＝ 逻辑值
＝

搜索表区域首列满足条件的元素，确定待检索单元格在区域中的行序号，再进一步返回选定单元格的值。默认情况下，表是以升序排序的

Lookup_value 需要在数据表首列进行搜索的值，lookup_value 可以是数值、引用或字符串

计算结果 ＝

有关该函数的帮助(H)　　　　　　　　　　　　　确定　　取消

图 1-35　VLOOKUP 函数

使用 VLOOKUP 函数可以得心应手帮我们解决此类的问题。另外，公司的人事管理、应收账款等多项日常管理都可以应用 VLOOKUP 函数。

【例 1-6】　美的集团股份有限公司（以下简称"美的公司"）成品库房里有空调、电风扇、冰箱等家电产品，种类多、数量大，管理难度较大。不同品种的家电产品每天都有大量的成品入库、发出，还有退货。公司库存状况如图 1-36 所示。

该公司仓库管理员要想得知各种产品的具体情况，只需要输入产品名称便可轻松得到该产品的库存详细情况，这一功能可以使用 VLOOKUP 函数来实现。具体操作方法如下：

（1）点击工作表公式栏前的按钮"fx"，在查找与引用函数中的最后一个函数就是 VLOOKUP 函数，点击该函数，出现如图 1-35 所示界面，在单元格 B14 中输入所要查询的产品"柜式空调"的名称。

（2）在单元格 F14 中输入公式"＝VLOOKUP(B14,A3:F9,6,FALSE)"，按回车键即可得出单元格 B14 产品名称是柜式空调的期末库存量。

（3）同理，在单元格 F15 中输入公式"＝VLOOKUP(B14,A3:F9,4,FALSE)"，按回车键即可得出单元格 B14 产品名称为柜式空调的本月退货数；在单元格 F16 中输入公式"＝VLOOKUP(B14,A3:F9,5,FALSE)"，按回车键即可得出单元格 B14 产品名称为柜式空调的盘盈/盘亏数；在单元格 F17 中输入公式"＝VLOOKUP(B14,A3:F9,2,FALSE)"，按回车键即可得出单元格 B14 产品名称为柜式空调的期初库存量，如图1-36所示。

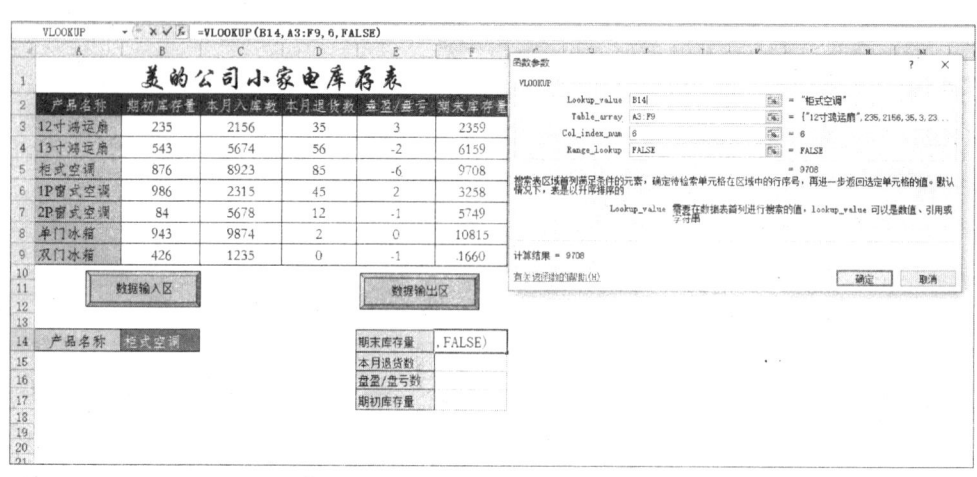

图 1-36 VLOOKUP 函数的使用方法

温馨提示

由上面计算过程可见,该公司仓库管理员亦可利用绝对地址引用和填充柄来得知各种产品的库存情况,这样做更加简单便捷,只要在单元格 F14 输入公式"=VLOOKUP($B$14,$A$3:$F$9,6,FALSE)",然后用填充柄向下复制到单元格 F17,再分别修改对应的列数就可以得到同样的结果,如图 1-37 所示。

图 1-37 利用 VLOOKUP 函数计算结果

改变单元格 B14 产品名称,对应产品的期末库存量、本月退货数、盘盈/盘亏数、期初库存量也会随之发生变化。

1.3.4　数据库函数的基本语法及使用

DGET 函数为数据库函数,它是从数据清单或数据库中提取符合给定条件且唯一存在的值。

格式:DGET(database, field, criteria)。

参数:database 为构成数据清单或数据库的单元格区域;field 为指定函数所使用的数据列;criteria 为一组包含给定条件的单元格区域。

【例 1-7】　如果某汽车轮胎厂客户繁多,已知其应收账款明细表如图 1-38 所示,现要从该表中查找某客户所欠款项。这一功能可以通过 DGET 函数来实现。

使用 DGET 函数的操作步骤如下:

(1) 选中单元格 C17,点击公式栏前的按钮"fx",在数据库函数中找出 DGET 函数。

(2) 将各参数所对应的单元格地址或者参数指数数值输入相应位置,点击[确定]按钮。

至此,单元格 C17 显示上海大众所欠应收账款,如图 1-38 所示。

C17		f_x	=DGET(B3:C12,2,C14:C15)		
	A	B	C	D	E	F

数据库函数的应用

客户名称	应收账款金额
北京吉普车厂	80 000
天津一汽	8 640
上海大众	97 620
北京现代汽车厂	23 140
广州丰田汽车厂	70 000
长安福特江汽车厂	50 000
福建东南汽车厂	6 210
吉利汽车厂	75 600
比亚迪汽车厂	60 000

数据区

客户名称
上海大众

条件区

查找客户所欠账款	97 620

图 1-38　DGET 函数的使用方法

温馨提示

Excel 中的函数很多,此处只介绍其中的一部分函数的使用方法,在以后的各章中将陆续介绍其他财务函数的使用方法。

1.4 Excel 的工具

1.4.1 单变量求解

所谓单变量求解，是指改变某数学模型的某一变量时，自动计算与该变量相关的另一相关结果。单变量求解工具主要用于解决由果求因的问题，在 Excel 表格中，如果指定一目标单元格的数据，只希望调整另一原因单元格的内容，就可以使用单变量求解工具。

1.4.2 方案求解

所谓方案求解，是指一组预算值的名称，这些值按管理工作的假设分析模型，依据一个或多个变量（单元格），通过相关算法求解而来。方案的预算结果，将以单独报表的形式，生成于一个新的工作表中。方案求解可以处理两个以上变量的复杂计算问题，最多可以引用 32 个变量。

1.4.3 数据透视表

数据透视表是一种对大量数据快速汇总和建立交叉列表的交互式表格。可以转换行和列以查看原数据的不同汇总结果，可以显示不同页面以筛选数据，还可以根据需要显示区域中的明细数据。创建数据透视表有以下几个来源：Microsoft Excel 数据清单或数据库、外部数据库、多个 Microsoft Excel 工作表或另一个数据透视表。

1.4.4 数据有效性

Excel 数据有效性可以帮助我们定义序列下拉菜单，快速录入数据，后面我们将要多次用到。

第2章 账务处理系统的设计

目前,市场上有许多财务软件,它们分别针对不同规模的公司,但是这些财务软件是编制好的,我们只能使用而不知其原理。本章通过 ABC 公司的案例介绍如何利用 Excel 进行账务处理,学生在掌握其中方法的同时,也会对会计学原理有进一步的认知和比较深刻的理解,对于没有实现电算化的小企业而言不失为一种值得学习和借鉴的好方法。

ABC 公司是一家生产、销售家用电器的企业,公司规模不大,正式职工有十几个;业务种类不多,主要是采购与销售业务,年销售额为 8 000 万元。公司下设会计部、人力资源部、采购部、销售部、办公室、生产一车间、生产二车间 7 个部门。对于这样一家规模不大的小型公司,可以利用 Excel 进行账务处理。本章以 ABC 公司简化的业务为例,详细讲解如何建立会计账簿,如何输入凭证,如何生成总账,以及如何进行期末结转。

2.1 科目余额表的建立

ABC 公司 2016 年 1 月 1 日科目余额表如图 2-1 中的表 2-1 所示。其中,借方金额用正数来表示,贷方金额用负数来表示,以此区别借贷方向不同。这样可以节省空间,便于公式的设置。科目余额表中一级科目的期初余额等于其各二级科目期初余额之和。

> **温馨提示**
>
> (1) 根据我国现行的会计制度,为保证会计数据的口径一致,以上总账科目编号及名称按照财政部对会计科目的规定编制。
>
> (2) 一级科目代码位数为 4 位,资产科目代码的第一位为"1",负债类为"2",所有者权益类为"4",成本类为"5",损益类为"6",以区别科目的性质。各企业可以根据本企业会计核算的需要来增加各级明细科目及各级明细科目代码,企业可以自己规定明细科目代码顺序。
>
> (3) 本书业务处理因受到篇幅的限制不便加入过多明细科目,所以在科目余额表上大部分科目只显示总账科目,在上述业务虽然给出明细科目,但在进行业务处理时使用总账科目,其明细科目可以根据项目或部门分类加以区分。企业在实际工作中,可以在科目余额表中加入相关的明细科目,方法一样。

科目代码	科目名称	期初余额	借方发生额	贷方发生额	期末余额	借方累计发生额	贷方累计发生额
					ABC公司科目余额表		
表2-1					2016年1月1日		单位:元
1001	库存现金	6 875.70					
1002	银行存款	511 057.16					
100201	工行存款	511 057.16					
100202	建行存款						
1122	应收账款	157 600.00					
1123	预付账款	642.00					
1221	其他应收款	3 800.00					
1231	坏账准备	-10 000.00					
1401	材料采购	-80 000.00					
1403	原材料	1 004 000.00					
1405	库存商品	2 578 600.00					
1601	固定资产	260 860.00					
1602	累计折旧	-47 120.91					
1701	无形资产	58 500.00					
2001	短期借款	-200 000.00					
2202	应付账款	-276 850.00					
2211	应付职工薪酬	-8 200.00					
2221	应交税费	-16 800.00					
222101	应交增值税	-16 800.00					
22210101	进项税额	-33 800.00					
22210102	销项税额	17 000.00					
2241	其他应付款	-2 100.00					
4001	实收资本	-2 609 052.00					
4103	本年利润						
4104	利润分配	-1 348 977.69					
410401	未分配利润	-1 348 977.69					
5001	生产成本	17 165.74					
6001	主营业务收入						
6401	主营业务成本						
6602	管理费用						
6603	财务费用						

图 2-1　ABC公司科目余额表

2.2　记账凭证的设置

为了简便,我们要在 Excel 中把有关凭证的相关信息内容都要包括进去,为此要利用 Excel 中提供的工具来达到此目的。

下面进行记账凭证相关信息设置,具体操作步骤如下:

2.2.1　工作表的改名

在第一个工作表的表名处双击,将工作表名"sheet1"改为"1月科目余额表及账簿",我们在输入记账凭证的同时,也相当于建立了 1 月份的会计序时账簿,方面查阅。

2.2.2　凭证信息的设置

1. 凭证标题栏信息的设置

输入凭证各项信息的标题,如图 2-3 中的表 2-2 所示。"科目代码"列将输入凭证的一级科目代码。对于"应收账款""预收账款""应付账款""预付账款"科目,将不必按客户或供应商设明细科目,明细信息可以通过"客户或供应商"列加以反映。同理,对于"管理费用"

科目也不分明细,可按部门(会计部、人力资源部、办公室、销售部、采购部)、项目(工资、办公费)分别核算,明细信息将通过"部门"和"项目"列加以反映。

2. "凭证号""日期""摘要"列的设置

"凭证号""日期""摘要"列可以根据具体情况填写,但是要注意把"凭证号"列变为文本型,日期 Excel 会自动识别。

3. "科目代码"列的设置

给"科目代码"列加有效性设置,在有效性范围内把企业常用科目代码列出,这样进行业务处理时我们可以直接选择科目代码,而不必输入科目代码,这样也可以防止代码输错,相当于做了一个内部控制。具体操作方法如下:将光标放在单元格 D37 处,选择工具栏中"数据"下的"数据有效性"命令,打开"数据有效性"对话框,在"设置"选项卡的"允许"下拉列表框中选择的"序列",在"来源"中选择科目余额表中科目代码范围"＝＄A＄4:＄A＄34",如图 2-2 所示,点击[确定]按钮后,该单元格的数据有效性就设置好了,此时在单元格 D37 右侧出现小三角标志,然后用填充柄往下拖拽就把这一列的科目代码有效性都设置好了,这样我们在填制凭证时,就可以直接选择科目代码了。在用填充柄往下拖拽设置科目代码的有效性时,一次不用拖拽太多,科目代码够用即可,不够用时再接着拖拽。

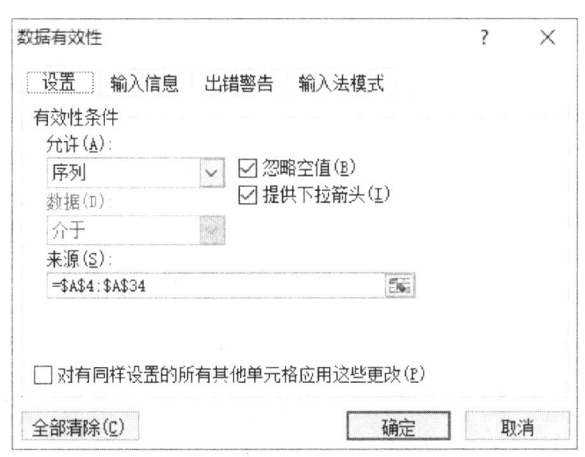

图 2-2　科目代码数据有效性设置

4. "科目名称"列的设置

我们希望在选择出"科目代码"列后,对应的"科目名称"列能自动显示对应的科目名称,而不是去找对应名称,这样大大减少我们的工作量,此时可以在"科目名称"列利用 VLOOKUP 函数来进行操作。具体操作方法如下:选择单元格 E37,选择 VLOOKUP 函数,在各个参数中填入相应的地址、范围及逻辑值,则可以找出对应的科目名称,如在单元格 D37 选择代码"1001",则在单元格 E37 出现"库存现金"的科目名称,如图 2-3 和图 2-4 所示。

同理,在单元格 E37 用填充柄往下拖拽,就把这一列的科目名称公式设置好了,这样我们在填制凭证时,一旦选择好科目代码,科目名称就会自动显示。用填充柄往下拖拽来设置科目名称公式时,一次不用拖拽太多,够用即可,不够用时再接着拖拽,如图 2-4 所示。

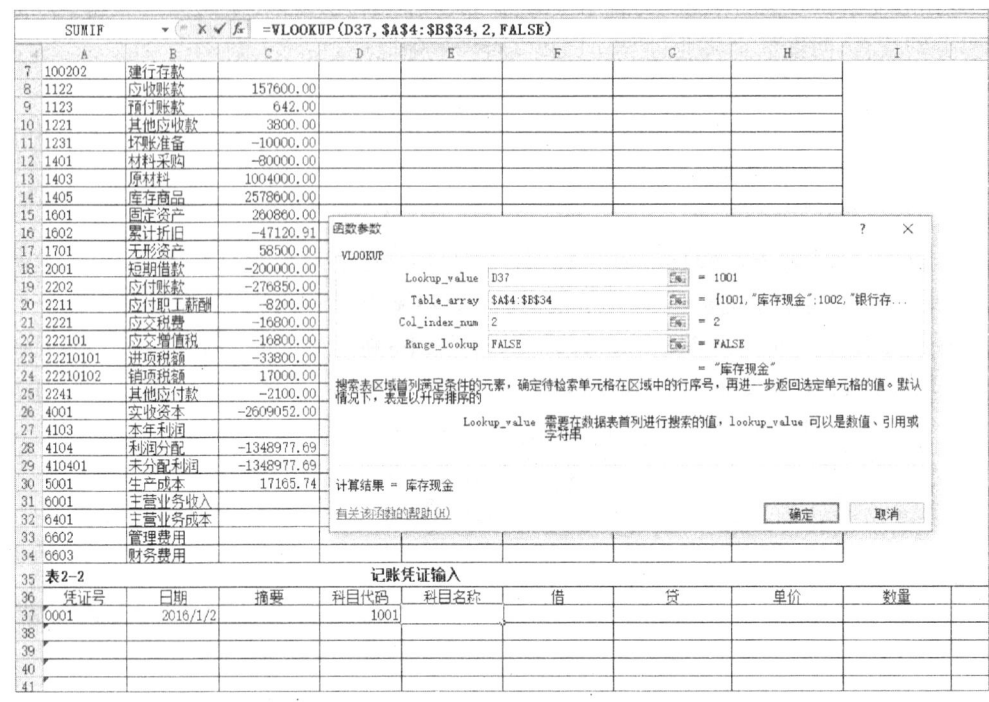

	A	B	C	D	E	F	G	H	I
	SUMIF			=VLOOKUP(D37,$A$4:$B$34,2,FALSE)					
7	100202	建行存款							
8	1122	应收账款	157600.00						
9	1123	预付账款	642.00						
10	1221	其他应收款	3800.00						
11	1231	坏账准备	-10000.00						
12	1401	材料采购	-80000.00						
13	1403	原材料	1004000.00						
14	1405	库存商品	2578600.00						
15	1601	固定资产	260860.00						
16	1602	累计折旧	-47120.91						
17	1701	无形资产	58500.00						
18	2001	短期借款	-200000.00						
19	2202	应付账款	-276850.00						
20	2211	应付职工薪酬	-8200.00						
21	2221	应交税费	-16800.00						
22	222101	应交增值税	-16800.00						
23	22210101	进项税额	-33800.00						
24	22210102	销项税额	17000.00						
25	2241	其他应付款	-2100.00						
26	4001	实收资本	-2609052.00						
27	4103	本年利润							
28	4104	利润分配	-1348977.69						
29	410401	未分配利润	-1348977.69						
30	5001	生产成本	17165.74						
31	6001	主营业务收入							
32	6401	主营业务成本							
33	6602	管理费用							
34	6603	财务费用							

图 2-3　根据科目代码用 VLOOKUP 函数找出对应科目名称(一)

35	表2-2				记账凭证输入							
36	凭证号	日期	摘要	科目代码	科目名称	借	贷	单价	数量	金额	客户/供应商	项目	部门
37	0001	2016/1/1	提现	1001	库存现金							
38	0002	2016/1/2	提现	100201	工行存款							
39					#N/A							
40					#N/A							
41					#N/A							
42					#N/A							

图 2-4　根据科目代码用 VLOOKUP 函数找出对应科目名称(二)

温馨提示

　　上述用 VLOOKUP 函数找出对应科目名称时,查找范围 A4:B34 一定要用绝对地址,以保证用填充柄进行复制时,数据范围不会改变,而查找值则用相对地址就是希望它在拖拽中地址改变。

　　5. "金额"列的设置

　　在"金额"列下方对应的单元格 J37 输入公式"＝H37 * I37",即金额＝单价 * 数量,这样一旦业务发生输入相应的单价和数量,在金额会自动计算出,这样借方贷方的数额也就确定了,不必利用其他方式计算了。

　　6. "客户/供应商"列的设置

　　因为该公司业务不大,客户、供应商不多,客户是王府井商场、长安商场、西单商场,供应商是宏达公司、威远公司、力宏公司,所以把客户和供应商放在一列,如果客户、供应商较多,可以分开设置,方法一样。具体操作方法是:在"客户/供应商"列下单元格 K37 点击菜单栏数据,选择工具栏的"数据有效性"对话框,在"设置"选项卡的"允许"下拉列表框中选择"序列",在"来源"中填入"宏达公司,威远公司,力宏公司,王府井商场,长安商场,西单商场",如图 2-5 所示,点击[确定]按钮后,该单元格的数据有效性就设置好了,此时在单元格 K37 右侧出现小三角标志,然后用填充柄往下拖拽就把"客户/供应商"列的有效性都设置好了,这样我们在填制凭证时,即可根据具体情况选择了。

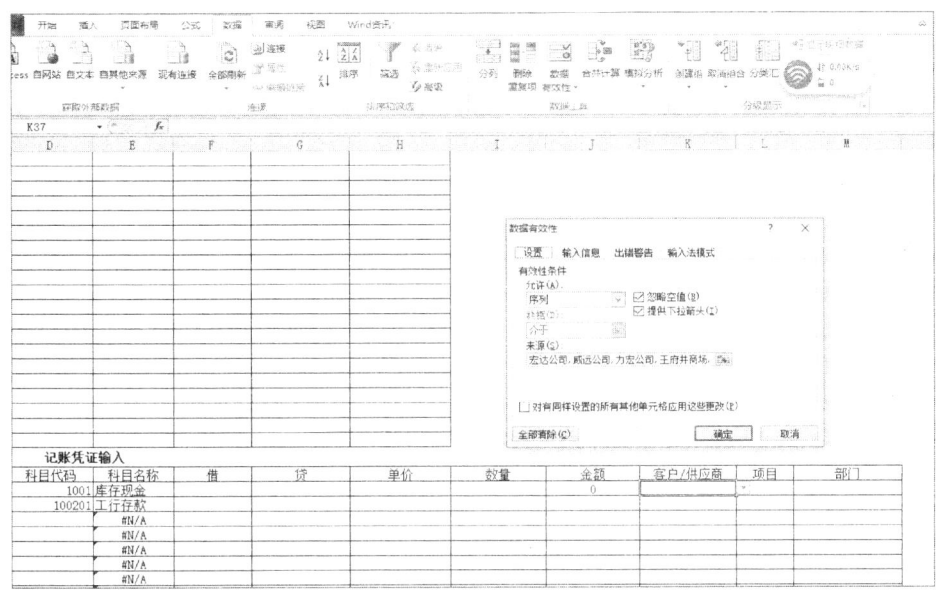

图 2-5 "客户/供应商"列有效性的设置

7. "项目"列的设置

在"项目"列下单元格 L37 点击菜单栏数据,选择工具栏的数据有效性对话框,在"设置"选项卡的"允许"下拉列表框中选择的"序列",在"来源"中填入"办公费、工资",如图 2-6 所示,点击[确定]按钮后,该单元格的数据有效性就设置好了,此时在单元格 L37 右侧出现小三角标志,然后用填充柄往下拖拽就把"项目"列的有效性都设置好了,这样我们在填制凭证时,即可根据具体情况选择了。

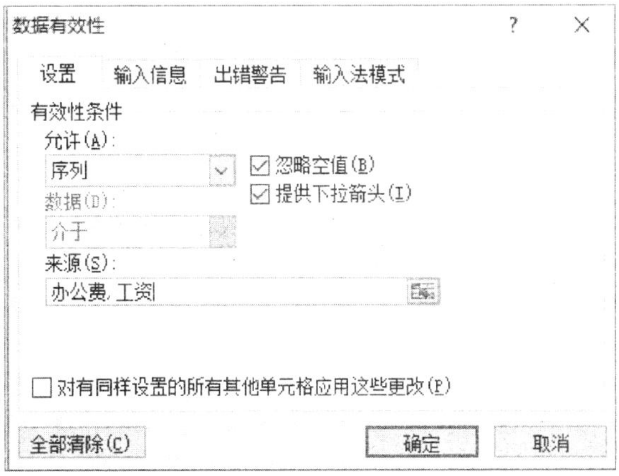

图 2-6 "项目"列有效性的设置

8."部门"列的设置

由 ABC 公司的背景资料可知,公司下设会计部、人力资源部、采购部、销售部、办公室、生产一车间、生产二车间七个部门,选择单元格 M37,同上可以利用数据有效性进行设置,如图 2-7 所示。

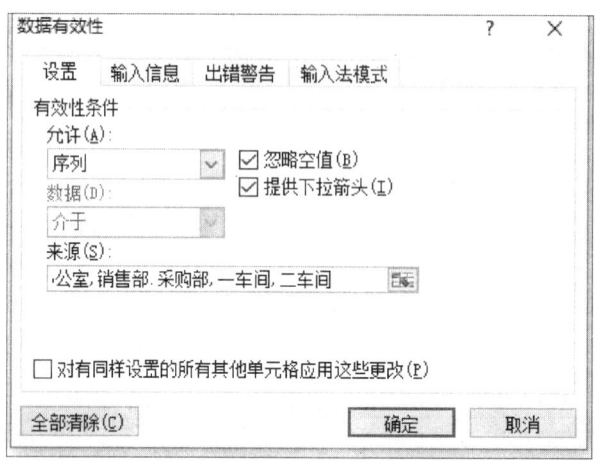

图 2-7 "部门"列有效性的设置

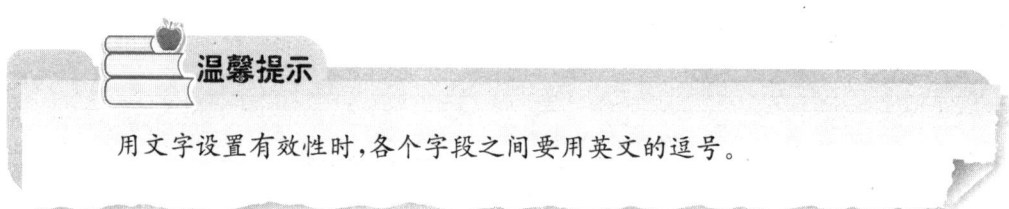

温馨提示

用文字设置有效性时,各个字段之间要用英文的逗号。

2.3 日常经济业务

ABC 公司 2016 年 1 月发生的日常经济业务及其账务处理如下:

(1) 2 日,财务部王静从工行提取现金 10 000 元,作为备用金,现金支票号为 Z001。

借:库存现金(1001)   10 000
  贷:银行存款(100201)   10 000

(2) 3 日,人力资源部张雪购买 200 元办公用品,以现金支付,付单据一张。

借:管理费用(6602)   200
  贷:库存现金(1001)   200

(3) 4 日,采购部高鹏向宏达公司采购电风扇 100 台,单价为 100 元,产品已入库,用工行存款支付,增值税税率为 17%。

借:库存商品(1405)   10 000
  应交税费——应交增值税(进项税额)(22210101)   1 700
  贷:银行存款——工行存款(100201)   11 700

(4) 5 日,收到兴华公司投资资金 400 000 元,支票号为 Y001。

借:银行存款——工行存款(100201) 400 000

 贷:实收资本(4001) 400 000

 (5)8日,采购部高鹏向力宏公司采购原材料100件,单价为800元,增值税税率为17%①,材料直接入库,货款未付。

借:原材料(1403) 80 000

 应交税费——应交增值税(进项税额)(22210101) 13 600

 贷:应付账款(2202) 93 600

 (6)10日,向王府井商场销售1P空调100台,售价为1 200元,款项未收。增值税率为17%,空调进价为800元,款未收。

借:应收账款(1122) 140 400

 贷:主营业务收入(6001) 120 000

  应交税费——应交增值税(销项税额)(22210102) 20 400

同时结转主营业务成本:

借:主营业务成本(6401) 80 000

 贷:库存商品(1405) 80 000

 (7)12日,销售部张雪收到王府井商场的转账支票一张,金额为99 600元,用以偿还前欠货款,转账支票号为Y002。

借:银行存款——建行存款(100202) 99 600

 贷:应收账款(1122) 99 600

 (8)15日,向长安商场销售电风扇300台,售价为120元,客户用建行支票支付款项,增值税税率为17%,进价为100元。

借:应收账款(1122) 42 120

 贷:主营业务收入 36 000

  应交税费——应交增值税(销项税额)(22210102) 6 120

同时结转主营业务成本:

借:主营业务成本(6401) 30 000

 贷:库存商品(1405) 30 000

 (9)20日,总经理办公室支付业务招待费1 200元,转账支票号为Y003,

借:管理费用——招待费(6602) 1 200

 贷:银行存款——工行存款 1 200

 (10)25日,总经理肖健出差归来,交回现金200元。

借:管理费用——差旅费(6602) 1 800

 库存现金 200

 贷:其他应收款(1221) 2 000

 (11)28日,分别为人力资源部、会计部、办公室、销售部及采购部报销办公费700元、600元、500元、800元、400元,款项全部用工商银行的支票支付。

---

① 自2018年5月1日起,制造业等行业增值税税率从17%降至16%,交通运输等行业的增值税税率从11%降至10%。

借:管理费用——人力资源部(6602)		700
——会计部(6602)		600
——办公室(6602)		500
——销售部(6602)		800
——采购部(6602)		400
贷:银行存款——工行存款(100201)		3 000

（12）28 日，分别为人力资源部、会计部、办公室、销售部及采购部发放工资 3 000 元、4 000 元、5 000 元、6 000 元、7 000 元，款项用工行转账支票支付。

借:管理费用——人力资源(6602)		3 000
——会计部(6602)		4 000
——办公室(6602)		5 000
——销售部(6602)		6 000
——采购部(6602)		7 000
贷:银行存款——工行存款(100201)		25 000

2.4 日常经济业务处理

将上述经济业务按照时间顺序输入图 2-8 中的表 2-2 中，根据业务信息选择相应项目。

图 2-8 1 月份凭证输入

2.5 期末处理

ABC 公司 2016 年 1 月的期末处理如下。

1. 计算本月借方发生额和贷方发生额

这里利用 SUMIF 函数计算本月科目余额表的各个科目发生额。

1）计算各个科目的本期借方发生额

具体操作方法是：用鼠标选择单元格 D4，点击工作表公式栏前的按钮"fx"，找出 SUMIF 函数，如图 2-9 所示。在范围"Range"框内用鼠标选择"D37:D200"，即本期发生额的科目代码范围，按"F4"键加绝对地址得："$D$37:$D$200"，在条件"Criteria"框内选择"A4"，在条件求和的范围"Sum_Range"框内用鼠标选择区域"F37:F200"，即科目代码对应的借方发生额的范围，按"F4"键加绝对地址得："$F$37:$F$200"，点击[确定]按钮后，在单元格 D4 利用 SUMIF 函数可帮助我们计算出本月科目代码为"1001"、科目名称为"库存现金"的本期借方发生额，然后用填充柄向下复制到单元格 D34，即可得到图 2-1 中所列的表 2-1 中各个科目的本期借方发生额（1 月期末余额即为 2 月的期初余额）。

图 2-9　SUMIF 函数

2）计算各个科目本期贷方发生额

具体操作方法是：用鼠标选择单元格 E4，点击工作表公式栏前的"fx"按钮，找出 SUMIF 函数，在范围"Range"框内用鼠标选择"D37:D200"，即本期发生额科目代码范围，按"F4"键加绝对地址得："$D$37:$D$200"，在条件"Criteria"框内选择"A4"，在条件求和的范围"Sum_Range"框内用鼠标选择"G37:G200"，即本期贷方发生额的范围，按"F4"键加绝对地址得："$F$37:$F$200"，单元格 E4 的公式为"=SUMIF($D$37:$D$200,A4,$G$37:$G$200)"，点击[确定]按钮后，在单元格 E4 利用 SUMIF 函数可计算出本月科目代码为"1001"、科目名称为"库存现金"的本期贷方发生额，然后用填充柄向下复制到单元格 E34，可以得到图 2-1 中所列的表 2-1 中各个科目的本期贷方发生额。

温馨提示

（1）也许我们的凭证没有做到 200 行，此处考虑到有的企业业务量较大、凭证较多，所以设到 200 行，如果行数不够，可以将公式中的行数增加，再利用填充柄复制公式即可，或者为了满足更多业务需求，可以设到 1 000 行甚至更多行也可以。

（2）同理，可以把凭证科目代码的有效性利用填充柄复制到 1 000 行，对应的科目名称 VLOOKUP 函数也可以利用填充柄复制到 1 000 行。

2. 计算本期期末利润并结转

因为本例收入只有主营业务收入,成本只有主营业务成本,费用只有管理费用,所以只要把"主营业务收入""主营业务成本""管理费用"这三个损益类科目余额结为零,并作相应的结转即可,我们从科目余额表可以看到,"主营业务收入"科目贷方发生额为 156 000 元,"主营业务成本"科目借方发生额为 80 000 元,"管理费用"科目借方发生额为 31 200 元,编制 0013 号凭证,会计分录为:

借:主营业务营收入 156 000
　贷:本年利润 156 000

此分录把"主营业务收入"科目余额由其借方转入"本年利润"科目贷方。

借:本年利润 141 200
　贷:主营业务成本 110 000
　　管理费用 31 200

此分录把"主营业务成本""管理费用"科目余额由其贷方转入"本年利润"科目的借方,如图 2-10 所示。

72	0012	2016/1/30	发放工资	6602	管理费用	3000	
73	0012	2016/1/30	发放工资	6602	管理费用	4000	
74	0012	2016/1/30	发放工资	6602	管理费用	5000	
75	0012	2016/1/30	发放工资	6602	管理费用	6000	
76	0012	2016/1/30	发放工资	6602	管理费用	7000	
77	0012	2016/1/30		100201	工行存款		25000
78	0013	2016/1/31	期末结转	6001	主营业务收入	156000	
79	0013	2016/1/31	期末结转	4103	本年利润		156000
80	0013	2016/1/31	期末结转	4103	本年利润	141200	
81	0013	2016/1/31	期末结转	6401	主营业务成本		110000
82	0013	2016/1/31	期末结转	6602	管理费用		31200
83					#N/A		
84					#N/A		
85					#N/A		
86					#N/A		
87					#N/A		
88					#N/A		
89					#N/A		

图 2-10　期末损益的结转

此时,观察科目余额表中"本年利润"科目的借方、贷方金额,分别为成本费用类科目、收入类科目余额转入所得。

3. 计算科目余额表期末余额

图 2-1 中,在单元格 F4 输入公式"=C4+D4-E4",用填充柄往下复制到单元格 F34,可以得到各个科目的期末余额。此时可以看到"本年利润"科目期末贷方余额为 14 800 元,而"主营业务收入""主营业务成本""管理费用"这三个损益类科目月末余额为零。如果再作一笔会计分录:

借:本年利润 14 800
　贷:利润分配——未分配利润 14 800

此分录把"本年利润"这个过渡性科目的期末贷方余额转入"利润分配——未分配利润"科目贷方。

温馨提示

对于有明细科目的总账科目,其期末余额公式在复制后还要重新设置一下,如"银行存款"科目期末余额＝工行存款期末余额＋建行存款期末余额,即 F5＝F6+F7"应交税费"科目下只设一个二级科目"应交增值税",可设公式 F21＝F22;"应交增值税"科目下有两个三级明细科目"进项税额"和"销项税额",可设公式 F22＝F23+F24;"利润分配"科目下只有一个二级科目"未分配利润",可设公式 F28＝F29。

4. 借方累计发生额和贷方累计发生额的设置

在图 2-1 中,选择单元格 G4,输入公式"＝D4",则 1 月"库存现金"科目的借方累计发生额计算出来了,用填充柄向下复制,可以得到其他各个科目的借方累计发生额;同理,在单元格 H4 输入公式"＝E4",则 1 月库存现金的贷方累计发生额计算出来了,用填充柄向下复制,可以得到其他各个科目的贷方累计发生额。

温馨提示

(1) 一般本年利润贷方余额不是每个月结转,一般半年或一年进行利润分配时才结转。

(2) 以上累计发生额计算是因为是 1 月份,所以累计发生额就是当月发生额,如果是 2 月累计发生,则要 1 月累计发生额＋2 月发生额,以此类推,逐月累计到了 12 月可以累计出全年的累计发生额。

科目代码	科目名称	期初余额	借方发生额	贷方发生额	期末余额	借方累计发生额	贷方累计发生额
				ABC公司科目余额表			
表2-3				2016年1月31日			单位:元
1001	库存现金	6875.70	10200.00	200.00	16875.70	10200.00	200.00
1002	银行存款	511057.16	499600.00	50900.00	959757.16	499600.00	50900.00
100201	工行存款	511057.16	400000.00	50900.00	860157.16	400000.00	50900.00
100202	建行存款		99600.00	0.00	99600.00	99600.00	0.00
1122	应收账款	157600.00	182520.00	99600.00	240520.00	182520.00	99600.00
1123	预付账款	642.00	0.00	0.00	642.00	0.00	0.00
1221	其他应收款	3800.00	0.00	2000.00	1800.00	0.00	2000.00
1231	坏账准备	-10000.00	0.00	0.00	-10000.00	0.00	0.00
1401	材料采购	-80000.00	0.00	0.00	-80000.00	0.00	0.00
1403	原材料	1004000.00	80000.00	0.00	1084000.00	80000.00	0.00
1405	库存商品	2578600.00	10000.00	110000.00	2478600.00	10000.00	110000.00
1601	固定资产	260860.00	0.00	0.00	260860.00	0.00	0.00
1602	累计折旧	-47120.91	0.00	0.00	-47120.91	0.00	0.00
1701	无形资产	58500.00	0.00	0.00	58500.00	0.00	0.00
2001	短期借款	-200000.00	0.00	0.00	-200000.00	0.00	0.00
2202	应付账款	-276850.00	0.00	93600.00	-370450.00	0.00	93600.00
2211	应付职工薪酬	-8200.00	0.00	0.00	-8200.00	0.00	0.00
2221	应交税费	-16800.00	15300.00	26520.00	-28020.00	15300.00	26520.00
222101	应交增值税	-16800.00	15300.00	26520.00	-28020.00	15300.00	26520.00
22210101	进项税额	-33800.00	15300.00	0.00	-18500.00	15300.00	0.00
22210102	销项税额	17000.00	0.00	26520.00	-9520.00	0.00	26520.00
2241	其他应付款	-2100.00	0.00	0.00	-2100.00	0.00	0.00
4001	实收资本	-2609052.00	400000.00	400000.00	-3009052.00	400000.00	400000.00
4103	本年利润		156000.00	156000.00	0.00	156000.00	156000.00
4104	利润分配	-1348977.69	0.00	14800.00	-1363777.69	0.00	14800.00
410401	未分配利润	-1348977.69	0.00	14800.00	-1363777.69	0.00	14800.00
5001	生产成本	17165.74	0.00	0.00	17165.74	0.00	0.00
6001	主营业务收入		156000.00	156000.00	0.00	156000.00	156000.00
6401	主营业务成本		110000.00	110000.00	0.00	110000.00	110000.00
6602	管理费用		31200.00	31200.00	0.00	31200.00	31200.00
6603	财务费用		0.00	0.00	0.00	0.00	0.00

图 2-11 ABC 公司期末科目余额表

2.6 凭证查询设置

我们可以利用 Excel 的筛选功能进行凭证查询。具体操作方法是:首先选择凭证标题行第一个单元格 A36,其次点击菜单栏的数据,选择"筛选"命令,进入筛选状态,如图 2-12 所示。如果要退出筛选状态,可重新再点击"数据"菜单下的"筛选"命令,则退出筛选状态。

35	表2-2				记账凭证输入						
36	凭证号	日期	摘要	科目代码	科目名称	借	贷	单价	数量	金额	客户/供应商
37	0001	2016/1/2	提现,现金支票号20	1001	库存现金	10000				0	
38	0001	2016/1/2		100201	工行存款		10000			0	
39	0002	2016/1/3	购买办公用品	6602	管理费用	200				0	
40	0002	2016/1/3		1001	库存现金		200			0	
41	0003	2016/1/4	采购电风扇	1405	库存商品	10000				0	宏达公司
42	0003	2016/1/4		22210101	进项税额	1700		100	100	10000	
43	0003	2016/1/4		100201	工行存款		11700			0	

图 2-12 凭证查询设置

2.6.1 按凭证号查询凭证

例如,查询凭证号为 0003 的凭证。具体操作方法如下:单击"凭证号"列小三角按钮,去掉"全选",并选择"0003",点击[确定]按钮后,出现如图 2-13 所示界面。查询结果如图 2-14 所示。

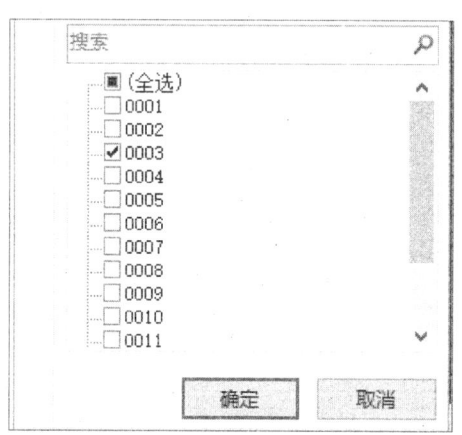

图 2-13 查询 0003 号凭证

35	表2-2				记账凭证输入							
36	凭证号	日期	摘要	科目代码	科目名称	借	贷	单价	数量	金额	客户/供应商	项目
41	0003	2016/1/4	采购电风扇	1405	库存商品	10000				0	宏达公司	
42	0003	2016/1/4		22210101	进项税额	1700		100	100	10000		
43	0003	2016/1/4		100201	工行存款		11700			0		
90												
91												

图 2-14 0003 号凭证查询结果

2.6.2　查询凭证行的任意项

同理,可以对凭证行的任何一项进行查询,如按"日期"查询、按"科目"代码查询、按"客户/供应商"查询、按"部门"查询等,方法同上,此处不再赘述。

2.7　下个月账簿的建立

现拟建立 ABC 公司 2017 年 2 月的账簿。该公司 2 月账簿设计的基本思路是:我们希望在 2017 年 1 月建立的科目余额表及建立凭证时所设置的公式能够保留下来,为 2 月做账务处理用。具体操作方法如下:

(1) 选择"1 月科目余额表与账簿"所在工作表,点击工作表左上角行列交叉点,即选择整个工作表,点击工具栏的复制图标,再点击工作表 sheet2,选择整个工作表,点击工具栏粘贴图标,这样把 1 月科目余额表及账簿都粘贴过来了。

(2) 双击工作表名"sheet2",重新将工作表命名为"2 月科目余额表与账簿"。

(3) 设置期初余额。选择"2 月科目余额表与账簿"工作表中期初余额单元格 C4,输入"=",用鼠标点击"1 月科目余额表与账簿"工作表表名进入"1 月科目余额表与账簿"工作表中,点击单元格 F4,按回车键,则出现单元格 C4 公式"='1 月科目余额表与凭证'! F4",利用填充柄向下复制,得到 2 月份期初余额,其原理为:2 月期初余额等于 1 月期末余额。

(4) 期末余额公式保持不变。将 1 月份所发生经济业务记账凭证部分的内容删除,但要保留原有公式科目名称列。即删除"凭证号""日期""摘要""科目代码""科目名称""借""贷"等 1 月所发生的经济业务的痕迹,为 2 月新业务作准备,凭证部分删除后,科目余额表中借方和贷方发生额部分自然没有了,期末余额公式还保留不变。

(5) 设置累计借方发生额和累计贷方发生额。将单元格 G4 公式设置为"=D4+'1 月科目余额表与账簿'! G4",即等于本月借方发生额与上月借方累计发生额之和;利用填充柄向下复制到单元格 G34,将单元格 H4 的公式设置为"=E4+'1 月科目余额表与凭证'! H4",即等于本月贷方发生额与上月贷方累计发生额之和;并利用填充柄向下复制到单元格 H34。

(6) 将科目余额表时间改为"2016 年 2 月 1 日",此时"2 月科目余额表与账簿"做好了,如图 2-15 和图 2-16 所示。

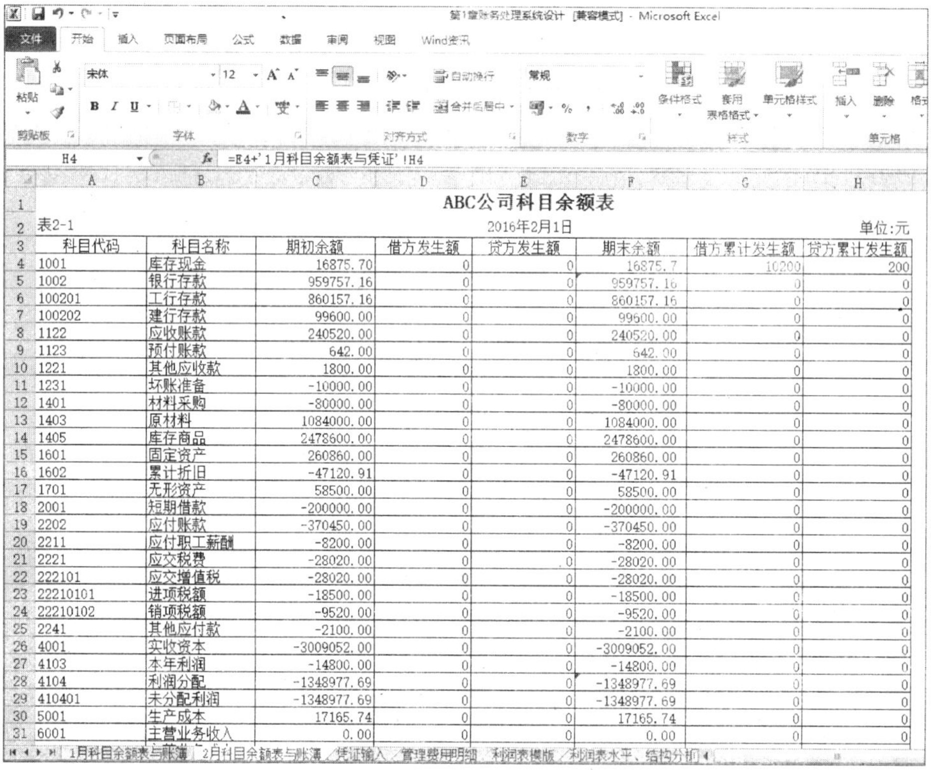

	A	B	C	D	E	F	G	H
1				ABC公司科目余额表				
2	表2-1				2016年2月1日			单位:元
3	科目代码	科目名称	期初余额	借方发生额	贷方发生额	期末余额	借方累计发生额	贷方累计发生额
4	1001	库存现金	16875.70	0	0	16875.7	10200	200
5	1002	银行存款	959757.16	0	0	959757.16	0	0
6	100201	工行存款	860157.16	0	0	860157.16	0	0
7	100202	建行存款	99600.00	0	0	99600.00	0	0
8	1122	应收账款	240520.00	0	0	240520.00	0	0
9	1123	预付账款	642.00	0	0	642.00	0	0
10	1221	其他应收款	1800.00	0	0	1800.00	0	0
11	1231	坏账准备	-10000.00	0	0	-10000.00	0	0
12	1401	材料采购	-80000.00	0	0	-80000.00	0	0
13	1403	原材料	1084000.00	0	0	1084000.00	0	0
14	1405	库存商品	2478600.00	0	0	2478600.00	0	0
15	1601	固定资产	260860.00	0	0	260860.00	0	0
16	1602	累计折旧	-47120.91	0	0	-47120.91	0	0
17	1701	无形资产	58500.00	0	0	58500.00	0	0
18	2001	短期借款	-200000.00	0	0	-200000.00	0	0
19	2202	应付账款	-370450.00	0	0	-370450.00	0	0
20	2211	应付职工薪酬	-8200.00	0	0	-8200.00	0	0
21	2221	应交税费	-28020.00	0	0	-28020.00	0	0
22	222101	应交增值税	-28020.00	0	0	-28020.00	0	0
23	22210101	进项税额	-18500.00	0	0	-18500.00	0	0
24	22210102	销项税额	-9520.00	0	0	-9520.00	0	0
25	2241	其他应付款	-2100.00	0	0	-2100.00	0	0
26	4001	实收资本	-3009052.00	0	0	-3009052.00	0	0
27	4103	本年利润	-14800.00	0	0	-14800.00	0	0
28	4104	利润分配	-1348977.69	0	0	-1348977.69	0	0
29	410401	未分配利润	-1348977.69	0	0	-1348977.69	0	0
30	5001	生产成本	17165.74	0	0	17165.74	0	0
31	6001	主营业务收入	0.00	0	0	0.00	0	0

图 2-15　2 月份期初科目余额表

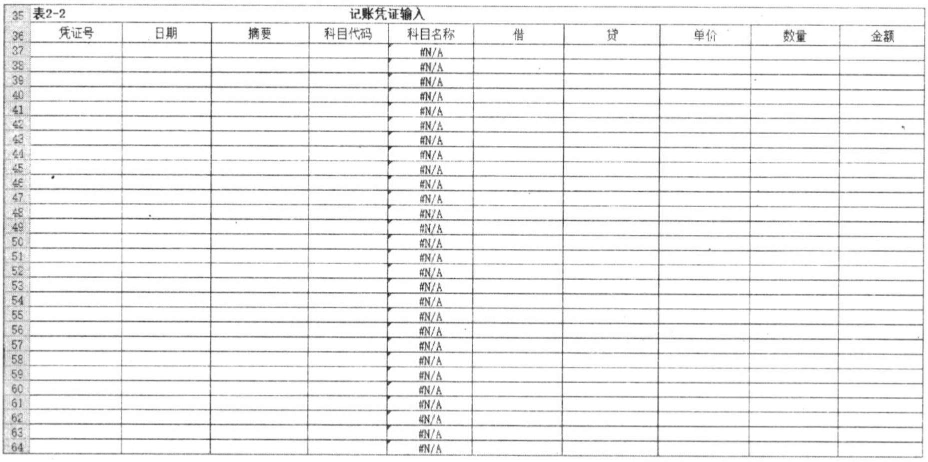

35	表2-2				记账凭证输入					
36	凭证号	日期	摘要	科目代码	科目名称	借	贷	单价	数量	金额
37					#N/A					
38					#N/A					
39					#N/A					
40					#N/A					
41					#N/A					
42					#N/A					
43					#N/A					
44					#N/A					
45					#N/A					
46					#N/A					
47					#N/A					
48					#N/A					
49					#N/A					
50					#N/A					
51					#N/A					
52					#N/A					
53					#N/A					
54					#N/A					
55					#N/A					
56					#N/A					
57					#N/A					
58					#N/A					
59					#N/A					
60					#N/A					
61					#N/A					
62					#N/A					
63					#N/A					
64					#N/A					

图 2-16　2 月份凭证填制与账簿

2.8　会计数据的保护

会计数据或经济业务数据输入 Excel 后，需要对数据加以保护，以达到会计内部控制的

第3章 财务报表的编制与分析

Excel 是世界上最优秀的电子表格系统之一,它集数据库、工作表、图形为一体,并在其中储存信息,而且信息间相互联系采用自动链接方式。这种电子表格在财务领域中非常适用,财务管理人员掌握 Excel 电子表格软件的基本功能后,在财务管理工作中,可以借助表格完成各种分析、预测和决策工作,可以用 Excel 的工具或函数将有关项目进行对比,以揭示企业的财务状况。因此,编制各种财务报表是财务管理工作中是不可或缺的。

承第 2 章所述 ABC 公司的背景资料,本章以 ABC 公司为例,介绍如何用 Excel 进行财务报表的编制与分析。

3.1 财务报表的编制

编制财务管理工作所需的各种格式的财务分析表格,是财务工作者必须掌握的技能之一。这里仅以常用的财务报表——资产负债表和利润表编制为例,介绍财务报表的编制方法。财务工作者掌握了这种方法,其他的任何形式的财务工作表都可以编制。

3.1.1 资产负债表的编制

因为篇幅限制,这里只能编制与第 2 章科目数据相对应的资产负债表和利润表。尽管涉及的科目相对较少,但还是希望通过这个案例,使学生掌握资产负债表的编制方法。学生在学会了此方法后,即可根据企业的具体情况进行编制。

1. 表格、表头、标题的设置

首先打开一张工作表,将其命名为"资产负债表",在表中,点击"开始"菜单栏上的边框图标,选择"所有框线",建立 6 列、若干行的表格(行的多少可以插入或删除,所以不一定确定行数);其次输入表头标题、表体中的行、列字段,可以得到如图 3-1 所示的资产负债表。

2. 建立单元公式

当工作表的格式建立好之后,便可以输入数据或调用数据,在这里我们调用在第 2 章科目余额表中的总账科目数据,但有的数据需要建立公式经过计算才能得到。下面将具体方法介绍如下。

1) 定义科目余额表各列名称

选择"1 月科目余额表与账簿"工作表,选择单元格区域 A4:A34,点击菜单栏的公式,进入

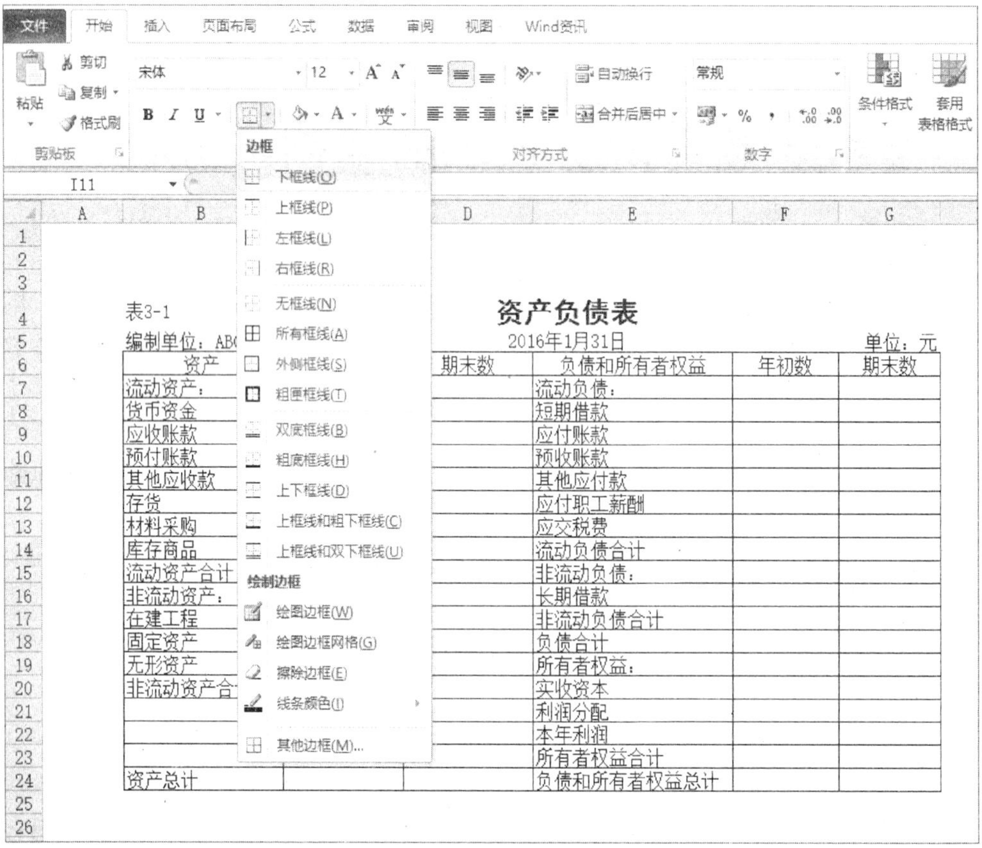

图 3-1 资产负债表格式设置

公式工具栏界面，点击定义名称，此时在名称框会自动出现"科目代码"，点击[确定]按钮，这一列名称就定义好了，如图 3-2 所示。同理，继续定义科目名称、期初余额、借方发生额、贷方发生额、期末余额、借方累计发生额和贷方累计发生额所在的列的名称，这样后面用到这些区域时，将不显示区域的地址而显示区域名称，为后面编制资产负债表和利润表做准备。

温馨提示

利用定义名称的方法优点是只要在同一个工作簿中，无论将整个财务报表复制粘贴到哪里，资产负债表各个项目的数据都不会因为地址改变而改变的，这为我们进行后面的财务分析打下较好的基础。

2）资产负债表各项目期初余额公式的设置

（1）选择当前工作表为"资产负债表"，开始设置"货币资金"项目的公式。根据公式"货币资金期初余额＝库存现金期初余额＋银行存款期初余额"，选择单元格 C8 输入公式"＝SUMIF（科目代码，1001，期初余额）＋SUMIF（科目代码，1002，期初余额）"。

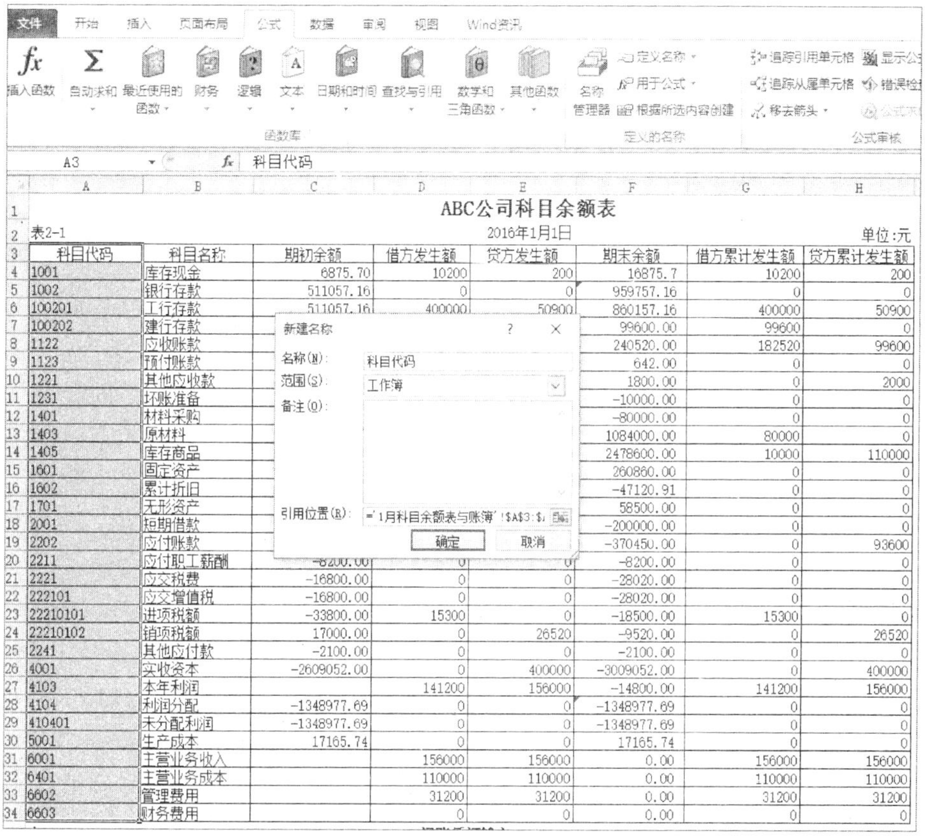

ABC公司科目余额表

表2-1		2016年1月1日					单位:元
科目代码	科目名称	期初余额	借方发生额	贷方发生额	期末余额	借方累计发生额	贷方累计发生额
1001	库存现金	6875.70	10200	200	16875.7	10200	200
1002	银行存款	511057.16	0	0	959757.16	0	0
100201	工行存款	511057.16	400000	50900	860157.16	400000	50900
100202	建行存款				99600.00	99600	0
1122	应收账款				240520.00	182520	99600
1123	预付账款				642.00	0	0
1221	其他应收款				1800.00	0	2000
1231	坏账准备				-10000.00	0	0
1401	材料采购				-80000.00	0	0
1403	原材料				1084000.00	80000	0
1405	库存商品				2478600.00	10000	110000
1601	固定资产				260860.00	0	0
1602	累计折旧				-47120.91	0	0
1701	无形资产				58500.00	0	0
2001	短期借款				-200000.00	0	0
2202	应付账款				-370450.00	0	93600
2211	应付职工薪酬	-8200.00	0	0	-8200.00	0	0
2221	应交税费	-16800.00	0	0	-28020.00	0	0
222101	应交增值税	-16800.00	0	0	-28020.00	0	0
22210101	进项税额	-33800.00	15300	0	-18500.00	15300	0
22210102	销项税额	17000.00	0	26520	-9520.00	0	26520
2241	其他应付款	-2100.00	0	0	-2100.00	0	0
4001	实收资本	-2609052.00	0	400000	-3009052.00	0	400000
4103	本年利润		141200	156000	-14800.00	141200	156000
4104	利润分配	-1348977.69	0	0	-1348977.69	0	0
410401	未分配利润	-1348977.69	0	0	-1348977.69	0	0
5001	生产成本	17165.74	0	0	17165.74	0	0
6001	主营业务收入		156000	156000	0.00	156000	156000
6401	主营业务成本		110000	110000	0.00	110000	110000
6602	管理费用		31200	31200	0.00	31200	31200
6603	财务费用		0	0	0.00	0	0

图 3-2　科目余额表区域名称设置

温馨提示

（1）因为这里公式较复杂，可以先做出公式=SUMIF(科目代码，1001，期初余额)，复制一下，然后利用填充柄向下复制，其他公式可以直接在此基础上修改一下科目代码或增加相应项即可，这样后面的公式设置就变得简单了，复制后不用公式的单元格可以直接将复制公式删除即可，如“流动资产合计”项目对应单元格复制后有公式了，可以删除，再利用和函数求合计数。

（2）公式中的逗号一定要用半角，即英文的逗号。

（3）下面只说明比较复杂的公式；比较简单的公式只要修改一下科目代码即可，这里不再赘述。

（2）设置“应收账款”项目期初余额公式。

根据公式“期初应收账款余额=科目余额表应收账款期初余额+科目余额表坏账准备期初余额”，选择单元格 C9，输入公式“=SUMIF(科目代码，1122，期初余额)+SUMIF(科目代码，1231，期初余额)”。这里的应收账款是净额，本来应该是“应收账款”科目期末借方余额减去“坏账准备”科目期末贷方余额，但因为“坏账准备”科目期末余额在贷方，在科目余额表中为负数，所以加上“坏账准备”科目期末余额实际上就是减去其期末余额。

（3）设置"预付账款"项目期初余额公式，单元格 C10"＝SUMIF(科目代码,1123,期初余额)"。

（4）设置"存货"项目期初余额公式，单元格 C12"＝SUMIF(科目代码,1403,期初余额)＋SUMIF(科目代码,5001,期初余额)"，即"存货期初余额＝科目余额表原材料期初余额＋科目余额表生产成本期初余额"。

（5）设置"库存商品"项目期初余额公式，单元格 C14"＝SUMIF(科目代码,1405,期初余额)"。

（6）设置"固定资产"项目期初余额公式，单元格 C18"＝SUMIF(科目代码,1601,期初余额)＋SUMIF(科目代码,1602,期初余额)"，即"固定资产期初余额＝科目余额表固定资产期初余额＋科目余额表累计折旧期初余额"。这里的固定资产是净额，本来应该是"固定资产"科目期末借方余额减去"累计折旧"科目期末贷方余额，但因为"累计折旧"科目期末余额在贷方，在科目余额表中为负数，所以加上"累计折旧"科目期末余额实际上是减去其期末余额的。

（7）用和函数分别算出"流动资产合计""非流动资产合计"项目，再求出"资产总计"项目。设置单元格 C25"＝C15＋C20"，这样资产部分公式就设置完成。

同理，设置负债和所有者权益各个科目的期初余额。

（8）设置"短期借款"项目期初余额，选择单元格 F8，输入公式"＝－SUMIF(科目代码,2001,期初余额)"。这里注意在 SUMIF 函数前面加了负号，是因为在科目余额表中贷方科目的金额都为负数，加负号是为了资产负债表显示数据为正数。

（9）设置其他负债、所有者权益项目。在单元格 F8 用填充柄向下复制到单元格 F23，修改对应的科目代码即可得到相应数据。

（10）用和函数分别算出"负债合计""所有者权益合计"项目，再求出"负债和所有者权益总计"项目，在单元格 F25 输入公式"＝F18＋F24"。到此，资产负债表各项目期初余额就计算完了，如图 3-3 所示。

	资产	年初余额	期末余额	负债和所有者权益	年初余额	期末余额
				表3-1 资产负债表		
	编制单位：ABC公司		2016年1月31日			单位：元
	流动资产：			流动负债：		
	货币资金	517932.86		短期借款	200000.00	
	应收账款	147600.00		应付账款	276850.00	
	预付账款	642.00		预收账款	0.00	
	其他应收款	3800.00		其他应付款	2100.00	
	存货	1021165.74		应付职工薪酬	8200.00	
	材料采购	-80000.00		应交税费	16800.00	
	库存商品	2578600.00		流动负债合计	503950.00	
	流动资产合计	4189740.60		非流动负债：		
	非流动资产：			长期借款	0.00	
	在建工程	0.00		非流动负债合计	0.00	
	固定资产	213739.09		负债合计	503950.00	
	无形资产	58500.00		所有者权益：		
	非流动资产合计	272239.09		实收资本	2609052.00	
				利润分配	1348977.69	
				本年利润	0.00	
				所有者权益合计	3958029.69	
	资产总计	4461979.69		负债和所有者权益总计	4461979.69	

图 3-3 资产负债表期初余额计算结果

3）资产负债表各项目期末余额公式的设置

选择资产负债表资产类项目期初余额区域 C8:C25，用填充柄向右整体复制到期末余额区域 D8:D25 中，选择区域 D8:D25，在开始菜单栏界面，工具栏右侧点击“查找和替换”，出现如图 3-4 界面，填入“期初余额”将其替换为“期末余额”，点击[全部替换]按钮，可以求出资产类项目的期末余额。

表3-1　资产负债表

编制单位：ABC公司　2016年1月31日　单位：元

资产	年初余额	期末余额	负债和所有者权益	年初余额	期末余额
流动资产：			流动负债：		
货币资金	517932.86	976632.86	短期借款	200000.00	200000.00
应收账款	147600.00	230520.00	应付账款	276850.00	370450.00
预付账款	642.00	642.00	预收账款	0.00	0.00
其他应收款	3800.00	1800.00	其他应付款	2100.00	2100.00
存货	1021165.74	1101165.74	应付职工薪酬	8200.00	8200.00
材料采购	-80000.00	-80000.00	应交税费	16800.00	28020.00
库存商品	2578600.00	2478600.00	流动负债合计	503950.00	608770.00
流动资产合计	4189740.60	4709360.60	非流动负债：		
非流动资产：			长期借款	0.00	0.00
在建工程	0.00	0.00	非流动负债合计	0.00	0.00
固定资产	213739.09	213739.09	负债合计	503950.00	608770.00
无形资产	58500.00	58500.00	所有者权益：		
非流动资产合计	272239.09	272239.09	实收资本	2609052.00	3009052.00
			利润分配	1348977.69	1348977.69
			本年利润	0.00	14800.00
			所有者权益合计	3958029.69	4372829.69
资产总计	4461979.69	4981599.69	负债和所有者权益总计	4461979.69	4981599.69

查找和替换
查找(D)　替换(P)
查找内容(N)：期初余额
替换为(E)：期末余额
选项(T) >>
全部替换(A)　替换(R)　查找全部(I)　查找下一个(F)　关闭

图 3-4　用“查找和替换”功能计算资产类各项目期末余额

同理，将 F8:F25 复制到 G8:G25，利用“查找和替换”功能，可以求出负债和所有者权益类项目的期末余额。至此，资产负债表全部完成，如图 3-5 所示。

表3-1　资产负债表

编制单位：ABC公司　2016年1月31日　单位：元

资产	年初余额	期末余额	负债和所有者权益	年初余额	期末余额
流动资产：			流动负债：		
货币资金	517932.86	976632.86	短期借款	200000.00	200000.00
应收账款	147600.00	230520.00	应付账款	276850.00	370450.00
预付账款	642.00	642.00	预收账款	0.00	0.00
其他应收款	3800.00	1800.00	其他应付款	2100.00	2100.00
存货	1021165.74	1101165.74	应付职工薪酬	8200.00	8200.00
材料采购	-80000.00	-80000.00	应交税费	16800.00	28020.00
库存商品	2578600.00	2478600.00	流动负债合计	503950.00	608770.00
流动资产合计	4189740.60	4709360.60	非流动负债：		
非流动资产：			长期借款	0.00	0.00
在建工程	0.00	0.00	非流动负债合计	0.00	0.00
固定资产	213739.09	213739.09	负债合计	503950.00	608770.00
无形资产	58500.00	58500.00	所有者权益：		
非流动资产合计	272239.09	272239.09	实收资本	2609052.00	3009052.00
			利润分配	1348977.69	1348977.69
			本年利润	0.00	14800.00
			所有者权益合计	3958029.69	4372829.69
资产总计	4461979.69	4981599.69	负债和所有者权益总计	4461979.69	4981599.69

图 3-5　用“查找和替换”功能计算权益类项目的期末余额

3.1.2 利润表的编制

1. 表格、表头、标题的设置

利润表格式的设置同资产负债表，不再赘述，读者可以按照图 3-6 所示，编制利润表。

	A	B	C	D
1		表3-2	利润表	
2		编制单位：ABC公司	2016年1月31日	单位：元
3		项目	本月金额	累计金额
4		一、营业收入		
5		减：营业成本		
6		税金及附加		
7		销售费用		
8		管理费用		
9		财务费用		
10		资产减值损失		
11		加：公允价值变动收益		
12		投资收益		
13		二、营业利润		
14		加：营业外收入		
15		减：营业外支出		
16		三、利润总额		
17		减：所得税费用		
18		四、净利润		

图 3-6　利润表格式的设置

2. 利润表各个科目本月金额公式的设置

（1）在单元格 C4 输入公式"＝SUMIF(科目代码,6001,贷方发生额)"，用填充柄向下复制到单元格 C5，将公式中科目代码改为营业成本代码 6401，将贷方发生额改为借方发生额，得到单元格 C5 的公式"＝SUMIF(科目代码,6401,借方发生额)"，对单元格 C5 用填充柄继续向下复制到单元格 C10，分别修改相应科目代码，Excel 即可将科目余额表相应数据调入。

（2）同理，将单元格 C4 的公式对 C11：C17 复制，分别修改对应的科目代码，可以将科目余额表中数据对应数据调入利润表中。

（3）按照多步式利润表计算公式，在单元格 C13 输入公式"＝C4－C5－C6－C7－C8－C9－C10＋C11＋C12"，在单元格 C16 输入公式"＝C13＋C14－C15"，在单元格 C17 输入公式"＝C16＊0.25"，在单元格 C18 输入公式"＝C16－C17"，则利润表本月各个科目金额全部计算出来了。

3. 利润表各个科目累计金额公式的设置

同资产负债表期末余额的设置方法，将区域 C4：C18 全部复制到区域 D4：D18，用查找和替换功能将"发生额"替换成"累计发生额"，如图 3-7 所示，Excel 即可将科目余额表累计发生额的相应数据调入。

4. 利润表编制完成

因为是 1 月份，发生额还没有累计，所以在利润表上，"累计金额"和"本月金额"相同，如图 3-8 所示。

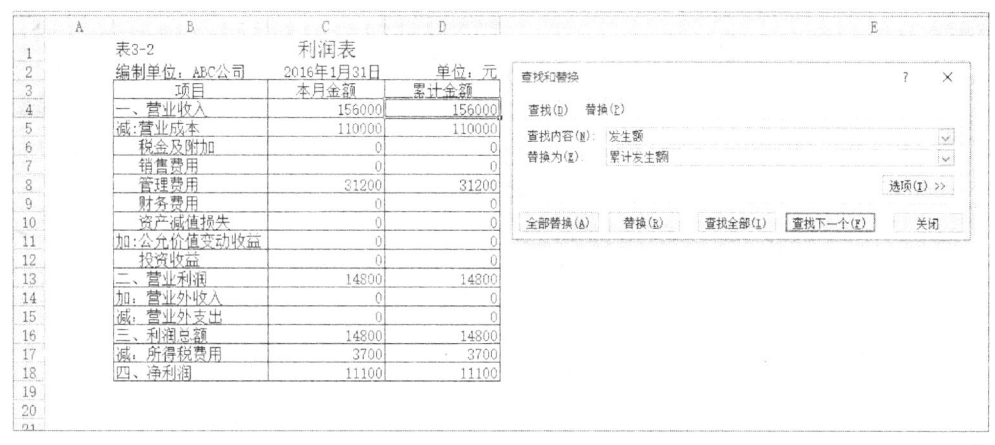

图 3-7　利润表本月金额和累计金额公式的设置

表3-2	利润表		
编制单位：ABC公司	2016年1月31日		单位：元
项目		本月金额	累计金额
一、营业收入		156000	156000
减:营业成本		110000	110000
税金及附加		0	0
销售费用		0	0
管理费用		31200	31200
财务费用		0	0
资产减值损失		0	0
加:公允价值变动收益		0	0
投资收益		0	0
二、营业利润		14800	14800
加：营业外收入		0	0
减：营业外支出		0	0
三、利润总额		14800	14800
减：所得税费用		3700	3700
四、净利润		11100	11100

图 3-8　利润表编制结果

通过以上资产负债表和利润表的编制，读者一方面学习了财务报表的编制方法，另一方面也学会了如何建立数据链接、从其他表中调入数据，掌握了设计财务报表的基本方法和技巧。

3.2　财务分析表的编制

建立财务分析表的目的在于为管理者做出最优决策提供有用的信息，而财务数据通常是以表格的形式存在，这是管理活动量化分析的一种表现形式。下面介绍一下财务分析表的编制。

3.2.1　资产负债表水平分析表的编制

具体操作步骤如下：

（1）将账户式资产负债表（见图 3-5）变成报告式资产负债表，如图 3-9 所示。

	A	B	C	D	E	F	G
1	表3-3	**资产负债表水平分析表**					
2		编制单位：ABC公司	2016年12月31日				
3		资产	2015年	2016年			
4		流动资产：					
5		货币资金	517932.86	976632.86			
6		应收账款	147600.00	230520.00			
7		预付账款	642.00	642.00			
8		其他应收款	3800.00	1800.00			
9		存货	1021165.74	1101165.74			
10		材料采购	-80000.00	-80000.00			
11		库存商品	2578600.00	2478600.00			
12		流动资产合计	4189740.60	4709360.60			
13		非流动资产：					
14		在建工程	0.00	0.00			
15		固定资产	213739.09	213739.09			
16		无形资产	58500.00	58500.00			
17		非流动资产合计	272239.09	272239.09			
18		资产总计	4461979.69	4981599.69			
19		流动负债：					
20		短期借款	200000.00	200000.00			
21		应付账款	276850.00	370450.00			
22		预收账款	0.00	0.00			
23		其他应付款	2100.00	2100.00			
24		应付职工薪酬	8200.00	8200.00			
25		应交税费	16800.00	28020.00			
26		流动负债合计	503950.00	608770.00			
27		非流动负债：					
28		长期借款	0.00	0.00			
29		非流动负债合计	0.00	0.00			
30		负债合计	503950.00	608770.00			
31		所有者权益：					
32		实收资本	2609052.00	3009052.00			
33		利润分配	1348977.69	1348977.69			
34		本年利润	0.00	14800.00			
35		所有者权益合计	3958029.69	4372829.69			
36		负债和所有者权益总计	4461979.69	4981599.69			
37							

图 3-9　资产负债表水平分析表的编制

将图 3-5 的资产负债表复制到新工作表中，命名该工作表为"资产负债表水平分析表"，选择区域 E6:G24，点击鼠标右键"剪切"，选择单元格 B19 进行"粘贴"，再对报表进行整理：去掉中间空白行，去掉多余框线，对标题进行重新整合，更改表名为"资产负债表水平分析表"等，在资产负债表水平分析表的右侧增加 2 列，得到如图 3-9 所示资产负债表水平分析表。

（2）对资产负债表水平分析表进行公式设置。

在资产负债表水平分析表的右侧所增加的 2 列上添加字段：变动额、变动率，将年初余额改为 2015 年、期末余额改为 2016 年，因为一般水平分析都是在 2 个年度进行，我们这里只是借用已经做好的数据进行方法的讲解，在单元格 E5 输入公式"＝D5－C5"，求出 2016

年与 2015 年货币资金变动额,用填充柄从单元格 E5 向下复制到单元格 E36,得到资产负债表水平分析表中所有项目的变动额;同理,在单元格 F5 输入公式"＝E5/C5",求出 2015 年到 2016 年货币资金变动率,点击工具栏上百分比图标,点击小数位图标 2 次(即取 2 位小数),这样货币资金变动率的格式设置好了,用填充柄由单元格 F5 向下复制到单元格 F36,得到资产负债表水平分析表中所有项目的变动率,而且格式与前面设计相同,这是因为在 Excel 中复制不仅仅复制内容还可以复制格式,所以先把第一个格式设计好了,再对做好的表进行编辑,把因为复制没有数值的单元格所出现错误符号的地方删除。至此,资产负债表水平分析表就做好了,这时可以用在财务分析中学到的方法进行财务分析了,完整的资产负债表水平分析表如图 3-10 所示。

	资产	2015年	2016年	变动额	变动率
	表3-3 资产负债表水平分析表				
	编制单位：ABC公司		2016年12月31日		
	资产	2015年	2016年	变动额	变动率
	流动资产：				
	货币资金	517932.86	976632.86	458700.00	88.56%
	应收账款	147600.00	230520.00	82920.00	56.18%
	预付账款	642.00	642.00	0.00	0.00%
	其他应收款	3800.00	1800.00	-2000.00	-52.63%
	存货	1021165.74	1101165.74	80000.00	7.83%
	材料采购	-80000.00	-80000.00	0.00	0.00%
	库存商品	2578600.00	2478600.00	-100000.00	-3.88%
	流动资产合计	4189740.60	4709360.60	519620.00	12.40%
	非流动资产：				
	在建工程	0.00	0.00	0.00	0.00%
	固定资产	213739.09	213739.09	0.00	0.00%
	无形资产	58500.00	58500.00	0.00	0.00%
	非流动资产合计	272239.09	272239.09	0.00	0.00%
	资产总计	4461979.69	4981599.69	519620.00	11.65%
	流动负债			0.00	
	短期借款	200000.00	200000.00	0.00	0.00%
	应付账款	276850.00	370450.00	93600.00	33.81%
	预收账款	0.00	0.00	0.00	0.00%
	其他应付款	2100.00	2100.00	0.00	0.00%
	应付职工薪酬	8200.00	8200.00	0.00	0.00%
	应交税费	16800.00	28020.00	11220.00	66.79%
	流动负债合计	503950.00	608770.00	104820.00	20.80%
	非流动负债：			0.00	
	长期借款	0.00	0.00	0.00	
	非流动负债合计	0.00	0.00	0.00	
	负债合计	503950.00	608770.00	104820.00	20.80%
	所有者权益：			0.00	
	实收资本	2609052.00	3009052.00	400000.00	15.33%
	利润分配	1348977.69	1348977.69	0.00	0.00%
	本年利润	0.00	14800.00	14800.00	
	所有者权益合计	3958029.69	4372829.69	414800.00	10.48%
	负债和所有者权益总计	4461979.69	4981599.69	519620.00	11.65%

图 3-10　完整的资产负债表水平分析表

3.2.2　资产负债表结构分析表的编制

资产负债表结构分析表又称资产垂直结构分析表。其具体步骤如下:

(1) 将资产负债表(见图 3-5)复制到新工作表 2 处,命名该工作表为"资产负债表结构分析表"并修改年初数为 2015 年、期末数为 2016 年,保留前面的资产负债表,把后面的资产负债表中"年初数""期末数"删除,将表名改为"资产负债表结构分析表",如图 3-11 所示。

图 3-11　资产负债表结构分析表的编制

（2）进行结构分析公式设置。

首先,设置资产类项目。具体方法是:在资产负债表结构分析表中,选择 2015 年货币资金项,在单元格 J5,输入公式"=C5/＄C＄21"(读者可以思考一下此处加绝对地址的原因),点击工具栏上百分比图标,点击小数图标 2 次,这样货币资金结构百分比格式就设置好了,用填充柄从单元格 J5 向下复制到单元格 J21,得到资产负债表结构分析表中 2015 年所有资产类项目的结构百分比;同理,选择单元格 K5,输入公式"=D5/＄D＄21",点击工具栏上百分比图标,点击小数图标 2 次,这样货币资金百分比格式就设置好了,用填充柄从单元格 K5 向下复制到单元格 K21,得到资产负债表结构分析表中 2016 年所有资产项目的结构百分比。

其次,设置权益类项目。具体方法是:在资产负债表结构分析表中,选择短期借款项目,在单元格 M5 输入公式"=F5/＄F＄21",点击工具栏上百分比图标,点击小数图标 2 次,这样短期借款结构百分比格式就设置好了,用填充柄从单元格 M5 向下复制到单元格 M21,得到资产负债表结构分析表中 2015 年所有权益类项目的结构百分比;同理,选择单元格 N5,输入公式"=G5/＄G＄21",点击工具栏上百分比图标,点击小数图标 2 次,这样短期借款结构百分比格式就设置好了,用填充柄从单元格 N5 向下复制到单元格 N21,得到资产负债表结构分析表中 2016 年所有权益类项目的结构百分比。

至此,资产负债表结构分析表就编制好了,读者即可用在财务分析中学到的方法进行财务分析了。完整的资产负债表结构分析表如图 3-12 所示。

图 3-12　完整的资产负债表结构分析表

温馨提示

将资产负债表期初余额和期末余额改为 2 年的数据,是因为一般企业进行财务分析时用的都是年度数据,我们借此数据来介绍财务报表分析的方法。

3.2.3 利润表水平分析表与结构分析表的编制

其方法同资产负债表,这里不再赘述,只是给出图表,读者可以按照上面的方法自己编制,因为 ABC 公司利润表的数据不够全面,为了计算起来结果更好看一些,下面将 ABC 公司的数据改变为如图 3-13 所示的 2016 年 12 月 31 日 ABC 公司修正利润表数据,ABC 公司的利润表水平分析表如图 3-14 所示,ABC 公司利润表的结构分析表如图 3-15 所示,供读者参考。

	A	B	C	D	E
1		表3-5		利润表	
2		编制单位:ABC公司	2016年1月31日		单位:元
3		项目	本月金额	累计金额	
4		一、营业收入	1560000	1800000	
5		减:营业成本	1100000	1200000	
6		税金及附加	40000	45000	
7		销售费用	20000	25000	
8		管理费用	31200	33000	
9		财务费用	60000	80000	
10		资产减值损失	20000	22000	
11		加:公允价值变动收益	30000	35000	
12		投资收益	10000	20000	
13		二、营业利润	328800	450000	
14		加:营业外收入	50000	55000	
15		减:营业外支出	30000	32000	
16		三、利润总额	348800	473000	
17		减:所得税费用	87200	118250	
18		四、净利润	261600	354750	
19		假设:ABC公司流通股股数为	500000 股		
20		每股市价	10 元		
21		将净利润50%发放股利	0.5		
22		优先股股数为	0		

图 3-13 ABC 公司 2016 年修正利润表

	A	B	C	D	E	F	G
1		表3-6		利润表水平分析表			
2		编制单位:ABC公司		2016年12月31日		单位:元	
3		项目	2015年	2016年	变动额	变动率	
4		一、营业收入	1560000	1800000	240000	15.38%	
5		减:营业成本	1100000	1200000	100000	9.09%	
6		税金及附加	40000	45000	5000	12.50%	
7		销售费用	20000	25000	5000	25.00%	
8		管理费用	31200	33000	1800	5.77%	
9		财务费用	60000	80000	20000	33.33%	
10		资产减值损失	20000	22000	2000	10.00%	
11		加:公允价值变动收益	30000	35000	5000	16.67%	
12		投资收益	10000	20000	10000	100.00%	
13		二、营业利润	328800	450000	121200	36.86%	
14		加:营业外收入	50000	55000	5000	10.00%	
15		减:营业外支出	30000	32000	2000	6.67%	
16		三、利润总额	348800	473000	124200	35.61%	
17		减:所得税费用	87200	118250	31050	35.61%	
18		四、净利润	261600	354750	93150	35.61%	

图 3-14 ABC 公司 2016 年修正利润表的水平分析表

表3-5	利润表		表3-7	利润表结构分析表	
编制单位：ABC公司	2016年12月31日	单位：元	编制单位：ABC公司	2016年12月31日	单位：元
项目	2015年	2016年	项目	2015年	2016年
一、营业收入	1560000	1800000	一、营业收入	100.00%	100.00%
减：营业成本	1100000	1200000	减：营业成本	70.51%	66.67%
税金及附加	40000	45000	税金及附加	2.56%	2.50%
销售费用	20000	25000	销售费用	1.28%	1.39%
管理费用	31200	33000	管理费用	2.00%	1.83%
财务费用	60000	80000	财务费用	3.85%	4.44%
资产减值损失	20000	22000	资产减值损失	1.28%	1.22%
加：公允价值变动收益	30000	35000	加：公允价值变动收益	1.92%	1.94%
投资收益	10000	20000	投资收益	0.64%	1.11%
二、营业利润	328800	450000	二、营业利润	21.08%	25.00%
加：营业外收入	50000	55000	加：营业外收入	3.21%	3.06%
减：营业外支出	30000	32000	减：营业外支出	1.92%	1.78%
三、利润总额	348800	473000	三、利润总额	22.36%	26.28%
减：所得税费用	87200	118250	减：所得税费用	5.59%	6.57%
四、净利润	261600	354750	四、净利润	16.77%	19.71%

图 3-15　ABC 公司 2016 年修正利润表的结构分析表

温馨提示

2015 年利润表的结构分析表中各个项目的结构百分比是 2015 年利润表各个项目除以 2015 年的营业收入得到的，2016 年利润表的结构分析表中各个项目的结构百分比是利润表各个项目除以 2016 年的营业收入得到的。

3.2.4　财务比率分析表的编制

财务比率分析表是指把财务报表中的有关项目进行对比，得出一系列比率，以此揭示企业财务状况的一种分析方法。比率分析也是财务分析的核心。不同的企业，其经营管理所需的比率不尽相同，因此，在介绍财务比率分析表的编制方法之前，先介绍企业在进行财务比率分析时常用的财务指标。

1. 财务比率指标

1）偿债能力指标

偿债能力是指企业偿还各种债务的能力，即资产转化为现金的能力。偿债能力可以按照时间分成长期偿债能力和短期偿债能力。反映偿债能力的指标如下：

（1）流动比率。流动比率是流动资产除以流动负债的比值。其计算公式为：

流动比率＝流动资产÷流动负债

流动比率是用来衡量企业短期偿债能力的一个重要的财务指标。根据国际惯例，2∶1 的流动比率最佳。流动比率过低，表明企业偿债能力不足；相反，则表明企业现金、存货等有可能闲置。

（2）速动比率。速动比率是从流动资产中减去存货部分，再除以流动负债的比率。其计算公式为：

速动比率＝（流动资产－存货）÷流动负债

一般来说，速动比率比流动比率更能表明企业的偿债能力。根据国际惯例，速动比率以 1∶1 为好。

流动比率和速动比率是反映短期偿债能力的财务比率。

（3）资产负债率。资产负债率是负债总额与资产总额的比率。其计算公式为：

$$资产负债率＝负债总额÷资产总额$$

资产负债率是反映在总资产中有多大比例是通过借债来筹集的。它也可以用来衡量企业在清算时保护债权人利益的程度。资产负债率一般保持在 50% 比较合理；若这一比率太大，则说明企业举债过多，企业的财务风险较大。

（4）产权比率。产权比率也称负债股权比率，反映债权人所提供资金与股东所提供资金的对比关系，它是负债总额与股东权益总额的比率。其计算公式为：

$$产权比率＝负债总额÷股东权益总额$$

（5）股东权益比率。股东权益比率反映企业全部资产中有多少是投资人投入的。其计算公式为：

$$股东权益比率＝股东权益总额÷资产总额$$

（6）已获利息倍数。已获利息倍数反映了企业的经营所得支付债务利息的能力。它是利润总额加利息费用之和与利息费用的比率。其计算公式为：

$$已获利息倍数＝(利润总额＋利息费用)÷利息费用$$

资产负债率、产权比率、股东权益比率和已获利息倍数是反映长期偿债能力的财务比率。

2）资产营运能力指标

资产营运能力也称营运效率，是用来衡量企业在资产管理方面效率的财务指标。资产营运能力指标主要包括：存货周转率、应收账款周转率、流动资产周转率、总资产周转率等。

（1）存货周转率。存货周转率是营业成本除以平均存货的比率。用时间表示的存货周转率就是存货周转天数。其计算公式为：

$$存货周转率＝营业成本÷平均存货$$

其中：
$$平均存货＝(期初存货＋期末存货)÷2$$
$$存货周转天数＝360÷存货周转率＝360×平均存货÷营业成本$$

公式中的"营业成本"数据来自利润表。

存货周转率是用来衡量和评价企业购入存货、投入生产、销售收回等环节管理状况的综合性指标。

（2）应收账款周转率。应收账款周转率是企业赊销收入净额与平均应收账款的比率。其中，赊销收入净额一般用营业收入代替。用时间表示的应收账款就是应收账款周转天数。其计算公式为：

$$应收账款周转率＝营业收入÷平均应收账款$$

其中：
$$平均应收账款＝(期初应收账款＋期末应收账款余额)÷2$$

$$应收账款周转天数＝360÷应收账款周转天数＝360×营业收入÷平均应收账款$$

公式中的"营业收入"数据来自利润表。

应收账款周转率是评价应收账款流动性大小的一个重要指标,它可以用来分析企业应收账款的变现速度和管理效率。

（3）流动资产周转率。流动资产周转率是分析流动资产周转速度一个综合性指标,它是营业收入与平均流动资产的比值。其计算公式为:

$$流动资产周转率＝营业收入÷平均流动资产$$

其中:
$$平均流动资产＝（期初流动资产＋期末流动资产）÷2$$

（4）总资产周转率。总资产周转率是分析企业全部资产使用效率的一个重要指标。它是营业收入与平均资产总额的比值。其计算公式为:

$$总资产周转率＝营业收入÷平均资产总额$$

其中:
$$平均资产总额＝（期初资产总额＋期末资产总额）÷2$$

3）盈利能力指标

盈利能力反映企业获取利润的能力。不论是投资人、债权人,还是企业经理人员,都非常重视和关心企业的盈利能力。评估企业盈利能力的财务指标主要有净资产收益率、总资产报酬率、营业毛利率和营业净利率等。

（1）净资产收益率。净资产收益率,也称权益报酬率是反映一定时期企业的净利润与平均所有者权益的比率。其计算公式为:

$$净资产收益率＝净利润÷平均所有者权益$$
$$＝净利润÷平均净资产$$

（2）总资产报酬率。总资产报酬率是反映资产经营获利能力的指标。其计算公式为:

$$总资产报酬率＝（利润总额＋利息费用）÷平均资产总额$$

其中:
$$利润总额＋利息费用＝息税前利润（EBIT）$$

（3）营业毛利率。营业毛利率反映每1元营业收入扣除销售成本后,有多少钱可以支付各种期间费用和形成利润。它是营业毛利占营业收入的百分比。其计算公式为:

$$营业毛利率＝营业毛利÷营业收入$$

其中:
$$营业毛利＝营业收入－营业成本$$

（4）营业净利率。营业净利率反映每1元营业收入所带来的净利润的多少,表示营业收入的收益水平。它是净利润与营业收入的百分比。其计算公式为:

$$营业净利率＝净利润÷营业收入$$

4）上市公司盈利能力指标

这类指标主要有每股收益、市盈率、每股股利和股利支付率等。

（1）每股收益。每股收益是净利润扣除优先股股利后与流通股数的比值。其计算公式为：

$$每股收益＝(净利润－优先股股利)÷流通股数$$

（2）市盈率。市盈率是每股市价与每股收益的比率。其计算公式为：

$$市盈率＝每股市价÷每股收益$$

市盈率是衡量股份制企业盈利能力的指标之一。该指标反映投资者对每1元利润愿意支付的价格。一般来说，市盈率指标越高，说明公众对该股票的评价越高。其标准值为20倍，成长性好的公司市盈率较高，但太高会超出其价值。

（3）每股股利。每股股利是股利总额与流通股数的比率。其计算公式为：

$$每股股利＝股利总额÷流通股数$$

每股股利反映每股普通股获得现金股利的情况。

（4）股利支付率。股利支付率是普通股每股股利与每股收益的比率。其计算公式为：

$$股利支付率＝每股股利÷每股收益$$

股利支付率反映净利润中股利发放的程度，即普通股股东从每股的全部利润中分到手中部分有多少。

5）发展能力指标

发展能力指标也称增长能力，指企业未来生产经营活动发展趋势和发展潜能。发展能力指标主要有股东权益增长率、利润增长率、收入增长率和资产增长率四种。

（1）股东权益增长率。股东权益增长率是本期股东权益增长额与股东权益期初余额的比率。其计算公式为：

$$股东权益增长率＝本期股东权益增长额÷股东权益期初余额$$

（2）利润增长率。利润增长率是本期利润增加额与上期利润的比率。其计算公式为：

$$净利润增长率＝本期净利润增加额÷上期净利润$$

$$营业利润增长率＝本期营业利润增加额÷上期营业利润$$

（3）营业收入增长率。营业收入增长率是本期营业收入增加额与上期营业收入的比率。其计算公式为：

$$营业收入增长率＝本期营业收入增加额÷上期营业收入$$

（4）资产增长率。资产增长率是本期资产增加额与资产期初余额的比率。其计算公式为：

$$资产增长率＝本期资产增加额÷资产期初余额$$

2. 财务比率分析表的编制

财务比率分析表的编制主要是以资产负债、利润表等财务报表为依据，按照上面公式计算出各种比率。比率分析法是将计算出的财务比率与企业自己历史数据进行比较或者与本行业其他企业进行比较，或者与行业平均值进行比较，从而找出差距和问题的一种分析方法。财务比率分析表的结构可以由财务管理人员设计。

按照前面介绍各种指标，企业可以编制财务比率分析表，如图3-16所示。

财务比率	标准值	实际值
财务比率分析表		
偿债能力分析指标:		
流动比率	2.00	
速动比率	1.00	
资产负债率	0.50	
产权比率	0.50	
股东权益比率	0.40	
已获利息倍数	4.00	
资产运营能力指标		
存货周转率	10.00	
应收账款周转率	30.00	
流动资产周转率	30.00	
总资产周转率	20.00	
盈利能力指标:		
净资产收益率	0.30	
总资产报酬率	0.20	
营业毛利率	4.00	
营业净利率	0.30	
上市公司盈利能力指标:	0.50	
每股收益	1.20	
市盈率	20.00	
每股股利	0.50	
股利支付率	0.45	
发展能力指标:	0.45	
股东权益增长率	0.10	
营业收入增长率	0.30	
营业利润增长率	0.20	
净利润增长率	0.10	
资产增长率	0.20	

图 3-16　财务比率分析表格式设计

其中:标准值为行业或企业平均值;实际值可以通过资产负债表和利润表用上面公式计算得到。

财务比率分析表中的数据计算存在以下两种情况:

(1) 财务比率分析表中实际值在同一个表中取值的计算。

其具体计算有以下两种方法:

方法 1:以流动比率实际值计算方法为例,选择单元格 D4,输入公式"=资产负债表! D15/资产负债表! G15"。即在单元格 D4 输入"=",用鼠标点击资产负债表,选择流动资产期末数单元格 D15,在编辑栏出现"=资产负债表! D15",输入除号"/",再用鼠标点击流动负债期末数单元格 G15,按回车键,则流动比率计算完毕,实际结果为 7.74。

这种计算方法的优点是简单;缺点是公式不够直观,通过公式只能看到地址之间的计算,不容易理解。

方法 2:给单元格定义名称,再用名称输入公式,Excel 会自动根据名称找出其中的数据进行计算。这样使各种比率计算公式与前面定义的公式一样更加直观,容易理解和记忆,方法同前面资产负债表编制时的设置方法,但那时是定义一列单元格名称,现在是每个用到的项目单元格都要定义,这种方法工作量较大,为方便起见,我们在后面都采用方法 1。

同理,可以计算其他财务指标。例如,对于速动比率,在单元格 D5 输入公式"=(资产负债表! D15-资产负债表! D12)/资产负债表! G15"。

(2) 财务比率分析表实际值在不同表中取值的计算。以下计算方法实际与上面方法一样,只不过要通过两个表的数据进行计算得到。

（1）在同一表中两个数据相比方法同上，根据相应的公式计算即可，其中用到的括号或运算符号等直接用键盘输入。

（2）此处计算财务比率指标大部分用的是期末数，公式中用平均数时取平均数，但如果用期末数，分子分母同时用，即同时为时点指标。

（3）此处利润表用修正利润表，如图 3-13 所示，因为数据比较全面；否则，有的财务指标可能无法求出，如已获利息倍数会因为分母为零而无法求出。

例如，存货周转率＝营业成本÷平均存货成本。在存货周转率公式中：营业成本直接从利润表得到；平均存货成本可以通过从资产负债表中的"年初存货""年末存货"提取数据，并计算平均值得到。具体方法是：选择财务比率分析表中的单元格 D11，输入公式"＝修正利润表！D5/((资产负债表！C12＋资产负债表！D12)/2)"，即可算出存货周转率。

同理，应收账款周转率＝营业收入÷平均应收账款。在计算应收账款周转率时，具体方法是：选择单元格 D12，输入公式"＝修正利润表！D4/((资产负债表！C9＋资产负债表！D9)/2)"，即可得出。

（1）由于 Excel 计算的优先级问题，当分母计算的是平均数时，必须将平均值加括号，否则计算结果将不正确。

（2）以下财务比率分析表资产运营能力指标和上市公司盈利能力指标计算时用的是修正利润表累计金额数进行计算的。

读者可以自己计算得出，此处不再赘述，下面给出如图 3-17 所示结果供参考。

财务比率	标准值	实际值
财务比率分析表		
偿债能力分析指标：		
流动比率	2.00	7.74
速动比率	1.00	5.93
资产负债率	0.50	0.12
产权比率	0.50	0.04
股东权益比率	0.40	0.23
已获利息倍数	4.00	6.81
资产运营能力指标		
存货周转率	10.00	1.13
应收账款周转率	30.00	9.52
流动资产周转率	30.00	0.40
总资产周转率	20.00	0.38
盈利能力指标：		
净资产收益率	0.30	0.09
总资产报酬率	0.20	0.12
营业毛利率	4.00	0.33
营业净利率	0.30	0.20
上市公司盈利能力指标：		
每股收益	0.50	0.71
市盈率	20.00	14.09
每股股利	0.50	0.35
股利支付率	0.45	0.50
发展能力指标：		
股东权益增长率	0.10	0.10
营业收入增长率	0.30	0.15
营业利润增长率	0.20	0.37
净利润增长率	0.10	0.36
资产增长率	0.20	0.12

图 3-17　财务比率分析表实际值计算结果

企业可以将企业财务比率实际值与标准值进行对比,并找出差距,分析原因。

3. 财务综合分析表的编制

单一分析任意一项财务指标,都不足以全面地评价企业的财务状况和经营成果,而只有对各种财务指标进行系统的分析,才能对企业的财务状况做出合理的判断。因此,必须对企业进行综合的财务分析。

财务综合分析方法主要有财务比率综合分析法和杜邦分析法。

1)财务比率综合分析法

财务比率综合分析法反映了企业报表各项目之间的对比关系,以此来揭示企业财务状况。但是,一项财务分析比率只能反映企业某一方面的财务状况。为了进行综合的财务分析,可以编制财务比率综合分析表对企业的财务状况进行综合评分。如图 3-17 所示的财务比率分析表提供了一个简单的评分方法。但是从技术上讲,这种方法存在一个问题,就是某一个指标严重异常时,会对总评分产生不合逻辑的重大影响。这个缺点是由于相对比率和权重即重要性系数相"乘"引起的。财务比率提高 1 倍,其评分增加 100%;而缩小 1 倍,其评分只减少 50%。尽管这种方法在理论上还有待证明,在技术上还不完善,但它还是在实践中被应用,如图 3-18 所示。

财务比率	重要性系数 (1)	标准值 (2)	实际值 (3)	关系比率 (4)=(3)/(2)	综合指数 (5)=(1)*(4)
财务比率综合分析表					
偿债能力分析指标:					
流动比率	0.10	2.00	7.74		
速动比率	0.10	1.00	5.93		
资产负债率	0.10	0.50	0.12		
产权比率	0.01	0.50	0.14		
股东权益比率	0.01	0.40	0.88		
已获利息倍数	0.01	4.00	6.81		
资产运营能力指标:					
存货周转率	0.10	10.00	1.04		
应收账款周转率	0.10	30.00	8.25		
流动资产周转率	0.05	30.00	0.35		
总资产周转率	0.05	20.00	0.33		
盈利能力指标:					
净资产收益率	0.13	0.30	0.02		
总资产报酬率	0.05	0.20	0.02		
营业毛利率	0.05	4.00	0.29		
营业净利率	0.05	0.30	0.17		
上市公司盈利能力指标:					
每股收益	0.01	0.50	0.52		
市盈率	0.01	20.00	19.00		
每股股利	0.01	0.50	0.35		
股利支付率	0.01	0.45	0.50		
发展能力指标:					
股东权益增长率	0.01	0.10	0.10		
营业收入增长率	0.01	0.30	0.15		
营业利润增长率	0.01	0.20	0.37		
净利润增长率	0.01	0.10	0.36		
资产增长率	0.01	0.20	0.12		
合计	1.00				

图 3-18　财务比率综合分析表格式的设计

财务比率综合分析表编制的具体方法如下:

(1)可以在财务比率分析表的基础上,在"标准值"列插入一列,作为重要性列,在"实际值"列后面增加两列,改编表中第一行标题栏的格式,先输入图 3-18 中表的标号和公式,再用工具栏上的居中、自动换行图标的功能进行编辑,可得到如图 3-18 所示的表头标题格式。

(2)根据各个指标的重要性程度,设置重要性系数,"重要性系数"列的和为 1。

（3）在单元格 E4 输入"＝"，点击财务比率分析表的单元格 D4，即 E4 "＝财务比率分析表！D4"，可将财务比率分析表中计算好的数据调入，用填充柄向下复制到单元格 E30，即可得到所需数据。

（4）在单元格 F4 输入公式"＝E4/D4"，用填充柄往下复制到单元格 F30；同理，在单元格 G4 输入公式"＝C4＊F4"，用填充柄往下复制到单元格 G30，删除不含公式的不必要的符号。

（5）对"综合指数"列求和，即为所求的综合指数，以此数作为该公司财务情况评价依据。至此，该综合分析表编制完毕，如图 3-19 所示。此时，即可用相应的财务分析方法进行分析了。

财务比率	重要性系数 （1）	标准值 （2）	实际值 （3）	关系比率 （4）=（3）/（2）	综合指数 （5）=（1）＊（4）
偿债能力分析指标：					
流动比率	0.10	2.00	7.74	3.87	0.39
速动比率	0.10	1.00	5.93	5.93	0.59
资产负债率	0.10	0.50	0.12	0.24	0.02
产权比率	0.01	0.50	0.04	0.07	0.00
股东权益比率	0.01	0.40	0.23	0.58	0.01
已获利息倍数	0.01	4.00	6.81	1.70	0.02
资产运营能力指标：					
存货周转率	0.10	10.00	1.13	0.11	0.01
应收账款周转率	0.10	30.00	9.52	0.32	0.03
流动资产周转率	0.05	30.00	0.40	0.01	0.00
总资产周转率	0.05	20.00	0.38	0.02	0.00
盈利能力指标：					
净资产收益率	0.13	0.30	0.09	0.28	0.04
总资产报酬率	0.05	0.20	0.12	0.59	0.03
营业毛利率	0.05	4.00	0.33	0.08	0.00
营业净利率	0.05	0.30	0.20	0.66	0.03
上市公司盈利能力指标：					
每股收益	0.01	0.50	0.71	1.42	0.01
市盈率	0.01	20.00	14.09	0.70	0.01
每股股利	0.01	0.50	0.35	0.71	0.01
股利支付率	0.01	0.45	0.50	1.11	0.01
发展能力指标：					
股东权益增长率	0.01	0.10	0.10	1.05	0.01
营业收入增长率	0.01	0.30	0.15	0.51	0.01
营业利润增长率	0.01	0.20	0.37	1.84	0.02
净利润增长率	0.01	0.10	0.36	3.56	0.04
资产增长率	0.01	0.20	0.12	0.58	0.01
合计	1.00				1.29

图 3-19　财务比率综合分析表的分析结果

一般认为，企业财务评价的内容首先是盈利能力；其次是偿债能力；再次是成长能力，它们之间重要性大致可按 5：3：2 来分配比重。盈利能力的主要指标是总资产报酬率、营业净利率和净资产收益率这 3 个指标，3 个指标可按 2：2：1 安排比重；偿债能力主要有 4 个常用指标，成长能力主要有 3 个指标。如果以 100 分为总分，则评分的标准分配如图 3-20 所示。

指标	评分值 （1）	标准比率 （2）	行业最高比率 （3）	最高评分 （4）=（1）＊1.5	最高评分 （5）=（1）＊0.5	每分比率的差 （6）=（（3）-（2））/（1）
盈利能力：						
总资产报酬率	20	10	20	30	10	1.00
营业净利率	20	4	20	30	10	1.60
净资产收益率	10	16	20	15	5	0.30
偿债能力：						
资产负债率	8	50	80	12	4	7.50
流动比率	8	2	4	12	4	0.50
应收账款周转率	8	24	30	12	4	1.50
存货周转率	8	12	24	12	4	3.00
成长能力：						
营业增长率	6	20	30	9	3	3.33
营业利润增长率	6	15	20	9	3	1.67
资产增长率	6	20	20	9	3	3.33
	100			150	50	24.23

图 3-20　ABC 公司综合评分标准表

标准比率应以本行业平均数为基础,适当进行理论修正。在给每个指标评分时,应规定上限和下限,以减少个别指标异常对总分造成不合理的影响。上限可定为正常评分的1.5倍,下限定为正常值的0.5倍。此外,给分时不采用"乘"的关系,而采用"加"或"减"的关系来处理,以克服第一种综合评分方法的缺点,其评分方法如图3-20表头标题栏给出公式计算可得。

财务比率综合分析法的关键技术是"评分值"的确定和"标准比率"的建立。企业只有经过长期连续实践、不断修正,才能取得较准确的值。

财务比率综合分析法的一般步骤是:首先确定各指标的标准比率和行业最高比率;其次计算企业在一定时期各项财务比率的评分值、最高分和最低分;最后计算每分比率的差。如图3-20所示,假设标准比率、行业最高比率和评分值为已知数,最高评分计算如下:在单元格F5输入公式"=C5*1.5",用填充柄向下复制到单元格F16,可以得到各项指标的最高评分;同理:在单元格G5输入公式"=C5*0.5",用填充柄向下复制到单元格G16,可以得到各项指标的最低评分;最后计算每分比率的差在单元格H5输入公式"=(E5-D5)/G5",用填充柄向下复制到单元格H16,可以得到各项指标的每分比率的差,将每分比率的差求和,得到综合评分114.73。

按照以上的方法,经济管理中任何综合分析表都可以利用上述方法编制。

2) 杜邦分析法

利用财务比率进行综合财务分析,虽然可以了解企业各方面的财务状况,但不能反映企业各方面财务状况之间的关系。例如,比率分析可以分析企业的偿债能力、资金周转状况和获利能力等财务状况,但它不能反映出三者之间存在的关系。实际上,各种财务比率之间都存在一定的相互关系。因此,在进行财务分析时,应该将企业的财务状况看作一个系统,内部各种因素是相互依存、相互作用的,财务分析者必须对整个系统进行综合分析,只有这样,才能比较全面地了解企业的财务状况全貌。杜邦分析法就是利用几种主要的财务比率之间的关系来综合地分析企业财务状况的方法。杜邦分析法一般用杜邦分析系统表示,如图3-21所示。

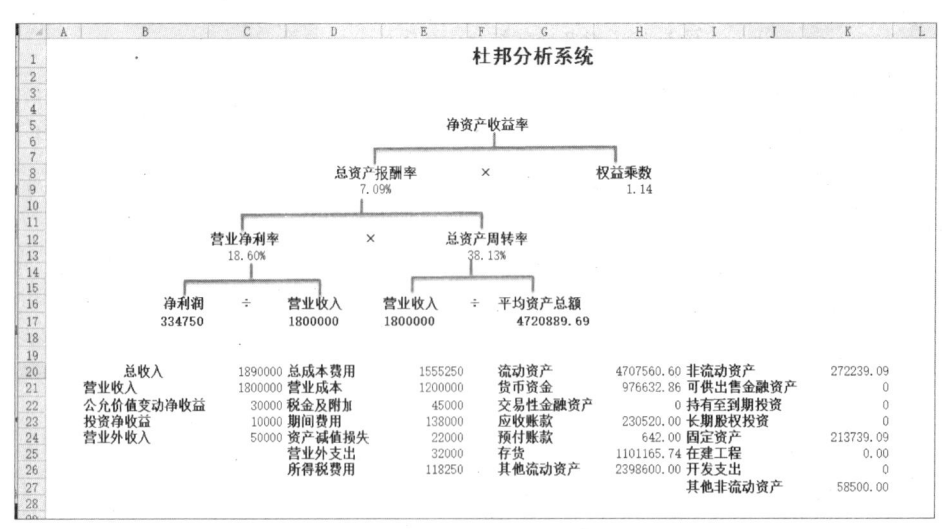

图 3-21　杜邦分析系统

（1）图 3-21 左边数据来自于修正利润表 2016 年数据，右边数据来自于资产负债表期末余额，平均资产总额＝（期初总资产＋期末流动资产＋期末非流动资产）÷2，从资产负债表和杜邦分析图中调用的数据，权益乘数＝1÷（1－资产负债率），读者可以根据图 3-21 及前面所讲的知识自己模仿设计。

（2）图 3-22 中的框架结构可以利用工具栏中"插入/形状"中选取，并在"形状轮廓"中选择将线条加粗加颜色，最后将做好的框架全部选中，点击工具栏的组合图标，就可以组合成想要的各种形状。

图 3-22　杜邦分析框架结构设计工具

杜邦分析法是对企业的财务状况进行的综合分析方法。它通过几种主要财务指标之间的关系，直观、明了地反映出企业的财务状况。从杜邦分析图中，我们可以了解到以下财务信息：

（1）净资产收益率是一个综合性极强、最有代表性的财务比率，它是杜邦分析系统的核心。财务管理的一个重要目标就是使股东财富最大化，而净资产收益率正是反映了所有者投入资金的获利能力，因此，这一比率可以反映出企业筹资、投资等各种经营活动的效率。净资产收益率主要取决于总资产报酬率与权益乘数。总资产报酬率反映了企业生产经营活动的效率如何；权益乘数反映了企业的筹资情况（即企业资金来源结构）如何。

（2）总资产报酬率是营业净润率与总资产周转率的乘积，因此，可以从销售与资产管理两方面来分析。营业净润率实际上反映了企业的净利润与营业收入的关系。营业收入增加，企业的净利润也自然增加，但是，如果想提高营业净利率，必须一方面提高营业收入，另一方面降低各种成本费用。由此看到，提高营业收入具有特殊重要的意义，因为它不仅仅可以使企业净利润增长，也会提高资产周转率，这样自然会使总资产报酬率提高。

（3）杜邦分析系统图也可以用来分析企业成本费用的结构是否合理，这样有利于企业进行成本费用分析，加强成本控制。

综上所述，从杜邦分析系统中可以看到，企业的获利能力涉及企业经营活动的方方面面。净资产收益率与企业的筹资结构、销售、成本控制、资产管理密切相关，这些因素构成一个系统。只有协调好系统内各种因素之间的关系，才能使净资产收益率达到最大化，从而实现企业价值的最大化。

3.3 财务分析图表的编制

建立财务分析表的目的在于提供有助于企业做出最优决策的信息,数据以表格的形式存在,只是管理活动量化分析的一种表现形式。将表格数据以图的形式显示,这是管理活动量化分析的另一种表现形式。图表可使数据显得清楚、有趣且易于理解,并可以使管理者发现数据间细微的差别,从而挖掘管理新思路。因此,在财务管理工作中,除了使用表格外,企业还可使用各种图表进行分析、预测和决策。如在利润管理中,本量利分析图能够揭示成本、销量、利润之间的关系,清楚地显示企业盈亏临界点应达到的销售量;在财务报表分析中,常常使用趋势分析图来揭示企业财务状况的发展趋势等。可见,学习和掌握各种图表的编制方法,将为财务管理人员借助计算机进行财务管理打下良好基础。本节主要讨论在 Excel 中绘制图表的基本方法。

3.3.1 图形概述

Excel 提供了十几种不同类型的平面图和立体图,如直方图、折线图、饼图、条形图等。每种类型的图表又包含了若干子类型、丰富的图表及简单的绘图方法,这给财务管理人员绘制各种图表带来了极大的便利。下面我们介绍几种主要图表的特点及其应用。当点击"插入"菜单栏时,Excel 显示如图 3-23 所示界面,我们可以看到几种常用图形显示其中,下面做简单介绍。

图 3-23 "插入"菜单栏下工具栏内容

1. 柱形图

柱形图(或称直方图)是一种最常用的图表,它被 Excel 定为默认的图表类型。它主要反映几个序列的差异,或者是各序列随时间的变化情况。通过水平组织分类,垂直组织值可以强调说明一段时间内的变化情况。

2. 折线图

折线图是将同一序列的数据在图中表示的点用直线连接起来的一种图表。它特别适合 x 轴为时间的情况下,反映数据的变动及变化的趋势。虽然折线图和面积图类似,但它强调的是随时间的变化率,而不是变化量。当选择折线图类型后,又有 7 种子类型的折线图可供选择。

3. 饼图

饼图只能显示一个序列,它反映了该序列中各种数据在总体所占比例,如果几组数据(几个序列)同时被选中,它只选择其中一个。这种图最适合反映结构。当需要强调某个重要元素结构时,饼图就很有用。当选择饼图类型后,又有 6 种子类型的饼图可供选择。

4. 条形图

条形图只是柱形图的 90 度旋转,纵轴为分类,横轴表示值。条形图一般不太适合序列随时间的变化,而适合于进行数据间的比较,尤其是单一序列用其表示是特别清楚的。堆积条形图显示了单个项目与整体的关系。当选择条形图类型后,又有 7 种子类型的条形图可供选择。

5. 面积图

面积图(或称区域图)是将每一序列数据用直接连接起来,并将每条线以下的区域用不同颜色填充的图形。它显示的是一个多序列的图,是一个序列的图在另一个序列上的叠加。它与折线图本质上的差别是,它强调了随时间的变化幅度,而不是变化速度,并且,它反映了各序列之和,因此面积图也可显示部分相对于整体的关系。当选择面积图类型后,又有 6 种子类型的面积图可供选择。

6. xy 散点图

xy 散点图用几种不同颜色的点,代表几种不同的序列,以上的图都是一个轴表示值,另一个轴表示序列或分类的名字。而 xy 散点图的 x 轴、y 轴都表示数值,而没有分类,它不适合反映连续的数据,而对于那些不连续的数据,对于那些只有序列没有分类的数据则更合适。当选择 xy 散点图类型后,又有 5 种子类型的 xy 散点图可供选择。

7. 环形图

环形图与饼图类似,也显示了整体和部分的关系。它与饼图的唯一区别是,它可以反映多组数据,它的每一环代表一个序列的数据,而饼图只能表示一组数据。当选择环形图类型后,又有 2 种子类型的环形图可供选择。

8. 雷达图

在雷达图上,每一种自类型的数据都有它自己的数值轴,各从中心点放射出一条线,各条线上每个序列的点用折线连接起来构成面积,多个序列的图看起来像一张蜘蛛网。它更适合表示一个序列的整体值,而不是各个数据点的情况。当选择雷达图类型后,又有 3 种子类型的雷达图可供选择。

9. 气泡图

气泡图实际上也是一种 xy 散点图。只不过气泡图表示数据标记,其大小反映了第三个变量的大小。当选择气泡图类型后,又有 2 种子类型的气泡图可供选择。

3.3.2 绘制图表的基本原则

在绘制任何图表时均应遵循以下原则:

(1) 数据源取值原则。绘制图表之前必须选择一个有效的表格数据区域,然后才能绘制图表,否则将无法绘制图表。

(2) 含头取值原则。在选择表格数据区域的过程中,必须遵循"含头取值"的原则,必须包括"上表头""左表头"(或者其中一组表头)信息。舍弃表头信息后的绘图结果,将无法有效地表现数据之间的关系。

(3) 取值目标性原则。取值目标性原则是指根据管理目标合理地选择数据区域。因为表格数据区域存放的数据个一定完全用于绘图分析,随意在表格中抓取数据区域绘制图表,将不能达到预期的效果。

【例 3-1】 已知 ABC 公司销售情况分析表如图 3-24 所示。请根据 ABC 公司各销售网点之间、各季度销售额情况绘制分析图表。

ABC公司销售情况分析表					
表3-8		2016年12月31日			单位:万元
销售网点	第一季度	第二季度	第三季度	第四季度	合计
东北	2000	1200	1400	1600	6200
西北	200	400	500	200	1300
华东	1500	2000	2100	2600	8200
西南	800	1100	1000	800	3700
合计	4500	4700	5000	5200	19400

图 3-24　ABC 公司销售情况分析表

具体操作方法如下:

选择单元区域 B3:F7,点击"插入"菜单栏下柱形图图标,选择二维柱形图第一种,Excel 将柱形图制作完毕,如图 3-25 所示。

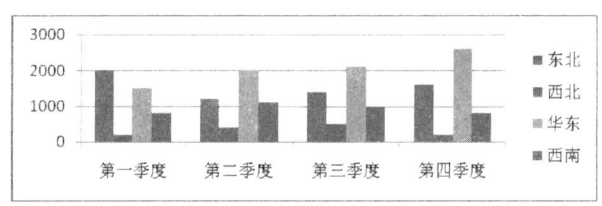

图 3-25　ABC 公司销售情况分析直方图

根据要求,合理地选择了数据区域 B3:F7,能够清楚地将管理目标表示出来。从图 3-25 中可以看出:东北销售网点一季度销售额最高;但华东销售网点除了一季度外,各季度销售额都为最高。

但如果数据区域选择不合理,如选择区域 B3:G8,做直方图,出现如图 3-26 界面,就会出现一些问题。

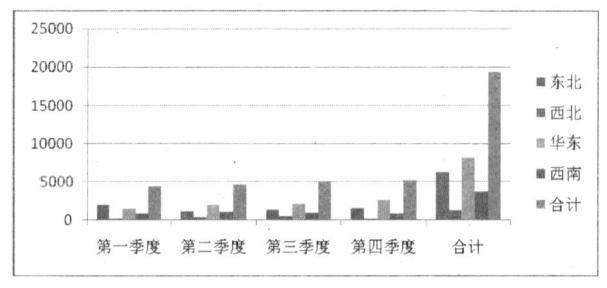

图 3-26　不合理数据区域选择下的直方图

具体问题如下:

(1) 图中出现多余内容,即"合计"值远远大于各销售网点值,结果喧宾夺主。

（2）相差悬殊的数据在一张图表中同时出现，使得有些值太小而不能显示，结果不能清晰和正确地反映管理目标。

（3）根据不合理的取值绘图不利于目标分析。

图 3-26 没有根据要求合理地选择数据区域（包含合计项目），如果按照图中的结果，就会得出合计销售额占企业销售额的 50％；东北占 16％；西北占 3％；华东占 21％；西南占 10％的结果，说明根据不合理的取值范围绘图会得出错误的分析结果。

3.3.3 选取数据区域的方法

在绘制图表前，应先在工作表中选择数据区域，该区域中的数据将是绘制图表的依据。选择的区域可以是连续的，也可以是不连续的，但所选中的整个区域必须能够构成矩形。

1. 选择连续区域的方法

选择连续区域的方法是：选择区域的最左上角单元格，按住鼠标拖动到区域的最右下角单元，松开鼠标，此时数据区域被选中。若想选择整个区域，则单击全选按钮（行标与列标交叉空单元处）。

2. 选择不连续区域的方法

选择不连续区域的方法是：首先选择一个区域，其次将鼠标指针移到第二个区域，按下 Ctrl 键的同时选择第二个区域，再次将鼠标指针移到第三个区域，按下 Ctrl 键的同时选择第三个区域，直到不连续区域都被选择为止。可以选取任意区域，但是所选取的区域必须能够构成一个矩形。

3. 选择数据区域中第一行文字、最左列文字的意义

如果表数据区域中第一行为文字（表头栏目），最左列为文字，财务管理人员希望把它们标在图上，则选择数据区域时应该将它们选择在内。在以行为主的图形中，第一行文字将被标在图表的 x 轴（横轴）上，称为分类；最左列的文字代表不同的内容，被设置为不同的颜色，标示在图例中。反之，在以列为主的图形中，第一列文字将被标示在图表的 x 轴上，称为分类；第一列的文字代表不同的内容，被设置为不同的颜色，标示在图例中。

【例 3-2】 承［例 3-1］，分析 ABC 公司第一季度四个销售网点占总销售额结构图。

此类问题适合用饼图来表示，具体方法如下：选择区域 B3:C7，点击插入菜单栏下的饼图图标，选择三维饼图第一种，可得如图 3-27 所示饼图。

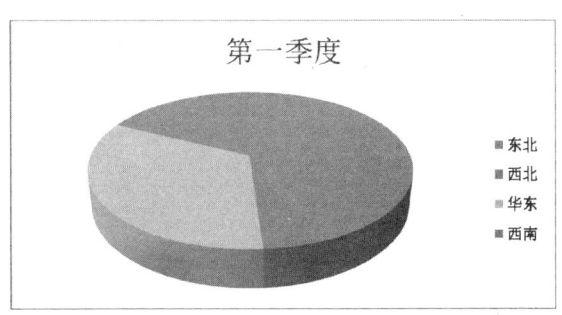

图 3-27　ABC 公司第一季度四个销售网点销售额饼图

但图 3-27 虽然能够看出各个部分的结构大小，但无法看出比重是多少，所以还要继续下面的操作。具体操作方法如下：

（1）选中饼图里面部分，点击右键选择添加数据标签，此时在饼图上出现各个销售网点销售额。

（2）再点击鼠标右键，出现图 3-28 所示界面，选择"设置数据标签格式"，出现图 3-29所示界面，选择"类别名称""值""百分比""显示引导线"后关闭此对话框，可得我们想要的满足条件的饼图，如图 3-30 所示。

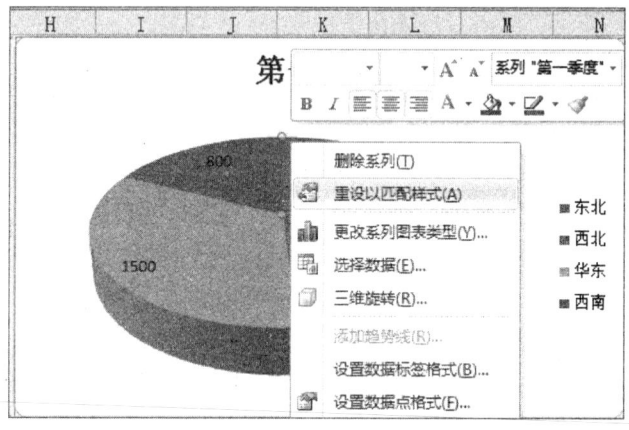

图 3-28　设置数据标签格式的选择

图 3-29　设置数据标签格式

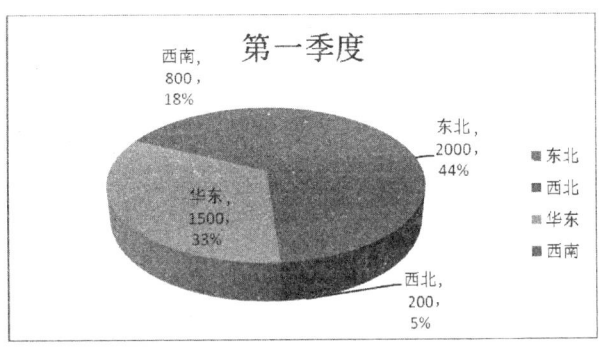

图 3-30　ABC 公司第一季度四个销售网点销售额结构图

由此可以看出,各个销售网点占第一季度总销售额的百分比(即比重)。

温馨提示

　　如果想要求第三季度各个销售网点占总销售额的百分比(即比重),怎么做呢? 此时涉及不连续区域的选择问题,具体操作方法如下:选择区域时,先选择区域 B3:B7,左手按住 Ctrl 键,右手用鼠标选择区域 E3:E7 后,点击"插入"菜单栏下的饼图图标,其他步骤同上,可得图 3-31。

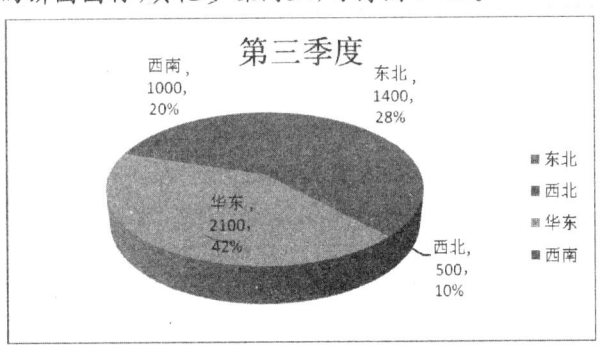

图 3-31　ABC 公司第三季度四个销售网点销售额结构图

其他图形的用法,我们将在后面的章节作图时予以分别介绍。

3.4　趋势分析图表的编制

3.4.1　趋势分析的基本方法

　　趋势分析也是管理中一种重要的分析方法。连续地观察数年的财务报表和财务比率,比只看一期能了解到更多的情况,并能判别企业财务状况的发展变化趋势。趋势分析的方法有以下几种。

1. 多期比较财务报表分析

多期比较财务报表分析是把数年财务报表中相同的项目逐一进行对比。其目的是查明各项目增减变动的数额和幅度,为什么造成这种变化,这种变化对企业未来有什么影响。

多期比较时,可以用前后各年每个项目的差额进行比较,也可以用百分比的变动进行比较,还可以计算出各期财务比率进行多期比较。比较的年数一般为 5 年以上。

2. 结构百分比分析

结构百分比分析是把常规的财务报表换算成结构百分比报表,然后将不同年度的报表逐项比较,查明某一特定项目在不同年度间百分比的差额。

3. 定基百分比趋势分析

定基百分比趋势分析是先选择一个基期,将基期报表上各项数额的指数均定为 100,其他各年财务报表上的数据也均用指数表示,由此得出定基百分比的报表,可以查明各项目的变化趋势。

4. 图解法分析

图解法分析是将企业连续几期的财务数据或财务比率绘制成图形来加以反映。这种方法比较直观地反映出企业财务状况的发展趋势,使分析者能够发现一些通过其他方法所不易发现的问题。

3.4.2 趋势分析模型的编制

趋势分析是对企业连续数年的财务报表进行比较分析、结构百分比分析、定基百分比分析和图形分析。连续观察企业数年财务报表,比只看一期能了解更多的情况。因此它是企业进行财务报表分析时常采用的一种分析方法。在趋势分析模型设计中,比较分析、结构百分比分析、定基百分比分析,都要涉及数年财务报表数据。图形分析不仅涉及数年财务报表数据,而且还要以此数据为依据建立分析图。因此,趋势分析设计主要考虑以下两个问题:各年历史数据的获取和根据获取的相关数据编制相应的趋势分析图表。

1. 各年历史数据的获取

利用 Excel 的窗口之间的"复制"和"粘贴"功能,将各年历史数据汇集到趋势分析表中。

一个工作簿中有多张工作表,但是一个文本窗口的情况下,在某一时刻只能看到一张工作表。为了使用户在某一时刻同时看到多张工作表,Excel 提供了多窗口功能。在 Excel 中,用户可以根据需要同时打开多个文本窗口。每个工作表都在自己的文本窗口中,但是只能对活动窗口中的工作表进行操作。为了方便对历史数据的复制、粘贴,可以应用 Excel 多窗口功能,将所需要的数据复制到趋势分析工作表中。

2. 根据获取的相关数据编制相应的趋势分析图表

【例 3-3】 已经获取 ABC 公司 2013—2016 年的营业收入、营业成本和财务费用,而销售与管理费用占营业收入的 10% 等数据信息,如图 3-32 所示。请编制相应的趋势分析表的趋势分析图。

ABC公司2013—2015年利润趋势分析表

项目	2013年	2014年	2015年	2016年
营业收入	400,000	568,000	689,000	708,000
营业成本	250,000	300,000	350,000	380,000
营业毛利				
销售及管理费用				
息税前利润EBIT				
财务费用	10,000	15,000	20,000	30,000
利润总额				
所得税费用				
净利润				

图 3-32　根据获取财务数据编制趋势分析表格式

首先,根据获取财务数据计算趋势分析表中相应项目的财务数据。

(1) 计算营业毛利:选择单元格 C8,输入公式"=C6-C7",利用填充柄由单元格 C8 复制到单元格 F8,得到 2013—2016 年各年营业毛利的数据。

(2) 计算销售与管理费用:因为销售及管理费用占营业收入的 10%,选择单元格 C9,输入公式"=C6*0.1",利用填充柄由单元格 C9 复制到单元格 F9,得到 2013—2016 年各年销售与管理费用的数据。

(3) 计算息税前利润 EBIT:选择单元格 C10,输入公式"=C8-C9",利用填充柄由单元格 C10 复制到单元格 F10,得到 2013—2016 年各年息税前利润 EBIT 的数据。

(4) 计算利润总额:选择单元格 C12,输入公式"=C10-C11",利用填充柄由单元格 C12 复制到单元格 F12,得到 2013—2016 年各年利润总额的数据。

(5) 计算所得税费用:选择单元格 C13,输入公式"=C12*0.25",利用填充柄由单元格 C13 复制到单元格 F13,得到 2013—2016 年各年所得税费用的数据。

(6) 计算净利润:选择单元格 C14,输入公式"=C12-C13",利用填充柄由单元格 C14 复制到单元格 F14,得到 2013—2016 年各年净利润的数据,如图 3-33 所示。

ABC公司2013—2015年利润趋势分析表

项目	2013年	2014年	2015年	2016年
营业收入	400,000	568,000	689,000	708,000
营业成本	250,000	300,000	350,000	380,000
营业毛利	150,000	268,000	339,000	328,000
销售及管理费用	40,000	56,800	68,900	70,800
息税前利润EBIT	110,000	211,200	270,100	257,200
财务费用	10,000	15,000	20,000	30,000
利润总额	100,000	196,200	250,100	227,200
所得税费用	25,000	49,050	62,525	56,800
净利润	75,000	147,150	187,575	170,400

图 3-33　ABC 公司利润趋势分析表

其次,编制 ABC 公司利润趋势分析表的趋势分析图。

制图时要看想要分析哪个数据,因此而选择相应区域制图。

例如,要分析营业收入、营业成本与营业毛利的趋势,选择区域 B5:F8,选择直方图,可得如图 3-34 所示图形。

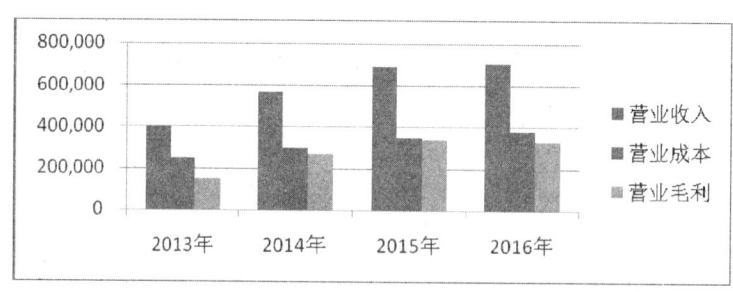

图 3-34　ABC 公司营业收入、营业成本营业毛利趋势分析直方图

又如,要分析营业收入、营业毛利、利润总额和净利润的变化趋势,选择不连续区域 "B5:F7,B8:F8,B12:F12,B14:F14",选择折线图。

具体方法如下:先选择区域 B5:F7,左手按住 Ctrl 键,右手用鼠标分别选择 B8:F8,B12:F12,B14:F14,点击折线图图标,所要的折线图趋势分析图就做好了,如图 3-35 所示。

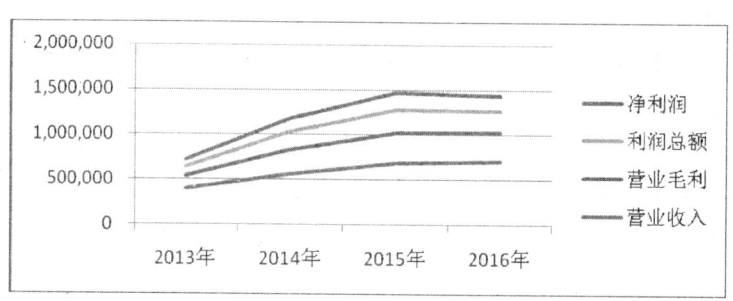

图 3-35　ABC 公司营业收入、营业毛利、利润总额和净利润趋势分析折线图

【例 3-4】 图 3-36 是已经获取好的 ABC 公司 2012—2016 年总资产报酬率计算表。请编制该公司总资产报酬率趋势分析折线图。

项目	2011年	2012年	2013年	2014年	2015年	2016年
资产总额	130000	150000	198000	247800	286000	385600
利润总额		68000	78900	87000	96000	28000
财务费用		3000	4000	4500	5000	5500
平均总资产		140000	174000	222900	266900	335800
息税前利润		71000	82900	91500	101000	33500
总资产报酬率		50.71%	47.64%	41.05%	37.84%	9.98%

ABC公司2012—2016年总资产报酬率趋势分析

图 3-36　ABC 公司 2012—2016 年总资产报酬率计算表

图 3-36 中,2011—2016 年资产总额、利润总额、财务费用为已知数据,平均总资产、息税前利润、总资产报酬率是按照前面所述公式计算出 1 年的数据,然后复制到其他年。按照

要求编制的总资产报酬率趋势分析折线图如图 3-37 所示。

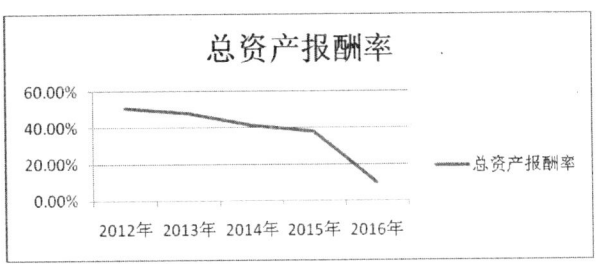

图 3-37　ABC 公司 2012—2016 年总资产报酬率趋势分析折线图

由图 3-37 可以更好地看出，ABC 公司 2012—2016 年总资产报酬率呈下降趋势。

第4章　薪资管理模型的设计

　　企业在进行薪资管理时,常常涉及工资项目的计算、工资项目的汇总等问题,这些都可以利用 Excel 提供的函数进行计算和统计。本章以 ABC 公司的业务为实例,介绍用 Excel 进行薪资管理模型设计的方法。

　　承第2、第3章所述 ABC 公司的背景资料,ABC 公司是一家生产、销售家用电器的企业,公司规模不大,正式职工有十几个;业务种类不多,主要是采购与销售业务,年销售额为8 000万元。公司下设会计部、人力资源部、采购部、销售部、办公室、生产一车间、生产二车间7个部门。公司主要有企业管理人员、经营人员、车间管理人员、生产人员4种职务类别。每个职工的工资项目有基本工资、岗位工资、福利费、副食补贴、奖金、请假天数、事假扣款、病假扣款、养老保险金、工资代扣税、扣款合计、应发合计、实发合计13个项目。

4.1　基础信息的设置

4.1.1　工资项目的信息

　　ABC 公司有13个工资项目:基本工资、岗位工资、福利费、副食补贴、奖金、请假天数、事假扣款、病假扣款、养老保险金、工资代扣税、扣款合计、应发合计、实发合计。

4.1.2　部门信息

　　ABC 公司有7个部门:财务部、人力资源部、采购部、销售部、办公室、生产一车间、生产二车间。

4.1.3　人员类别信息

　　ABC 公司有4种职务类别人员:企业管理人员、经营人员、车间管理人员、生产人员。

4.1.4　工资项目的计算方法

1. 岗位工资

岗位工资根据职工类别不同进行发放,生产工人为2 500元,车间管理人员为2 200元,企业管理人员和经营人员为2 600元。

2. 福利费

企业管理人员和经营人员的福利费为基本工资的 50％,生产人员的福利费为基本工资的 30％,车间管理人员的福利费为基本工资的 25％。

3. 副食补贴

基本工资大于 3 500 元的职工没有副食补贴,基本工资小于等于 3 500 元的职工副食补贴为基本工资的 10％。

4. 奖金

根据部门的效益决定,本月管理部门的奖金为 500 元,一车间的奖金为 600 元,二车间奖金为 800 元。

5. 事假扣款

如果事假小于 15 天,将应发工资平均分到每天(每月按 22 天计算),按天扣钱;如果事假大于 15 天,生产人员应发工资全部扣除,非生产人员扣除应发工资的 80％。

6. 病假扣款

如果病假小于 15 天,生产人员扣款为 300 元,非生产人员扣款为 400 元;如果病假大于 15 天,生产人员扣款为 500 元,非生产人员扣款为 700 元。

7. 个人应纳所得税额

个人所得税税率表执行 2012 年税法规定,如图 4-1 所示。

级数	全月应纳税所得额	税率（%）	速算扣除数
	2012年开始实行7级超额累进个人所得税税率表		
1	不超过1500	3	0
2	超过1500至4500部分	10	105
3	超过4500至9000部分	20	555
4	超过9000至35000部分	25	1005
5	超过35000至55000部分	30	2755
6	超过55000至80000部分	35	5505
7	超过80000部分	45	13505

扣税基数为3500元

图 4-1　个人所得税税率表

4.1.5　人员档案

人员档案数据如图 4-2 所示。

人员编号	人员姓名	部门名称	人员类别	账号	是否计税
		ABC公司人员档案表			
0001	肖亮	办公室	企业管理人员	20160001	是
0002	陈丽	财务部	企业管理人员	20160002	是
0003	王静	财务部	企业管理人员	20160003	是
0004	马洪	财务部	企业管理人员	20160004	是
0005	董洁	采购部	经营人员	20160005	是
0006	金立	采购部	经营人员	20160006	是
0007	王妍	销售部	经营人员	20160007	是
0008	周媛	销售部	经营人员	20160008	是
0009	李萍	一车间	车间管理人员	20160009	是
0010	孟雅	一车间	生产人员	20160010	是
0011	罗江	二车间	生产人员	20160011	是
0012	刘青	二车间	生产人员	20160012	是

图 4-2　ABC 公司人员档案表

4.1.6 工资数据

基本工资数据如图 4-3 所示。

工资数据

人员姓名	基本工资
肖亮	6000
陈丽	4000
王静	3000
马洪	3500
董洁	5500
金立	4000
王妍	4200
周媛	3200
李萍	3000
孟雅	4500
罗江	3500
刘青	3200

图 4-3　ABC 公司基本工资数据

4.1.7 本月考勤情况

肖亮请病假 2 天，马洪请事假 16 天，周媛请病假 18 天。

4.2 工资项目的设置

4.2.1 工资项目格式的设置

按照前面的工资项目信息，设计出 ABC 公司工资表，如图 4-4 所示。该表中应该包含上述所有工资信息。

ABC公司工资表

职工代码	职工姓名	部门	人员类别	基本工资	岗位工资	福利费	副食补贴	奖金	应发合计	事假天数	事假扣款	病假天数	病假扣款	应发工资	所得税	扣款合计	实发工资
0001	肖亮																
0002	陈丽																
0003	王静																
0004	马洪																
0005	董洁																
0006	金立																
0007	王妍																
0008	周媛																
0009	李萍																
0010	孟雅																
0011	罗江																
0012	刘青																

图 4-4　ABC 公司工资表中的工资项目

下面按照工资表中工资项目顺序来说明工资项目的设置方法。假设职工代码和职工姓名已经输入，注意“职工代码”列的单元格格式要用文本型。

1. "部门"项目的设置

选择单元格 C3,点击"数据"菜单栏下的"有效性"命令,按图 4-5 所示将在"允许"条件中选择"序列","来源"中填入所有部门,注意部门之间要用英文逗号隔开进行设置。设置完毕后,用填充柄由单元格 C3 向下复制到单元格 C14,这样,将单元格 C3 的有效性复制到 C 列的其他单元格,部门就设置好了。需要选择时,点击单元格右侧的小三角,即可从中选择所属的部门。

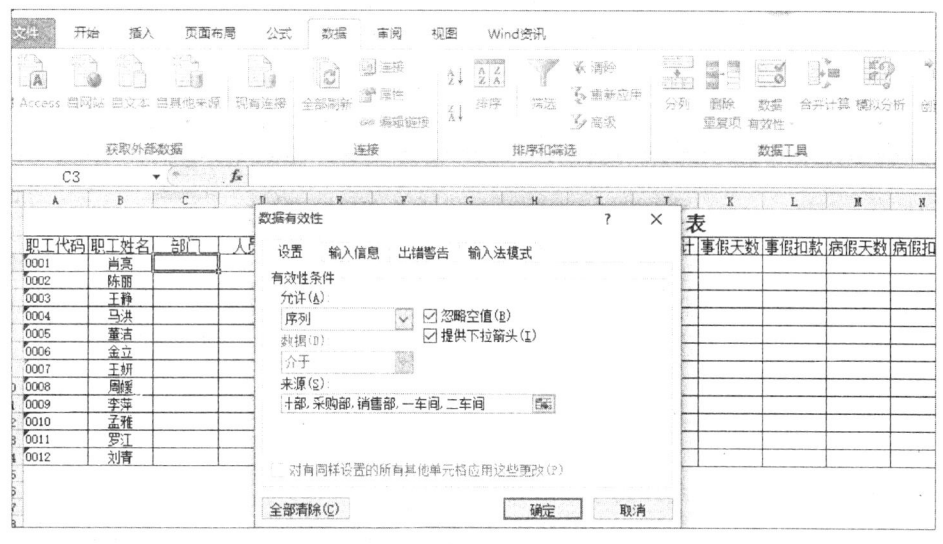

图 4-5 ABC 公司工资表中的部门项目设置

2. "人员类别"项目的设置

同理,选择单元格 D3,点击"数据"菜单栏下的"有效性"命令,按图 4-6 所示将在"允许"条件中选择"序列","来源"中填入所有人员类别,注意人员类别之间要用英文逗号隔开进行设置。设置完毕后,用填充柄由单元格 D3 向下复制到单元格 D14,这样将单元格 D3 的有效性复制到 C 列的其他单元格,"人员类别"就设置好了。需要选择时,点击单元格右侧的小三角,即可从中选择所属的"人员类别"。

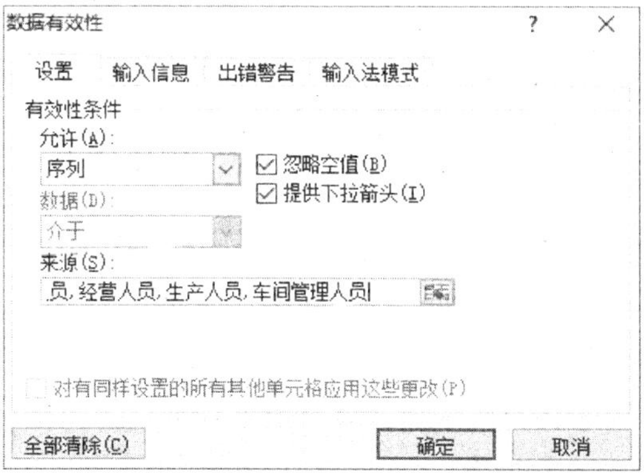

图 4-6 ABC 公司工资表中的人员类别项目设置

下面的工资项目涉及公式的计算,为了更加清楚,便于公式设置,这里把前面文字叙述的公式,归纳为下面的表格形式,如图4-7所示。

工资项目计算公式			
项目	人员类别	部门	工资
岗位工资	生产人员		2500
	车间管理人员		2200
	企业管理人员、经营人员		2600
福利费	生产人员		基本工资*30%
	车间管理人员		基本工资*25%
	企业管理人员、经营人员		基本工资*50%
奖金		一车间	600
		二车间	800
		其他	500
副食补贴		基本工资	
		>3500	0
		≤3500	基本工资*10%
事假扣款		请假天数	扣款金额
	生产人员	>15	全部应发工资
	其他	>15	应发工资*80%
	全部人员	≤15	应发工资/22*事假天数
病假扣款	生产人员	≥15	500
	其他	≥15	700
	生产人员	<15	300
	其他	<15	400

图 4-7　ABC 公司工资表中工资项目的计算公式

3. "岗位工资"项目公式的设置

选择单元格 F3,输入公式"＝IF(D3="生产人员",2500,IF(D3="车间管理人员",2200,2600))",用填充柄向下复制到单元格 F14,这样所有人员的"岗位工资"项目公式就设置好了。

4. "福利费"项目公式的设置

选择单元格 G3,输入公式"＝IF(D3="生产人员",E3*0.3,IF(D3="车间管理人员",E3*0.25,E3*0.5))",用填充柄向下复制到单元格 G14,这样所有人员的"福利费"项目公式就设置好了。

5. "副食补贴"项目公式的设置

选择单元格 H3,输入公式"＝IF(E3>3 500,0,E3*0.1)",用填充柄向下复制到单元格 H14,这样所有人员的"副食补贴"项目的公式就设置好了。

6. "奖金"项目公式的设置

选择单元格 I3,输入公式"＝IF(C3="一车间",600,IF(C3="二车间",800,500))",用填充柄向下复制到单元格 I14,这样所有人员的"奖金"项目公式就设置好了。

7. "应发合计"项目公式的设置

将从"基本工资"项目开始到"奖金"项目等各个应发工资项目加在一起,即可得到"应发合计"项目的公式。选择单元格 J3,输入公式"＝SUM(E3:I3)",用填充柄向下复制到单元格 J14,这样所有人员"应发合计"项目公式就设置好了。

8. "事假扣款"项目公式的设置

选择单元格 L3,输入公式"＝IF(K3<=15,(J3/22)*K3,IF(E3="生产人员",J3,J3*0.8))",用填充柄向下复制到单元格 L14,这样所有人员的"事假扣款"项目公式就设置好了。

9."病假扣款"项目公式的设置

选择单元格 N3,输入公式"＝IF(M3＝0,0,IF(M3＞＝15,IF(D3＝"生产人员",500,700),IF(D3＝"生产人员",300,400)))",用填充柄向下复制到单元格 N14,这样所有人员的"病假扣款"项目公式就设置好了。

10."应发工资"项目公式的设置

选择单元格 O3,输入公式"＝J3－L3－N3",用填充柄向下复制到单元格 O14,这样所有人员的"应发工资"项目公式就设置好了。

11."所得税"项目公式的设置

按照图 4-1 所示的个人所得税税率表,设置个人所得税项目计算公式如下:选择单元格 P3,输入公式"＝IF(O3－3500＜＝0,0,(IF(O3－3500＜＝1500,(O3－3500)＊0.03,(IF(O3－3500＜＝4500,(O3－3500)＊0.1－105,(IF(O3－3500＜＝9000,(O3－3500)＊0.2－555,(IF(O3－3500＜＝35000,(O3－3500)＊0.25－1005),(IF(O3－3500＜＝55000,(O3－3500)＊0.3－2755,(IF(O3－3500＜＝80000,(O3－3500)＊0.35－5505,(O3－3500)＊0.45－13505)))))))))))",用填充柄向下复制到单元格 P14,这样所有人员的由公司代缴个人的"所得税"项目公式就设置好了。

12."扣款合计"项目公式的设置

选择单元格 Q3,输入公式"＝L3＋N3＋P3",用填充柄向下复制到单元格 Q14,这样所有人员的"扣款合计"项目公式就设置好了。

13."实发工资"项目公式的设置

选择单元格 R3,输入公式"＝J3－Q3",用填充柄向下复制到单元格 R14,这样所有人员的"实发工资"项目公式就设置好了。

温馨提示

因为篇幅限制,这里的公式只做到第 14 行,如果需要再增加人员,可以在做好公式的基础上,用填充柄继续向下复制公式即可。

到此为止,所有公式项目设置完毕,按照书上所给数据录入每一名职工的部门、人员类别、基本工资,Excel 会根据所设公式计算出各个工资项目的计算结果。

假设根据考勤表可知:肖亮请病假 2 天,马洪请事假 16 天,周媛请病假 18 天。输入相应数据到工作表,ABC 公司 2016 年 1 月工资表完成,如图 4-8 所示。

职工代码	职工姓名	部门	人员类别	基本工资	岗位工资	福利费	副食补贴	奖金	应发合计	事假天数	事假扣款	病假天数	病假扣款	应发工资	所得税	扣款合计	实发工资
									ABC公司2016年1月工资表								
0001	肖亮	办公室	企业管理人员	6000	2600	3000	0	500	12100		0.00	2	400	11700.00	2195.00	2595.00	9505.00
0002	陈丽	财务部	财务部	4000	2600	2000	0	500	9100		0.00		0	9100.00	1675.00	1675.00	7425.00
0003	王静	财务部	财务部	3000	2600	1500	300	500	7900		0.00		0	7900.00	545.00	545.00	7355.00
0004	马洪	财务部	企业管理人员	3500	2600	1750	350	500	8700	16	6960.00		0	1740.00	0.00	6960.00	1740.00
0005	董泊	采购部	经营人员	5500	2600	2750	0	500	11350		0.00		0	11350.00	2125.00	2125.00	9225.00
0006	金立	采购部	经营人员	4000	2600	2000	0	500	9100		0.00		0	9100.00	1675.00	1675.00	7425.00
0007	王帅	销售部	经营人员	4200	2600	2100	0	500	9400		0.00		0	9400.00	1735.00	1735.00	7665.00
0008	周媛	销售部	经营人员	3200	2600	1600	320	500	8220		0.00	18	700	7520.00	507.00	1207.00	7013.00
0009	李萍	一车间	车间管理人员	3000	2200	750	300	600	6850		0.00		0	6850.00	440.00	440.00	6410.00
0010	孟雅	一车间	生产人员	4500	2500	1350	0	600	8950		0.00		0	8950.00	1645.00	1645.00	7305.00
0011	罗汀	二车间	生产人员	3500	2500	1050	350	800	8200		0.00		0	8200.00	1495.00	1495.00	6705.00
0012	刘青	二车间	生产人员	3200	2500	960	320	800	7780		0.00		0	7780.00	533.00	533.00	7247.00

图 4-8　ABC 公司 2016 年 1 月工资表

4.3 工资数据的查询

4.3.1 利用自动筛选功能进行工资数据的查询

利用"数据"菜单栏下的"筛选"功能可进行工资数据查询。具体操作方法如下：

选择单元格 A2，点击"数据"菜单栏下的"筛选"图标，则工资表行标题栏所有项目字段的右侧出现小三角，说明已经进入筛选状态，如图 4-9 所示。此时，可以对所有项目进行查询。

职工代	职工姓	部门	人员类别	基本工	岗位工	福利费	副食补贴	奖金	应发合	事假天	事假扣	病假天	病假扣	应发工资	所得税	扣款合	实发工资
0001	肖亮	办公室	企业管理人员	6000	2600	3000		500	12100		0.00	2	400	11700.00	1085.00	1485.00	10615.00
0002	陈丽	财务部	企业管理人员	4000	2000	2000		500	9100		0.00			9100.00	565.00	565.00	8535.00
0003	王静	财务部	企业管理人员	3000	2600	1500	300	500	7900		0.00			7900.00	335.00	335.00	7565.00
0004	马洪	财务部	企业管理人员	3500	2600	1750	350	500	8700	16	6960.00			1740.00		6960.00	1740.00
0005	董洁	采购部	经营人员	5500	3000	2750	0	500	11750		0.00			11750.00	1095.00	1095.00	10655.00
0006	金立	采购部	经营人员	4000	3000	2000	0	500	9500		0.00			9500.00	645.00	645.00	8855.00
0007	王妍	销售部	经营人员	4200	3000	2100	0	500	9800		0.00			9800.00	705.00	705.00	9095.00
0008	周婕	销售部	经营人员	3200	3000	1600	320	500	8620		0.00	18	700	7920.00	337.00	1037.00	7583.00
0009	李萍	一车间	车间管理人员	3000	2200	750	300	600	6850		0.00			6850.00	230.00	230.00	6620.00
0010	孟雅	一车间	生产人员	4500	2500	1350	0	600	8950		0.00			8950.00	535.00	535.00	8415.00
0011	罗江	二车间	生产人员	3500	2500	1050	350	800	8200		0.00			8200.00	385.00	385.00	7815.00
0012	刘青	二车间	生产人员	3200	2500	960	320	800	7780		0.00		0	7780.00	323.00	323.00	7457.00

图 4-9　ABC 公司工资表工资数据查询

1. 以"职工姓名"为依据进行查询

例如，查询职工姓名为"董洁"的职工的工资情况。具体操作方法如下：

（1）点击"职工姓名"列按钮，去掉全选状态，点击"董洁"后出现如图 4-10 所示界面。

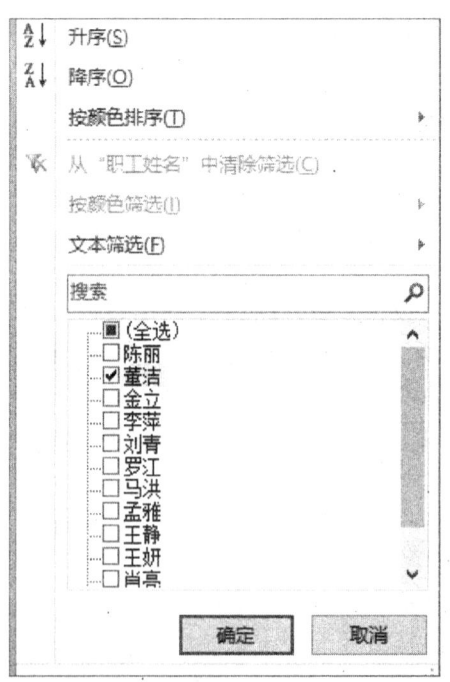

图 4-10　以"职工姓名"为依据进行查询

（2）点击［确定］按钮后，出现董洁的工资项目数据，如图4-11所示。

图4-11　以"职工姓名"为依据进行查询的结果

同理，可以进行"职工代码""部门""人员类别"等其他项目的查询，方法同上，在此不赘述。

2. 以"基本工资"为依据进行查询

例如，查询基本工资小于4 000元的职工的人员情况。具体操作方法如下：

（1）点击"基本工资"列按钮，选择按数字筛选右侧箭头，如图4-12所示界面，选择"小于"。

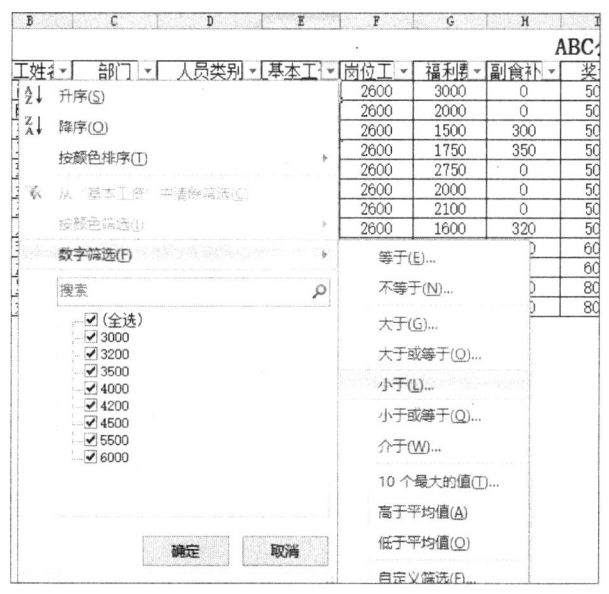

图4-12　查询基本工资小于4 000元的职工

（2）出现如图4-12所示的界面，设置查询条件，如图4-13所示。

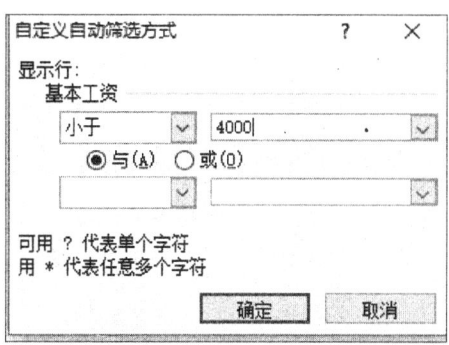

图4-13　设置查询条件

（3）点击［确定］按钮后，出现工资表中所有基本工资小于4 000元的职工情况表，如

图 4-14 所示。

图 4-14 基本工资小于 4 000 元的职工工资表

同理,可以进行其他带有数字的工资项目数据的查询。

温馨提示

查询结束后,退出筛选状态,再次选择单元格 A2,点击"数据"菜单栏下的"筛选"图标,退出筛选状态。

4.3.2 利用 VLOOKUP 函数进行工资数据的查询

VLOOKUP 函数的用法我们在第 1 章、第 2 章中分别用到,这里可以用 VLOOKUP 函数进行工资据的查询,读者可以自行设计查询界面,如图 4-15 所示。

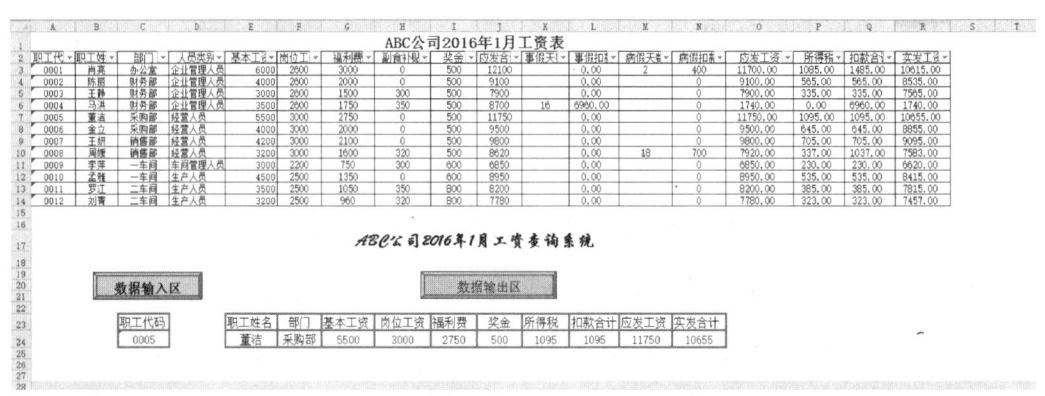

图 4-15 利用 VLOOKUP 函数设计工资数据的查询系统

利用 VLOOKUP 函数查询工资的具体操作步骤如下:

(1) 将所要查询的字段如图 4-15 所示的格式设计出来。

(2) 将职工代码作为查找值。在这里,没有选择职工名称是因为职工名称可能会有重名情况,而职工代码是唯一的

(3) 查找职工姓名。选择单元格 E21,输入公式"＝VLOOKUP($C$21,$A$3:$R$14,2,FALSE)",点击[确定]按钮后,在单元格 E21 出现查找职工名称陈丽,从单元格 E21 向右复制到单元格 N21,分别修改相应列数,所有字段工资项目数据计算出来了。

温馨提示

可以把查询部分设在另一个工作表中,可以用前文介绍定义名称的方法进行设置,如图 4-16 所示。具体步骤不再赘述,请读者按照前面讲过定义名称的方法设计此模型。

图 4-16　利用定义名称方法设计工资查询系统

4.4　工资数据的汇总分析

在实际工作中,常常根据需要对工资表中任何两个字段工资数据进行汇总分析,这里介绍 Excel 汇总分析工具数据透视表的使用。

例如,根据 ABC 公司要求,要对每个职工工资情况依据部门和职工类别对应发工资进行统计分析。

4.4.1　统计各个部门不同职工类别"应发工资"

具体方法如下:

(1)先点击"插入"菜单栏下的数据透视表图标,出现如图 4-17 所示的创建数据透视表界面。再选择表和区域框:输入工资表区域,选择放置位置为"新工作表"。点击[确定]按钮后 Excel 创建新工作表 sheet1,用鼠标拖住"部门"字段,放入下面行标签区域,用鼠标拖住"人员类别"字段,放入下面列标签区域,用鼠标拖住"应发工资"字段,放入下面求和区域,如图 4-18 所示。

(2)将数据透视表中数据进行居中、去掉网格线、加颜色等编辑整理工作,数据透视表编辑完毕,如图 4-19 所示。

4.4.2　统计各个部门不同职工类别"应发工资"的最大值

先选择单元格 A3,出现如图 4-19 所示界面。再点击数据透视表字段列表下面求和项的选择框中"值字段设置",出现如图 4-20 界面,选择最大值,各个部门不同职工类别"应发工资"的最大值就统计出来了,如图 4-21 所示。

图 4-17 创建数据透视表

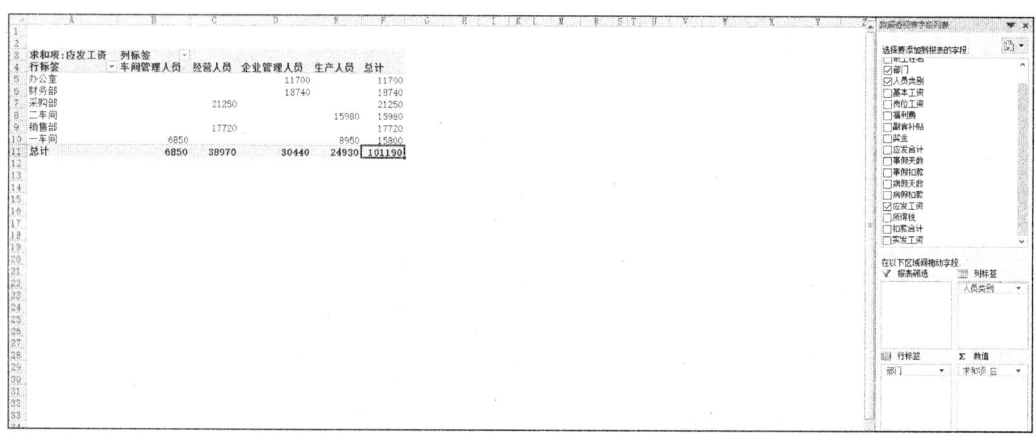

图 4-18 创建数据透视表统计表

求和项:应发工资	列标签				
行标签	车间管理人员	经营人员	企业管理人员	生产人员	总计
办公室			11700		11700
财务部			18740		18740
采购部		21250			21250
二车间				15980	15980
销售部		17720			17720
一车间	6850			8950	15800
总计	6850	38970	30440	24930	101190

图 4-19 编辑整理后数据透视表统计表

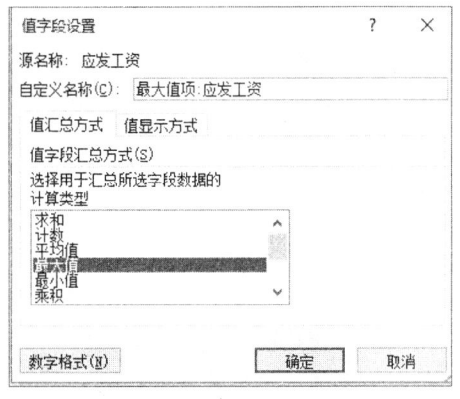

图 4-20　选择最大值字段

最大值项:应发工资	列标签				
行标签	车间管理人员	经营人员	企业管理人员	生产人员	总计
办公室			11700		11700
财务部				9100	9100
采购部		11750			11750
二车间				8200	8200
销售部		9800			9800
一车间	6850			8950	8950
总计	6850	11750	11700	8950	11750

图 4-21　统计各个部门不同职工类别"应发工资"的最大值

4.4.3　统计各个部门不同职工类别"应发工资"的人数

由图 4-21 所示界面,可以选择计算计数就可以进行人数的统计;同理,由图 4-21 所示界面,可以选择计算平均值、最小值等进行应发工资统计,读者可以根据需要自己选择。

温馨提示

(1)求和项也可以选择实发工资,同时可以进行如上两个字段的统计。

(2)也可以在图 4-8 所示的工资表界面中插入想要的字段,作为工资表的辅助项目,如年龄、学历、性别等,用上述方法一样可以进行统计。

第5章 固定资产管理模型的设计

企业在进行固定资料管理时，常常涉及固定资产项目的计算和汇总等问题，这些都可以利用Excel提供的函数进行计算和统计。本章以ABC公司的固定资产相关业务为例，介绍如何利用Excel进行固定资产管理模型设计的方法。

承第2章、第3章、第4章所述ABC公司的背景资料，ABC公司虽然规模虽然不大，但固定资产较多。因此，固定资产的管理对于该公司来说是相当重要的。公司会计部、人力资源部、采购部、销售部、办公室及生产一车间、生产二车间7个部门。

5.1 固定资产卡片的设置

5.1.1 固定资产相关信息

1. 各类固定资产相关信息

2016年1月，ABC公司各类固定资产相关信息如图5-1所示。

表5-1 固定资产类别

固定资产编码	类别名称	净残值率	单位	计提属性
01	交通运输设备	4%		正常计提
011	经营用设备	4%		正常计提
012	非经营用设备	4%		正常计提
02	电子及通信设备	4%		正常计提
021	经营用设备	4%	台	正常计提
022	非经营用设备	4%	台	正常计提

表5-2 部门及对应折旧科目

办公室、采购部、财务部、人力资源部	管理费用/折旧费
销售部	销售费用
生产一车间	制造费用
生产二车间	制造费用

表5-3 资产增减方式及对应科目

增减方式目录	对应入账科目
增加方式：	
直接购入	
投资者投入	
部门调拨	工行存款
减少方式：	
部门调拨	
报废	固定资产清理
出售	
毁损	固定资产清理

图5-1 ABC公司各类固定资产相关信息

2. 固定资产原始卡片信息

ABC 公司固定资产原始卡片信息如图 5-2 中的表 5-4 所示。

	固定资产名称	固定资产类别编号	所在部门	增加方式	可使用年限（月）	开始使用日期	原值	累计折旧	对应折旧科目名称
表5-4				固定资产原始卡片					
轿车	012	办公室	直接购入	120	2013/7/1	214260	51422.40	管理费用/折旧费
笔记本电脑	022	办公室	直接购入	60	2013/8/1	15800	7331.20	管理费用/折旧费
传真机	022	办公室	直接购入	60	2013/7/1	4800	2304.00	管理费用/折旧费
台式电脑	021	财务部	直接购入	60	2013/8/1	5200	2496.00	管理费用/折旧费
台式电脑	021	采购部	直接购入	60	2013/8/1	5200	2496.00	管理费用/折旧费
台式电脑	021	销售部	直接购入	60	2013/8/1	5200	2496.00	管理费用/折旧费
台式电脑	021	生产一车间	直接购入	60	2013/8/1	5200	2496.00	管理费用/折旧费
台式电脑	021	生产二车间	直接购入	60	2013/8/1	5200	2496.00	管理费用/折旧费
合计						260860	73537.6	

图 5-2　ABC 公司固定资产原始卡片信息

5.1.2　固定资产卡片项目设置

根据固定资产相关信息设置固定资产卡片项目，如图 5-3 所示。

卡片编号	固定资产编号	固定资产名称	增加方式	减少方式	使用状态	部门	开始使用日期	结束使用日期	可使用年限（月）	已计提折旧年限（月）	净残值率	预计工作量	原值	累计折旧	净值	折旧方法
表5-5 固定资产卡片																

图 5-3　ABC 公司固定资产卡片项目设置

1. 增加方式项目的设置

根据图 5-1 资料，选择单元格 D4，单击数据菜单栏有效性图标，增加方式有效性的设置，如图 5-4 所示，利用填充柄向下复制到单元格 D22。

2. 减少方式项目的设置

根据图 5-1 资料，选择单元格 E4，单击数据菜单栏有效性图标，减少方式有效性的设置，如图 5-5 所示，利用填充柄向下复制到单元格 E22。

3. 使用状态项目的设置

固定资产使用状态一般分为：在用、停用和季节性停用，选择单元格 F4，单击数据菜单栏有效性图标，使用状态有效性的设置如图 5-6 所示，利用填充柄向下复制到单元格 F22。

4. 部门项目的设置

根据固定资产部门信息资料，选择单元格 G4，单击数据菜单栏有效性图标，部门有效性的设置如图 5-7 所示，利用填充柄向下复制到单元格 G22。

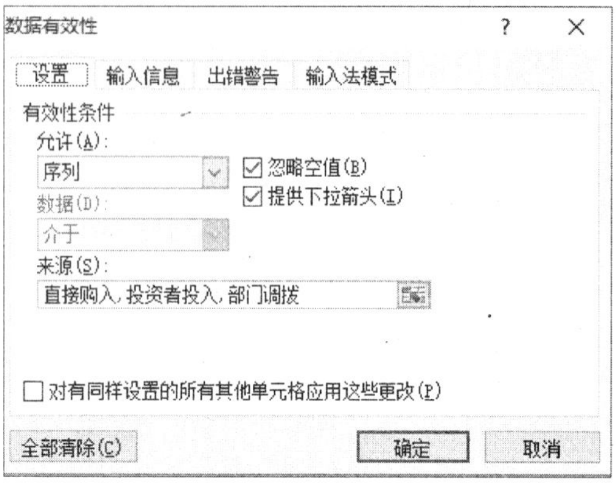

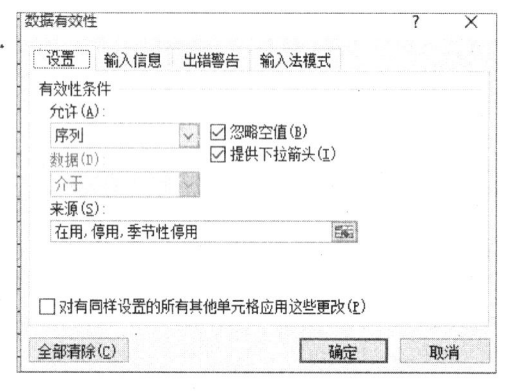

图 5-4　固定资产增加方式有效性设置

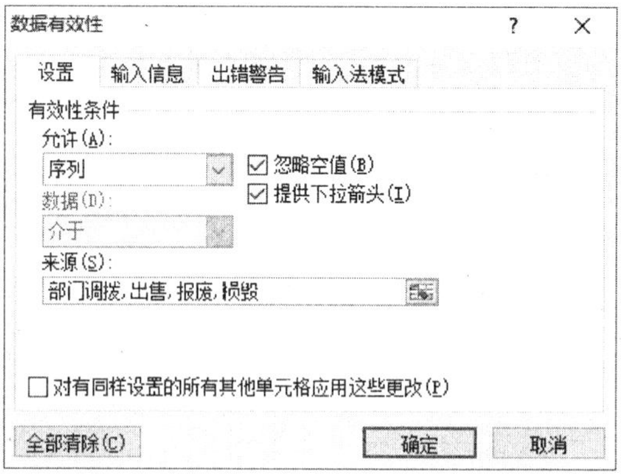

图 5-5　固定资产减少方式有效性设置

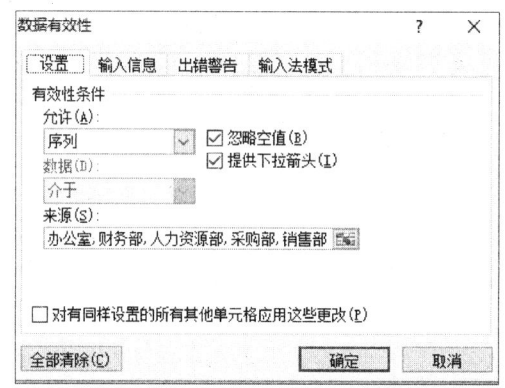

图 5-6　使用状态有效性设置

图 5-7　部门项目有效性的设置

5. 固定资产净值公式设置

选择单元格 P4,输入公式"＝N4－O4",再利用填充柄向下复制到单元格 P22。

6. 折旧方法项目的设置

选择单元格 Q4,单击数据菜单栏有效性图标,折旧方法有效性的设置如图 5-8 所示,利用填充柄向下复制到单元格 Q22。

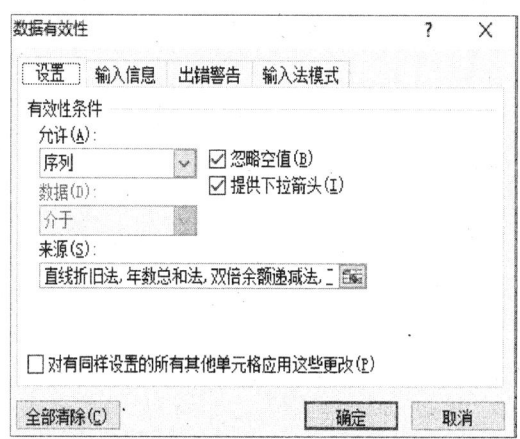

图 5-8　折旧方法项目有效性的设置

5.2 固定资产日常业务处理

5.2.1 固定资产初始卡片的录入

固定资产初始卡片的录入是将原来手工记录的固定资产卡片,利用 Excel 建立固定资产卡片,把相关信息输入进去,进行计算机管理。具体操作方法如下:

把图 5-2 中表 5-4 固定资产原始卡片信息录入设置好项目中的固定资产卡片中,相关项目选择用已经做好的有效性即可,如图 5-9 所示。

卡片编号	固定资产编号	固定资产名称	增加方式	减少方式	使用状态	部门	开始使用日期	结束使用日期	可使用年限(月)	已计提折旧年限(月)	净残值率	预计工作量	原值	累计折旧	净值	折旧方法
0001	012	轿车	直接购入		在用	办公室	2013/7/1		120	30	0.04		214260	51422.40	162837.6	工作量法
0002	022	笔记本电脑	直接购入		在用	办公室	2013/8/1		60	29	0.04		15800	7331.20	8468.8	直线折旧法
0003	022	传真机	直接购入		在用	办公室	2013/7/1		60	30	0.04		4800	2304.00	2496.0	直线折旧法
0004	021	台式电脑	直接购入		在用	财务部	2013/8/1		60	29	0.04		5200	2496.00	2704.0	直线折旧法
0005	021	台式电脑	直接购入		在用	采购部	2013/8/1		60	29	0.04		5200	2496.00	2704.0	直线折旧法
0006	021	台式电脑	直接购入		在用	销售部	2013/8/1		60	29	0.04		5200	2496.00	2704.0	直线折旧法
0007	021	台式电脑	直接购入		在用	一车间	2013/8/1		60	29	0.04		5200	2496.00	2704.0	直线折旧法
0008	021	台式电脑	直接购入		在用	二车间	2013/8/1		60	29	0.04		5200	2496.00	2704.0	直线折旧法
0009																
0010																
0011																
0012																
0013																
0014																
0015																
0016																
0017																
0018																
0019																

表5-5 固定资产卡片

图 5-9 固定资产原始卡片信息录入

5.2.2 固定资产日常业务处理

2016 年 1 月,ABC 公司固定资产日常业务如下:

(1) 11 日,销售部购买扫描仪一台,价值为 2 500 元,净残值率为 4%,预计使用年限为 5 年。

(2) 16 日,办公室购买轿车行车记录仪一台,价值为 3 000 元,预计使用年限为 5 年。

(3) 27 日,办公室传真机转移到采购部。

(4) 31 日,对各个部门计提本月折旧。

(5) 31 日,一车间损毁台式电脑一台。

(6) 31 日,经核查对 2013 年购入的笔记本电脑计提减值准备 1 000 元。

将以上相关信息输入固定资产卡片,如图 5-10 所示。

固定资产卡片

固定资产名称	增加方式	减少方式	使用状态	部门	开始使用日期	结束使用日期	可使用年限（月）	已计提折旧年限（月）	净残值率	预计工作量（月）	原值	累计折旧	净值	折旧方法
轿车	直接购入		在用	办公室	2013/7/1		72	30	0.04	4200	214260	51422.40	162837.6	工作量法
笔记本电脑	直接购入		在用	办公室	2013/8/1		60	29	0.04		15800	7331.20	8468.8	直线折旧法
传真机	直接购入	部门调拨	在用	办公室	2013/7/1	2016/1/27	60	31	0.04		4800	2304.00	2496.0	直线折旧法
台式电脑	直接购入		在用	财务部	2013/8/1		60	29	0.04		5200	2496.00	2704.0	直线折旧法
台式电脑	直接购入		在用	采购部	2013/8/1		60	29	0.04		5200	2496.00	2704.0	直线折旧法
台式电脑	直接购入		在用	销售部	2013/8/1		60	29	0.04		5200	2496.00	2704.0	直线折旧法
台式电脑	直接购入	毁损	在用	一车间	2013/8/1	2016/1/31	60	30	0.04		5200	2496.00	2704.0	直线折旧法
台式电脑	直接购入		在用	二车间	2013/8/1		60	29	0.04		5200	2496.00	2704.0	直线折旧法
扫描仪	直接购入		在用	销售部	2016/1/11		60	0	0.04		2500		2500.0	双倍余额递减法
行车记录仪	直接购入		在用	办公室	2016/1/16		60	0	0.04		3000		3000.0	年数总和法

图 5-10　固定资产增加、减少、毁损等信息录入

5.3　固定资产折旧额的计算

我们可以利用 Excel 中的折旧函数帮助我们计算固定资产折旧，因此必须要学会固定资产折旧函数的使用方法，下面介绍四个固定资产折旧函数用法。

5.3.1　直线折旧函数

1. 直线折旧法

直线折旧法（straight-line method of depreciation）是计算折旧常用的一种方法。其每期折旧额的公式为：

$$年折旧额 ＝（原始成本 － 预计净残值）÷ 使用年限$$

使用直线折旧法计算折旧时，每期的折旧额都一样。

2. 直线折旧函数 SLN()

格式：SLN(cost，salvage，life)。

功能：返回某项固定资产每期按直线折旧法计算的折旧数额。所有的参数值必须是正数；否则，将返回错误值♯NUM！。

参数：cost 为固定资产的原始成本；salvage 为固定资产报废时的预计净残值；life 为固定资产可使用年的估计数。

3. 直线折旧函数的使用方法

【例 5-1】　ABC 公司拥有的一台自动化机床，其可使用期限为 5 年，原始成本为 100 万元，预计净残值为 10 万元，用 SLN 函数计算每期折旧额的方法为：选择单元格 B3，点击公式栏"fx"图标，选择财务函数中 SLN 函数，输入相应参数值，如图 5-11 所示，点击［确定］按钮后可得计算结果，B3 ＝18000。

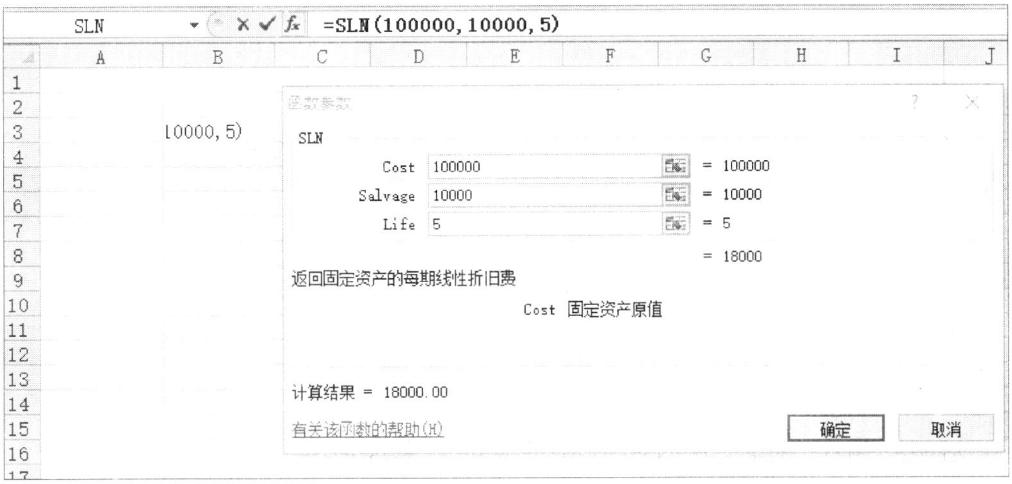

图 5-11　直线折旧函数 SLN 的使用方法

5.3.2　年数总和函数

1. 年数总和法

年数总和法(sum-of-years' digits method)是一种加速折旧方法,它以固定资产的原始成本减去预计残值后的余额乘以一个逐年递减的分数,作为该期的折旧额。这个分数的分母是固定资产使用年限的各年年数之和,分子是固定资产尚可使用年限。假设使用年限为 n,则递减分数的分母为使用年限之和为:

$$n+(n-1)+(n-2)+\cdots+1=n\times(n+1)\div2$$

自第一期至第 n 期分子分别为 $n,n-1,n-2,\cdots,1$。

年折旧额的计算公式为:

$$年折旧额=(原始成本-预计净残值)\times尚可使用年限\div使用年限之和$$

2. 年数总和函数 SYD( )

格式:SYD(cost, salvage, life, per)。

功能:返回某项固定资产某期间的按年数总和法计算的折旧数额。所有参数都应为正数,否则将返回错误值♯NUM!

参数:cost 为固定资产的原始成本;salvage 为固定资产报废时的预计净残值;life 为固定资产可使用年数的估计数;per 为指定要计算第几期折旧数额。life 与 per 参数应采用相同的单位,且 per 应小于或等于 life。

3. 年数总和函数 SYD 使用方法

【例 5-2】　ABC 公司拥有的一台自动化机床,其原始成本为 100 万元,预计净残值为 10 万元,使用期限为 5 年,用年数总和法 SYD 函数计算 1～5 期的折旧额。

具体计算方为:选择单元格 B5,点击公式栏"fx"图标,选择财务函数中 SYD 函数,输入相应参数值,如图 5-12 所示,确定后可得第 1 期折旧额:B5＝SYD(1000000,100000,5,1)

＝300 000(元)。

图 5-12　年数总和函数 SYD 的使用方法

同理,可以计算第 2～5 年的折旧额为:

第 2 期折旧额:B6＝SYD(1000000,100000,5,2)＝240 000(元)

第 3 期折旧额:B7＝SYD(1000000,100000,5,3)＝180 000(元)

第 4 期折旧额:B8＝SYD(1000000,100000,5,4)＝120 000(元)

第 5 期折旧额:B9＝SYD(1000000,100000,5,5)＝60 000(元)

5.3.3　双倍余额递减法

1. 双倍余额递减法

双倍余额递减法(double-declining balance method)也是一种加速折旧的方法,它以直线折旧法双倍折旧率,逐期乘以该期期初固定资产账面余额,作为该期折旧额,直到折旧额小于按直线计算的折旧额为止。其计算公式为:

年折旧额 = 期初固定资产账面余额 × 双倍直线折旧率

双倍直线折旧率 = 2÷预计使用年限

温馨提示

当最后若干期计算的折旧额小于按直线法计算的折旧额时,应按将固定资产净值(扣除净残值)平均摊销,即按照直线折旧法计算。

2. 双倍余额递减函数 DDB()

格式:DDB(cost, salvage, life, period, factor)。

功能:返回固定资产在某期间(period)的折旧数额。折旧额是根据资产的原始成本(cost)、预计使用年限(life)、预计净残值(salvage)及递减数率(factor),按倍率递减法计算而得出的。DDB 函数所有参数均需为正。

参数:cost 为固定资产的原始成本;salvage 为固定资产使用期限结束时的预计净残值;life 为固定资产预计使用期数;period 为所要计算折旧的期限,period 必须与 life 参数采用相同的计算单位;factor 为递减数率,即折旧的倍率,缺省值为 2,即为"双倍余额递减法",但用户可以改变此参数。

【例 5-3】 假设 ABC 公司购买自动化生产设备的成本为 100 万元,该设备预计使用年限为 5 年,预计净残值为 10 万元,采用双倍余额递减法函数计算第 1～5 年的折旧额。

具体方法为:选择单元格 E5,点击公式栏"fx"图标,选择财务函数中 DDB 函数,输入相应参数值,如图 5-13 所示,点击[确定]按钮后,可得第 1 年折旧额:E5＝400 000(元)。

函数参数		? ×
DDB		
Cost	1000000	= 1000000
Salvage	100000	= 100000
Life	5	= 5
Period	1	= 1
Factor		= 数值
		= 400000

用双倍余额递减法或其他指定方法,返回指定期间内某项固定资产的折旧值

Cost 固定资产原值

计算结果 = 400000.00

有关该函数的帮助(H)   确定   取消

图 5-13 双倍余额递减函数 DDB 的使用方法

同理,可得第 2、第 3 年折旧额:

第 2 年折旧额:E6＝DDB(1000000,100000,5,2)＝240 000(元)

第 3 年折旧额:E7＝DDB(1000000,100000,5,3)＝144 000(元)

此时,因为账面折余价值＝1 000 000－400 000－240 000－144 000＝216 000(元),扣除净残值后的金额为 116 000 元(216 000－100 000),此数额小于直线折旧额 180 000 元,因此不能用 DDB 函数计算而改用 SLN 函数计算:

第 4、第 5 年折旧额:E7＝E8＝SLN(216000,100000,2)＝58 000(元)

温馨提示

(1) DDB 函数缺点是,计算时要考虑何时切换成 SLN 函数。

(2) 并不是一定最后 2 年改用直线折旧额,这要看折旧后余额与净残值的差额何时小于直线折旧额。

5.3.4 倍率余额递减函数

1. 倍率余额递减法

倍率(factor)余额递减法是指以不同倍率的余额递减计算某个时期内折旧额的方法。双倍余额递减法是倍率等于 2 的倍率余额递减法,是倍率余额递减法的特例。

2. 倍率余额递减函数 VDB

格式：VDB(cost，salvage，life，start_period，end_period，factor，no_switch)。

功能：返回某项固定资产某个时期内（start_period 与 end_period 之间）的折旧数额。如果 factor 被省略，此函数采用"双倍余额递减法"来计算折旧数额。

> **温馨提示**
>
> （1）VDB 函数包含 DDB 函数，是倍率等于 2 时的余额递减法。
>
> （2）DDB 函数只能计算某一期折旧额，VBD 函数可以计算一段时间的折旧，即累计折旧。
>
> （3）如果 no_switch 为 FALSE 或被省略时，当前直线折旧数额大于倍率余额递减法算出的折旧时，VDB 函数会将折旧数额自动切换成直线折旧法折旧的数额。此条可以克服 DDB 计算时带来的困扰，但仅对倍率非整数时有效，一般使用时 no_switch 直接省略。
>
> （4）如果 no_switch 为 TRUE 时，即使直线折旧数额大于倍率余额递减法算出的折旧，VDB 函数也不会将折旧数额切换成直线法的折旧数额。除了 no_switch 参数为选择性参数外，其他的参数都必须是正数，否则返回 ♯SUM！错误值。

【例 5-4】 承[例 5-3]，用 VDB 函数计算倍率 factor＝2 时折旧数额。

如图 5-14 所示，给出第 1 年用 VDB 函数计算的折旧额。

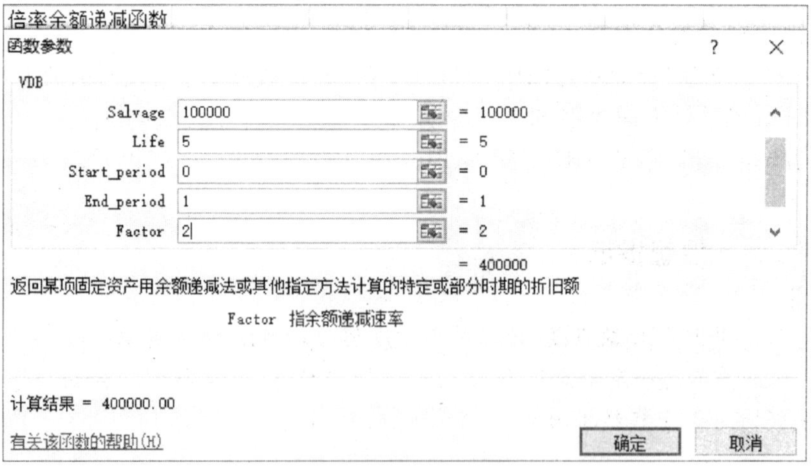

图 5-14 倍率余额递减函数 VDB 的使用方法

其中：第 1 年 start-period 为 0，第 1 年 end_period 为 1，factor 为 2。

同理，可以计算第 2～5 年的折旧额。

VDB 函数不仅仅可以计算整数倍率还可以计算非整数倍率的折旧，如当为 1.5 时，no_switch 省略。

第 1 年折旧额的计算公式为"= VDB(1000000,100000,5,0,1,1.5)",其结果为300 000元。

第 2 年折旧额的计算公式为"= VDB(1000000,100000,5,1,2,1.5)",其结果为210 000元。

第 3 年折旧额的计算式为"= VDB(1000000,100000,5,2,3,1.5)",其结果为147 000元。

第 4 年折旧额的计算式为"= VDB(1000000,100000,5,3,4,1.5)",其结果为121 500元。

第 5 年折旧额的计算公式为"= VDB(1000000,100000,5,4,5,1.5)",其结果为121 500元。

第 1~5 年的累计折旧额的计算公式为"= VDB(1000000,100000,5,0,5,1.5)",其结果为900 000元。

倍率(factor)不同,则可以得到不同的结果。

5.3.5 折旧函数的模型设计

在一般情况下,企业常用的折旧法分别为直线折旧法、年数总和法和双倍余额递减法,这三种折旧的计算都可以通过 Excel 所提供的 SLN、SYD、DDB 或 VDB 函数来完成。但按照上面方法计算时,每次输入数值计算很不方便,不便于比较,因此下面建立折旧函数模型,一方面便于几种折旧函数比较,另一方面便于对各期折旧额的计算。下面通过案例予以说明。

【例 5-5】 承[例 5-3],假设固定资产原始成本为 100 万元,预计净残值为 10 万元,使用期限为 5 年,计算在各种不同折旧方法下的各期折旧额,如图 5-15 所示。

期数	直线法折旧法	年数总和法	双倍余额递减法	倍率余额递减法(倍率1.5)
		固定资产折旧模型		
原始成本:	1,000,000.00			
使用期限:	5			
净残值:	100,000.00			
1	180,000.00	300,000.00	400,000.00	300000.00
2	180,000.00	240,000.00	240,000.00	210000.00
3	180,000.00	180,000.00	144,000.00	147000.00
4	180,000.00	120,000.00	86,400.00	121500.00
5	180,000.00	60,000.00	29,600.00	121500.00
累计折旧	900,000.00	900,000.00	900,000.00	900,000.00

图 5-15 固定资产折旧方法比较

计算各种折旧额的具体方法如下:

(1)图 5-15 中原始成本、使用期限、净残值为已知条件,做出 7~13 行表格,输入行标题各种折旧方法,输入列标题各期期数。

(2)计算各期直线折旧法的折旧额:选择单元格 C8,输入公式"= SLN($C$4,$C$6,$C$5)",点击[确定]按钮后得到第 1 期折旧额,用填充柄由单元格 C8 向下复制到单元格 C12,得到各期折旧额。

（3）计算各期年数总和法的折旧额：选择单元格 D8，输入公式"＝SYD（＄C＄4，＄C＄6，＄C＄5，B8）"，点击[确定]后得到第 1 期折旧额，用填充柄由单元格 D8 向下复制到单元格 D12，得到各期折旧额。

（4）计算各期双倍余额递减法的折旧额：选择单元格 E8，输入公式"＝DDB（＄C＄4，＄C＄6，＄C＄5，B8）"，点击[确定]后得到第 1 期折旧额，用填充柄由单元格 E8 向下复制到单元格 E12，得到各期折旧额。

（5）计算各期倍率余额递减法的折旧额：选择单元格 F8，输入公式"＝VDB（＄C＄4，＄C＄6，＄C＄5，B8－1，B8，1.5）"，点击[确定]按钮后得到计算结果，用填充柄由单元格 F8 向下复制到单元格 F12，得到各期折旧额。

温馨提示

（1）这里的计算技巧是为了便于复制，将原始成本、净残值、使用期限的地址设为绝对地址，而期数取相对地址，因为期数会随着地址变化而变化。

（2）倍率余额递减函数中，开始时间＝开始时间－1，结束时间＝开始时间，这样各期期数会随着复制而变化。

根据图 5-15 中的数据，绘制不同折旧方法对比分析图，这里选择做折线图，如图 5-16 所示。具体方法是：选择单元格区域 C7:F12，点击"插入"菜单栏下折线图图标，选择带数据标志的折线图 4，Excel 会将做好的折线图弹出，如图 5-16 所示。如果想要将图表美化，可以选择折线图，点击鼠标右键，选择设置图表区域格式，选择"图片纹理填充"，则图表上出现纹理样式；同理，可以选择其他自己喜欢的各种颜色和样式进行设计。

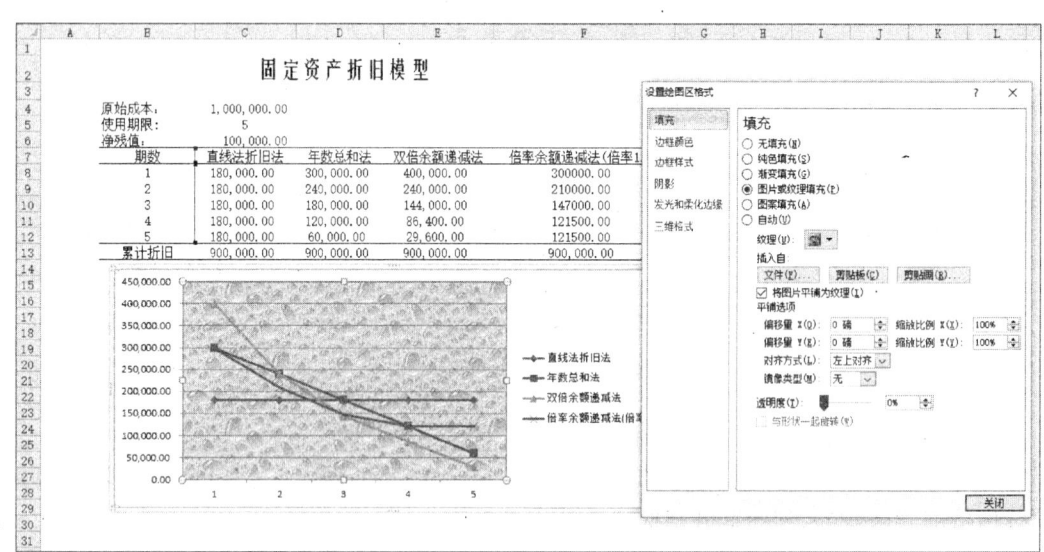

图 5-16 各种折旧方法对比分析图设计

由于表内数据之间建立了链接，同时表中数据与分析图之间也建立了链接，固定资产折旧模型就设计好了。对于不同的固定资产，只需改变其原始成本、残值和使用期限等数据，该模型会自动计算出各个折旧函数各期的折旧额，折旧分析图也将自动更新。

温馨提示

以上折旧期数是按年计算的，如果按月计算折旧额，只要把模型中的公式中所有年期数改为月期数，在图 5-16 所示表上，选择单元格区域 B12:F12，用填充柄向下复制，即可得到各期不同折旧法下的折旧额，有了各期的折旧额，就可以很方便地算出累计折旧额，这样就可计算出固定资产卡片上的累计折旧，方便我们计算固定资产净值。

5.4 固定资产项目的查询

5.4.1 利用自动筛选功能进行固定资产项目的查询

我们可以利用数据菜单栏下的筛选功能进行工资数据查询。具体方法是：选择单元格 A3，点击"数据"菜单栏下的"筛选"图标，则固定资产卡片行标题栏所有项目字段的右侧出现小三角，说明已经进入筛选状态，如图 5-17 所示。此时即可对所有固定资产项目进行查询。

固定资产名称	增加方式	减少方式	使用状态	部门	开始使用日期	结束使用日期	可使用年限（月）	已计提折旧年限（月）	净残值率	预计工作量（月）	原值	累计折旧	净值	折旧方法
						固定资产卡片								
轿车	直接购入		在用	办公室	2013/7/1		72	30	0.04	4200	214260	51422.40	162837.6	2
笔记本电脑	直接购入		在用	办公室	2013/8/1		60	29	0.04		15800	7331.20	8468.8	1
传真机	直接购入	部门调拨	在用	办公室	2013/7/1	2016/1/27	60	31	0.04		4800	2304.00	2496.0	1
台式电脑	直接购入		在用	财务部	2013/8/1		60	29	0.04		5200	2496.00	2704.0	1
台式电脑	直接购入		在用	采购部	2013/8/1		60	29	0.04		5200	2496.00	2704.0	1
台式电脑	直接购入		在用	销售部	2013/8/1		60	29	0.04		5200	2496.00	2704.0	1
台式电脑	直接购入	损毁	在用	一车间	2013/8/1	2016/1/31	60	30	0.04		5200	2496.00	2704.0	1
台式电脑	直接购入		在用	二车间	2013/8/1		60	29	0.04		5200	2496.00	2704.0	1
扫描仪	直接购入		在用	销售部	2016/1/11		60	0	0.04		2500		2500.0	3
行车记录仪	直接购入		在用	办公室	2016/1/16		60	0	0.04		3000		3000.0	4
													0.0	
													0.0	
													0.0	
													0.0	
													0.0	
													0.0	
													0.0	

图 5-17 用自动筛选方法进行固定资产项目的查询

5.4.2 按部门查询固定资产

例如，查询销售部"在用"的固定资产。具体方法为：点击"部门"列按钮，去掉全选状态，点击"销售部"，销售部的固定资产就全部显示出来了，如图 5-18 所示。

卡片编号	固定资产编号	固定资产名称	增加方式	减少方式	使用状态	部门	开始使用日期	结束使用日期	可使用年限（月）	已计提折旧年限（月）	净残值	预计工作量	原值	累计折旧	净值	折旧方法
0006	021	台式电脑	直接购入		在用	销售部	2013/8/1		60	29	0.04		5200	2496.00	2704.0	直线折旧法
0009	022	扫描仪	直接购入		在用	销售部	2016/1/11		60	0	0.04		2500		2500.0	年数总和法

图 5-18　按"部门"进行固定资产的查询

温馨提示

查询结束后，恢复原状态，只要点击"部门"列按钮，去掉全选状态即恢复原状态。

5.4.3　按"原值"查询固定资产

例如，查询原值大于 10 000 元的固定资产。具体方法为：点击"原值"列按钮，出现如图 5-19所示界面，点击"数字筛选"右侧"大于"会出现如图 5-20 界面，在"大于"右侧框填入"10 000"，点击[确定]按钮后，"原值"大于 10 000 元的固定资产就全部出现了，如图 5-21 所示。

图 5-19　对"原值"大于 10 000 元的固定资产进行查询

图 5-20　填写自动筛选条件

	A	B	C	D	E	F	G	H	I	J	K	L	M	N	O	P	Q
1																	
2	表5-5						固定资产卡片										
3	卡片编号	固定资产编号	固定资产名称	增加方式	减少方式	使用状况	部门	开始使用日期	结束使用日期	可使用年限(月)	已计提折旧年限(月)	净残值率	预计工作量	原值	累计折旧	净值	折旧方法
4	0001	012	轿车	直接购入		在用	办公室	2013/7/1		72		30	0.04	50000	214260	51422.40	162837.6	工作量法
5	0002	022	笔记本电脑	直接购入		在用	办公室	2013/8/1		60		29	0.04		15800	7331.20	8468.8	直线折旧法
23																	

图 5-21　所有"原值"大于 10 000 元的固定资产列出

温馨提示

（1）查询结束后，恢复"原值"状态，只要单击"原值"列按钮，选择"全选"，点击[确定]按钮后，即恢复到原来状态。

（2）查询结束后，退出筛选状态，再次选择单元格 A3，点击"数据"菜单栏下的"筛选"图标，退出筛选状态。

5.5　固定资产折旧数据的汇总分析

出于管理的需要，每月计提完折旧后，ABC 公司要求对固定资产的月折旧额数据要分部门、分类别进行汇总分析，对各项固定资产的折旧额进行统计，计算各项固定资产月折旧额。其方法有两种：一是利用前面讲的固定资产折旧模型，将相应的原始成本、净残值、使用期限等相关数据输入模型中，进行计算。在固定资产卡片中增加 1 列"月折旧额"，将计算好的数据填入固定资产卡片。二是在表 5-5 插入 2 列，一列将折旧方法用数字代替，另一列设为月折旧额；假设轿车预计总工作量为 300 000 千米，在单元格 S4 输入公式"=IF(R4=1,SLN(N4,L4 * N4,J4),(IF(R4=2,(1−L4) * N4/300 000 * M4,IF(R4=3,VDB(N4,N4 * L4,J4,K4−1,K4,2),SYD(N4,N4 * L4,J4,K4)))))"，利用填充柄向下复制到单元格 S22，各个资产项目余额折旧额计算出来了，如图 5-22 所示，这样可以对数据的统计。

表5-6

固定资产卡片

卡片编号	固定资产编号	固定资产名称	增加方式	减少方式	使用状态	部门	开始使用日期	结束使用日期	可使用年限(月)	已计提折旧年限(月)	净残值率	预计工作量(月)	原值	累计折旧	净值	折旧方法	折旧方法2	月折旧额
0001	012	轿车	直接购入		在用	办公室	2013/7/1		72	30	0.04	4200	214260	51422.40	162837.6	工作量法	2	2879.65
0002	022	笔记本电脑	直接购入		在用	办公室	2013/8/1		60	29	0.04		15800	7331.20	8468.8	直线折旧法	1	252.80
0003	022	传真机	直接购入	部门调拨	在用	办公室	2013/7/1	2016/1/27	60	31	0.04		4800	2304.00	2496.0	直线折旧法	1	76.80
0004	021	台式电脑	直接购入		在用	财务部	2013/8/1		60	29	0.04		5200	2496.00	2704.0	直线折旧法	1	83.20
0005	021	台式电脑	直接购入		在用	采购部	2013/8/1		60	29	0.04		5200	2496.00	2704.0	直线折旧法	1	83.20
0006	021	台式电脑	直接购入		在用	销售部	2013/8/1		60	29	0.04		5200	2496.00	2704.0	直线折旧法	1	83.20
0007	021	台式电脑	直接购入	损毁	在用	一车间	2013/8/1	2016/1/31	60	30	0.04		5200	2496.00	2704.0	直线折旧法	1	83.20
0008	021	台式电脑	直接购入		在用	二车间	2013/8/1		60	29	0.04		5200	2496.00	2704.0	直线折旧法	1	83.20
0009	022	扫描仪	直接购入		在用		2016/1/11		60	1	0.04		2500		2500.0	双倍余额递减法	3	83.33
0010	022	行车记录仪	直接购入		在用	办公室	2016/1/16		60	1	0.04		3000		3000.0	年数总和法	4	94.43
0011	022																	
0012																		
0013																		
0014																		
0015																		
0016																		
0017																		
0019																		

假设直线折旧法=1　　工作量法=2　　双旧余额递减法=3　　年数总和法=4

图 5-22　固定资产卡片计算月折旧额

温馨提示

（1）将折旧方法设为数字，是从月折旧额公式的设置方面考虑的。

（2）设轿车预计总工作量为 300 000 千米，是为了按工作量法进行月折旧额的计算。

下面按部门、固定资产名称对月折旧额进行统计分析。具体操作方法如下：

（1）先点击"插入"菜单栏下的数据透视表图标，出现如图 5-23 所示的创建数据透视表界面；再选择表和区域框：输入固定资产卡片区域，选择放置位置为"新工作表"，确定后Excel 创建新工作表 sheet1，用鼠标拖住"部门"字段，放入下面行标签区域，用鼠标拖住"固定资产名称"字段，放入下面列标签区域，用鼠标拖住"月折旧额"字段，放入下面求和区域，如图 5-23 所示。

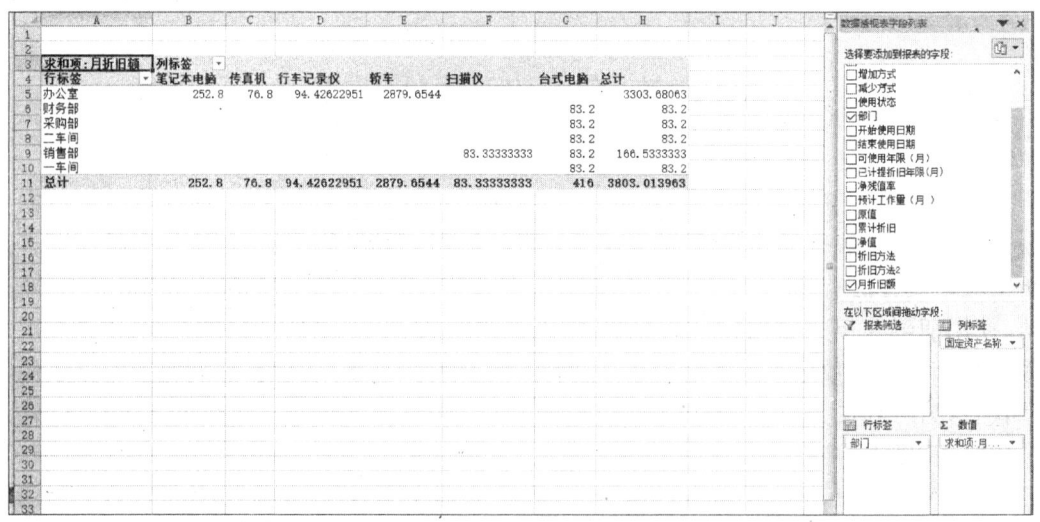

图 5-23　按部门、固定资产名称对月折旧额进行统计

（2）将数据透视表中数据，进行居中、去掉网格线、加颜色等编辑整理工作，数据透视表编辑完毕，如图 5-24 所示。

	A	B	C	D	E	F	G	H	I
1									
2									
3	求和项:月折旧额	固定资产名							
4	部门	笔记本电脑	传真机	行车记录仪	轿车	扫描仪	台式电脑	总计	
5	办公室	252.80	76.80	94.43	2879.65			3303.68	
6	财务部						83.20	83.20	
7	采购部						83.20	83.20	
8	二车间						83.20	83.20	
9	销售部					83.33	83.20	166.53	
10	一车间						83.20	83.20	
11	总计	252.80	76.80	94.43	2879.65	83.33	416.00	3803.01	
12									

图 5-24　编辑后的数据透视表

同理，按照此方法可以对固定资产卡片任何两个字段进行月折旧额统计分析。

第 6 章　购销存管理模型设计

企业在进行购销存业务管理时,常常涉及采购、销售、库存等项目的计算和汇总等问题,这些都可以利用 Excel 提供的函数进行计算和统计。本章以 ABC 公司的业务为实例,介绍用 Excel 进行购销存管理模型设计的方法。

承前述章节所述 ABC 公司的背景资料,ABC 公司既是一家生产、销售家用电器的企业,也是几家空调的代理销售商,长期为格力、美的、海尔 3 个品牌的空调产品做代理,同时为海信、TCL、长虹等大公司代理彩电产品销售,因此 ABC 公司的供应商比较稳定。其主要代理销售 1P 空调 1.5P 空调、2P 空调三种空调和 43 寸、53 寸、60 寸彩电品种。ABC 公司的主要客户是各大百货商场,如长安、东兴、西单、王府井等大商场和空调专卖店,客户有 30 多个。ABC 公司的年销售额最多可达到数千万元。ABC 公司的经理想随时了解公司库存、销售情况,以此来决定公司下一步的经营活动。公司的主管会计想随时了解公司客户的应收或预收账款余额和供应商的应付或预付账款余额,以加强对应收、预收账款和应付、预付账款的管理,加快资金回笼,保证公司资金流动,因此可以利用 Excel 进行购销存业务的处理。

6.1　采购业务项目的设置

6.1.1　采购信息

ABC 公司采购基本信息如表 6-1 所示。

表 6-1　ABC 公司采购基本信息

采购品种	供应商
1P 空调	格力
1.5P 空调	美的
2P 空调	海尔
43 寸彩电	海信
53 寸彩电	TCL
60 寸彩电	长虹

此外,还有相关的购货信息和付款信息,ABC 公司据此设置采购业务项目。

6.1.2 采购业务信息初始设置

根据采购业务的相关信息，ABC公司需设置采购项目及付款项目，如图6-1所示。

	A	B	C	D	E	F	G	H	I	J	K
1			采购业务日记账						预付款日记账		
2	采购日期	供应商	采购品种	采购单价	采购数量	采购金额		采购发票号	付款日期	供应商	预付款金额
3											
4											
5											
6											
7											
8											
9											
10											
11											
12											
13											
14											
15											
16											
17											
18											
19											
20											
21											
22											
23											
24											

图6-1 采购及付款项目的设置

采购项目设置方法如下。

1. 供应商项目的设置

选择单元格B3，点击数据菜单栏下的有效性图标，选择"有效性条件"："允许"为"序列"，"来源"处输入供应商名称，如图6-2所示。利用填充柄向下复制到单元格B24，供应商项目设置完毕。

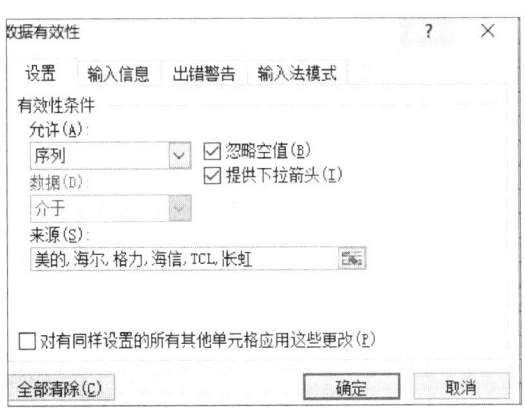

图6-2 供应商项目有效性设置

2. 采购品种项目的设置

选择单元格C3，点击数据菜单栏下的有效性图标，选择"有效性条件"："允许"为"序列"，"来源"处输入采购品种，如图6-3所示。利用填充柄向下复制到单元格C24，采购品种项目设置完毕。

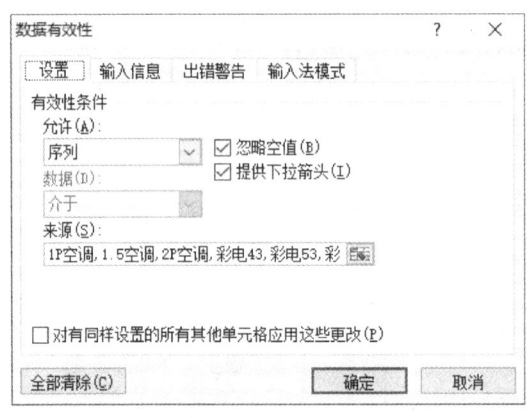

图 6-3　采购品种项目有效性设置

3. 采购金额项目的设置

根据公式"采购金额＝采购数量×单价",选择单元格 F3,输入公式"＝D3 * E3",利用填充柄向下复制到单元格 F24,采购金额项目设置完毕。

4. 预付款项目供应商的设置

预付款项目供应商的设置,如图 6-2 所示。

6.2　采购日常业务处理

2016 年 1 月,ABC 公司采购的日常业务如下:

(1) 1 日,购买美的公司 1P 空调 80 台,单价为 1 200 元,采购金额为 96 000 元。

(2) 2 日,购买格力公司 2P 空调 25 台,单价为 4 000 元,采购金额为 100 000 元。

(3) 5 日,购买海尔公司 1.5P 空调 26 台,单价为 3 000 元,采购金额为 78 000 元。

(4) 8 日,购买海信公司 53 寸彩电 30 台,单价为 3 500 元,采购金额为 105 000 元。

(5) 10 日,购买 TCL 公司 43 寸彩电 50 台,单价为 2 500 元,采购金额为 125 000 元。

(6) 12 日,购买长虹公司 60 寸彩电 30 台,单价为 5 000 元,采购金额为 150 000 元。

(7) 15 日,购买海信公司 2P 空调 20 台,单价为 4 200 元,采购金额为 84 000 元。

(8) 18 日,购买海信公司 53 寸彩电 15 台,单价为 3 600 元,采购金额为 54 000 元。

将以上 ABC 公司采购业务及付款情况相关信息按照日常业务发生的时间顺序输入采购业务管理工作表,如图 6-4 所示。

	A	B	C	D	E	F	G	H	I	J	K	L
1			采购业务管理工作表						预付款管理工作表			
2	采购日期	供应商	采购品种	采购单价	采购数量	采购金额		采购发票号	付款日期	供应商	预付款金额	
3	2016/1/1	美的	1P空调	1200	80	96000		1000101	2015/12/5	美的	30000	
4	2016/1/2	格力	2P空调	4000	25	100000		1000102	2015/12/15	海尔	30000	
5	2016/1/5	海尔	1.5P空调	3000	26	78000		1000103	2015/12/25	海信	52000	
6	2016/1/8	海信	53寸彩电	3500	30	105000		1000104	2015/12/26	TCL	40000	
7	2016/1/10	TCL	43寸彩电	2500	50	125000		1000105	2015/12/27	长虹	60000	
8	2016/1/12	长虹	60寸彩电	5000	30	150000		1000106	2015/12/28	格力	80000	
9	2016/1/15	格力	2P空调	4200	20	84000						
10	2016/1/18	海信	53寸彩电	3600	15	54000						
11												

图 6-4　采购业务管理工作表

6.3　销售业务项目的设置

6.3.1　销售信息

ABC 公司销售基本信息如表 6-2 所示。

表 6-2　ABC 公司销售基本信息

销售品种	客户
1P 空调	长安商场
1.5P 空调	王府井商场
2P 空调	西单商场
43 寸彩电	东兴商场
53 寸彩电	专卖店 A
60 寸彩电	专卖店 B

此外,再根据 ABC 公司相关的销售信息和收款信息来设置销售业务项目。

6.3.2　销售业务信息初始设置

新建一个工作表,根据销售业务需要设置销售项目及收款项目,如图 6-5 所示。

图 6-5　销售及收款项目的设置

销售项目设置方法如下。

1. 客户项目的设置

选择单元格 B3,点击"数据"菜单栏下的有效性图标,选择"有效性条件":"允许"为"序列","来源"处输入供应商名称,如图6-6所示。利用填充柄向下复制到单元格B24,供应商项目设置完毕。

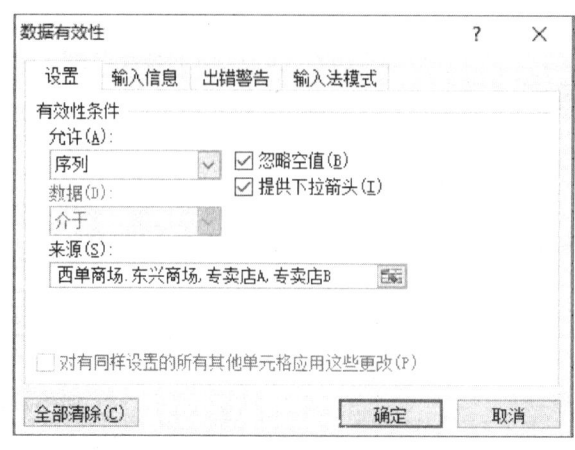

图6-6 客户项目有效性设置

2. 销售品种项目的设置

选择单元格C3,点击数据菜单栏下的有效性图标,选择有效性条件:"允许"为"序列","来源"处输入销售品种,如图6-7所示。利用填充柄向下复制到单元格C24,销售品种项目设置完毕。

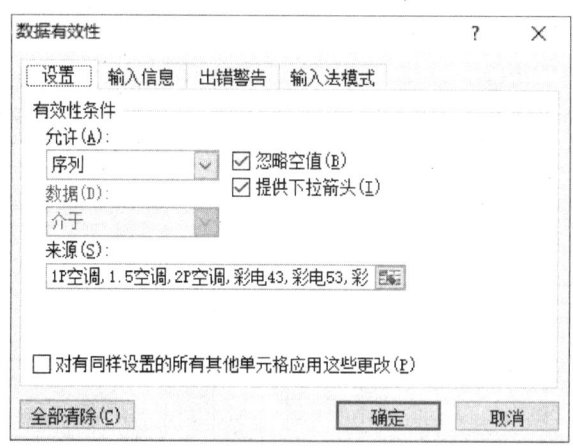

图6-7 销售品种项目有效性设置

3. 销售金额项目的设置

根据公式"销售金额=采购数量×单价",选择单元格F3,输入公式"=D3 * E3",利用填充柄向下复制到单元格C24,销售金额项目设置完毕。

4. 预收款项目客户设置

预收款项目客户设置,如图6-6所示。

温馨提示

销售与采购项目设置方法相同,格式相同,在表格制作时可以直接把采购设置好的表格复制粘贴到新工作表,作为销售业务工作表,大部分项目只要利用查找与替换功能,修改相关项目即可,个别项目再作相应修改。

6.4 销售日常业务处理

2016年1月,ABC公司销售日常业务如下:

(1)1日,向长安商场销售1P空调40台,单价为1 500元,销售金额为60 000元。

(2)4日,向王府井商场销售2P空调25台,单价为6 000元,销售金额为150 000元。

(3)5日,向东兴商场销售43寸彩电18台,单价为3 000元销售金额为54 000元。

(4)8日,向专卖让A销售53寸彩电10台,单价为4 500元,销售金额为45 000元。

(5)10日,向西单商场销售60寸彩电20台,单价为5 500元,销售金额为110 000元。

(6)12日,向王府井商场销售53寸彩电20台,单价为5 000元,销售金额为100 000元。

(7)15日,向专卖店B销售1P空调20台,单价为1 500元,销售金额为15 000元。

(8)18日,向长安商场销售43寸彩电15台,单价为2 800元,销售金额为42 000元。

将以上ABC公司销售业务及收款情况相关信息,按照日常业务发生的时间顺序输入销售业务管理工作表,如图6-8所示。

	A	B	C	D	E	F	G	H	I	J	K	L
1			销售业务管理工作表						预收款管理工作表			
2	销售日期	客户	销售购品种	销售单价	销售数量	销售金额		销售发票号	收款日期	客户	收款金额	
3	2016/1/1	长安商场	1P空调	1500	40	60000		1000101	2015/12/2	长安商场	30000	
4	2016/1/4	王府井商场	2P空调	6000	25	150000		1000102	2015/12/4	王府井商场	90000	
5	2016/1/5	东兴商场	43寸彩电	3000	18	54000		1000103	2015/12/6	西单商场	65000	
6	2016/1/8	专卖店A	53寸彩电	4500	10	45000		1000104	2015/12/8	东兴商场	20000	
7	2016/1/10	西单商场	60寸彩电	5500	20	110000		1000105	2015/12/10	专卖店A	20000	
8	2016/1/12	王府井商场	53寸彩电	5000	20	100000		1000106	2015/12/12	专卖店B	15000	
9	2016/1/15	专卖店B	1P空调	1500	20	30000						
10	2016/1/18	长安商场	43寸彩电	2800	15	42000						
11												

图6-8 销售业务管理工作表

6.5 购销存管理项目的设置

ABC公司购销存管理项目的设置如图6-9所示。

购销存管理项目的设置方法如下。

1. 行标题及列标题的设置

商品名称、供应商名称、客户名称等行标题及列标题按照图6-9设置即可。供应商名称和客户名称的有效性设置同图6-2和图6-6的设置。

2. "库存数量"项目的设置

将采购业务工作表命名为"采购业务管理",将销售业务工作表命名为"销售业务管

图 6-9　购销存管理项目的设置

理",将购销存业务工作表命名为"购销存业务管理",选择单元格 B4,输入公式＝SUMIF(采购业务管理！＄C＄3：＄C＄24,,B3,采购业务管理！＄E＄3：＄E＄24)－SUMIF(销售业务管理！＄C＄3：＄C＄24,B3,销售业务管理！＄E＄3：＄E＄24),按回车健,得出单元格 B4 的计算结果为 20,即 1P 空调的库存量。利用填充柄向右复制到单元格 G4,即可计算出其他 5 种商品的库存量。其计算原理是利用 SUMIF 函数,先到采购业务管理表中,将 1P 空调商品数量找出,再利用 SUMIF 函数,将销售业务管理表中 1P 空调商品数量找出,两者的差额就是 1P 空调库存的数量,如图 6-10 所示。

图 6-10　利用 SUMIF 求期末库存量

3．"加权平均采购价格"项目的设置

根据公式"某种商品加权平均采购价格＝该商品采购金额的和÷该商品采购数量的和",选择单元格 B5,输入公式"＝SUMIF(采购业务管理！＄C＄3：＄C＄24,购销存业务管理！B3,采购业务管理！＄F＄3：＄F＄24)/SUMIF(采购业务管理！＄C＄3：＄C＄24,购销存业务管理！B3,采购业务管理！＄E＄3：＄E＄24)",按回车键,得出单元格 B5 的计算结果为 1 200,即 1P 空调的加权平均采购价格。利用填充柄向右复制到单元格 G5,即可得到其他商品的加权平均采购价格,如图 6-10 所示。

4."库存占用资金"项目的设置

选择单元格 B6,输入公式"＝B4＊B5",利用填充柄向右复制到单元格 G5,即可得到其他商品的库存占用资金金额,如图 6-10 所示。

5."应付账款"项目的设置

选择单元格 B13,输入公式"＝SUMIF(采购业务管理! ＄B＄3:＄B＄24,购销存业务管理! B12,采购业务管理! ＄F＄3:＄F＄24)",利用填充柄向右复制到单元格 G13,即可得到其他商品应付账款的金额,如图 6-11 所示。

	A	B	C	D	E	F	G	H	I	J	K
1											
2				购销存管理							
3	商品名称	1P空调	1.5P空调	2P空调	43寸彩电	53寸彩电	60寸彩电				合计
4	库存数量	20	26	20	17	15	10				108
5	加权平均采购价格	1200.00	3000.00	4088.89	2500.00	3533.33	5000.00				19322.222
6	库存占用资金	24000.00	78000.00	81777.78	42500.00	53000.00	50000.00				329277.78
7											
8											
9											
10											
11											
12	供应商名称	美的	海尔	格力	海信	TCL	长虹				
13	应付账款	96000	78000	184000	159000	125000	150000				792000
14	预付账款(已付)	30000	30000	80000	52000	40000	60000				292000
15	应付与预付账款(未收)	66000	48000	104000	107000	85000	90000				500000
16											
17	客户名称	王府井商场	西单商场	长安商场	东兴商场	专卖店A	专卖店B				
18	应收账款	250000	110000	102000	54000	45000	30000				591000
19	预收账款(已收)	90000	65000	30000	20000	20000	15000				240000
20	应收与预收账款(未收)	160000	45000	72000	34000	25000	15000				351000
21											
22											
23											

图 6-11　购销存管理项目的设置

6."预付账款"项目的设置

选择单元格 B14,输入公式"＝SUMIF(采购业务管理! ＄J＄3:＄J＄24,购销存业务管理! B12,采购业务管理! ＄K＄3:＄K＄24)",利用填充柄向右复制到单元格 G14,即可得到其他商品预付账款的金额,如图 6-11 所示。

7."应付与预付账款"项目的设置

选择单元格 B15,输入公式"＝B13－B14",利用填充柄向右复制到单元格 G15,即可得到其他商品的应付与预付账款的差额,如图 6-11 所示。

8."应收账款"项目的设置

选择单元格 B18,输入公式"＝SUMIF(销售业务管理! ＄B＄3:＄B＄24,购销存业务管理! B17,销售业务管理! ＄F＄3:＄F＄24)",利用填充柄向右复制到单元格 G18,即可得到其他商品应收账款的金额,如图 6-11 所示。

9."预收账款"项目的设置

选择单元格 B19,输入公式"＝SUMIF(销售业务管理! ＄J＄3:＄J＄24,购销存业务管理! B17,销售业务管理! ＄K＄3:＄K＄24)",利用填充柄向右复制到单元格 G19,即可得到其他商品预收账款的金额,如图 6-11 所示。

10."应收与预收账款"项目的设置

选择单元格 B20,输入公式"＝B18－B19",利用填充柄向右复制到单元格 G20,可以得到其他商品应收与预收账款的差额,如图 6-11 所示。

至此,购销存业务管理项目设置完毕,同时也把所需要的数据利用公式计算出来,便于进行管理,如图 6-11 所示。

温馨提示

（1）应收账款与预收账款的设置基本相同,读者后面可以不看步骤自己练习。

（2）因为篇幅的限制,这里不便举例列出太长的数据,只介绍了方法,若需增加库存商品品种可以用上面讲的方法向右设置。同理,采购业务和销售业务如果涉及业务较多,只要在原表格基础上增加表格,公式可以用填充柄向下复制即可。

（3）应收账款与应付账款的管理部分和购销存数据放在一起是为了看起来方便,其实可以分别放在采购业务和销售业务管理中,那样计算起来更加便利,读者不妨自己设计。

（4）前面用到的 SUMIF 函数在计算采购业务管理和销售业务管理的数据时只计算到 24 行,如果需要可以将行数增加到所需要的行数,那么上面公式行数也做相应的调整即可。

6.6　购销存品种的统计分析

按照前述方法可以分别对采购品种的数量和金额进行汇总统计。

6.6.1　按照采购的日期和采购品种对采购数量进行统计分析

选择采购业务管理工作表(见图 6-4),选择单元格区域 A2:F10,点击"插入"菜单栏下面的数据透视表,按照前面所述的方法,行标签选择"采购日期",列标签选择"采购品种",求和项选择"采购数量",可以得到如图 6-12 所示数据透视表。

求和项:采购数量	采购品种						
采购日期	1.5P空调	1P空调	2P空调	43寸彩电	53寸彩电	60寸彩电	总计
2016/1/1		80					80
2016/1/2			25				25
2016/1/5	26						26
2016/1/8					30		30
2016/1/10				50			50
2016/1/12						30	30
2016/1/15			20				20
2016/1/18					15		15
总计	26	80	45	50	45	30	276

图 6-12　按照采购日期和采购品种对采购数量进行统计

6.6.2 按照采购日期和采购品种对采购金额进行统计分析

选择采购业务管理工作表(见图 6-4),选择单元格区域 A2:F10,点击"插入"菜单栏下面的数据透视表,按照前面所述的方法,行标签选择"采购日期",列标签选择"采购品种",求和项选择"采购金额",可以得到如图 6-13 所示数据透视表。

求和项:采购金额	采购品种						
采购日期	1.5P空调	1P空调	2P空调	43寸彩电	53寸彩电	60寸彩电	总计
2016/1/1		96000					96000
2016/1/2			100000				100000
2016/1/5	78000						78000
2016/1/8					105000		105000
2016/1/10				125000			125000
2016/1/12						150000	150000
2016/1/15			84000				84000
2016/1/18					54000		54000
总计	78000	96000	184000	125000	159000	150000	792000

图 6-13 按照采购日期和采购品种对采购金额进行统计

按照前述方法可以分别对采购品种的数量和金额进行汇总统计。

6.6.3 按照销售的日期和销售品种对销售数量进行统计分析

选择销售业务管理工作表(见图 6-8),选择单元格区域 A2:F10,点击"插入"菜单栏下面的数据透视表,按照前述方法,行标签选择"销售日期",列标签选择"销售品种",求和项选择"销售数量",可以得到如图 6-14 所示数据透视表。

求和项:销售数量	销售品种					
销售日期	1P空调	2P空调	43寸彩电	53寸彩电	60寸彩电	总计
2016/1/1	40					40
2016/1/4		25				25
2016/1/5			18			18
2016/1/8				10		10
2016/1/10					20	20
2016/1/12				20		20
2016/1/15	20					20
2016/1/18			15			15
总计	60	25	33	30	20	168

图 6-14 按照销售日期和销售品种对销售数量进行统计

6.6.4　按照销售日期和销售品种对销售金额进行统计分析

　　点击销售业务管理工作表(见图 6-8),选择单元格区域 A2:F10,点击"插入"菜单栏下面的数据透视表,按照前述方法,行标签选择"销售日期",列标签选择"销售品种",求和项选择"销售金额",可以得到如图 6-15 所示数据透视表。

求和项:销售金额	销售品种						
销售日期	10	15	18	20	25	40	总计
2016/1/1						60000	60000
2016/1/4					150000		150000
2016/1/5			54000				54000
2016/1/8	45000						45000
2016/1/10				110000			110000
2016/1/12				100000			100000
2016/1/15				30000			30000
2016/1/18		42000					42000
总计	45000	42000	54000	240000	150000	60000	591000

图 6-15　按照销售日期和销售品种对销售金额进行统计

第7章 筹资决策模型设计

随着市场经济的发展,企业筹集资金已由过去的主要靠财政拨款和银行贷款两种方式逐步发展成为长期借款、债券筹资、股票筹资、融资租赁筹资等多种方式。企业筹资方式和筹资渠道日趋多样,对企业筹资管理人员提出了新要求。财务管理人员应该熟练掌握建立筹资管理与决策分析模型的基本方法和技术,分析不同的筹资方法和渠道带来的成本和风险,以便选择合理的筹资渠道、最佳的筹资决策函数和模拟运算表工具,建立筹资分析与决策模型。

7.1 筹资方式及筹资成市

7.1.1 企业的筹资方式

在市场经济条件下,企业筹集资金的方式发生了很大变化,主要筹资方式有长期借款筹资、债券筹资、股票筹资、留存收益筹资等,这里将逐一讨论这些筹资方式下的筹资成本。

7.1.2 筹资成本

企业的筹资成本一般称为资本成本,其计算公式为:

$$资本成本 = \frac{筹资费用}{筹资净额} \times 100\%$$

其中:筹资净额＝筹资总额－筹资费用。

按照此公式定义,不同筹资方式的筹资成本的计算公式如下。

1. 长期借款筹资成本

长期借款筹资是指企、事业单位通过向银行等金融机构以及向其他单位借入长期借款进行的筹资。在长期借款筹资方式中,不仅要考虑国家的贷款政策、经济环境、借款的程序等因素,还要考虑贷款的利率、贷款期限、归还期限等因素对每期还款额的影响,以便企业考虑自己的偿还能力,作出相关决策。企业对长期借款所支付的利息不论是否资本化,通常是在所得税前扣除,这样可以少交一部分所得税;同时,也需要考虑长期借款的成本。长期借款成本的计算公式为:

$$长期借款成本 = \frac{年利息额 \times (1 - 所得税税率)}{筹资总额 \times (1 - 筹资费率)}$$

该公式用字母表示为：

$$K_i = \frac{I \times (1-T)}{B \times (1-f)} \times 100\% = i \times (1-T) \times 100\%$$

其中：K_i 为长期借款成本；I 为年利息额；i 为借款利率；T 为企业所得税税率；B 为筹资总额；f 为筹资费用。

2. 债券筹资成本

债券筹资是指企业通过发行债券筹集借入资本的一种筹资方式。在债券筹资方式下，不仅要考虑国家政策、经济环境等因素，而且也要考虑债券的发行价格、债券的资金成本等。债券的发行价格一般包括：等价发行、溢价发行和折价发行三种。而企业债券票面上标明的利率，一经印出就无法改变。为此，根据不同的市场利润测算债券的发行价格，对企业发行债券是非常重要的。债券筹资的计算公式如下：

$$债券成本 = \frac{年利息额 \times (1 - 所得税税率)}{筹资总额 \times (1 - 筹资费率)}$$

该公式用字母表示为：

$$K_b = \frac{I \times (1-T)}{B \times (1-f)} \times 100\% = i \times \frac{1-T}{1-f} \times 100\%$$

其中：K_b 为债券成本；其他字母含义同前。

3. 股票筹资成本

股票筹资是企业通过发行股票筹集自有资本的一种筹资方式，股票筹资有优先股筹资和普通股筹资两种。在股票筹资中，不仅要考虑国家政策、经济环境等因素，更重要的是还要考虑股票的发行价格和股票的资本成本。

1）优先股筹资成本

$$优先股成本 = \frac{优先股每年股利}{优先股筹资总额 \times (1 - 筹资费率)}$$

该公式用字母表示为：

$$K_p = \frac{D}{P \times (1-f)} \times 100\%$$

其中：K_p 为优先股成本；D 为优先股股利；P 为优先股筹资额；f 为优先股筹资费率。

2）普通股筹资成本

（1）当公司采用固定股利政策时，其普通股成本的计算公式为：

$$普通股成本 = \frac{普通股第一年股利}{普通股筹资额 \times (1 - 普通股筹资费率)} \times 100\%$$

该公式用字母表示为：

$$K_c = \frac{D_1}{P_0} \times 100\%$$

（2）当公司采用股利增长率政策，若股利增长率为 g 时，其普通股成本的计算公式为：

$$普通股成本 = \frac{普通股第一年股利}{普通股筹资额 \times (1 - 普通股筹资费率)} \times 100\% + 股利增长率$$

该公式用字母表示为：

$$K_c = \frac{D_1}{P_0} \times 100\% + g$$

其中：K_c 为普通股成本；D_1 为第一年股利；P_0 为筹资净额；g 为股利增长率。

4. 留存收益筹资成本

留存收益是企业资金的主要来源。企业的留存收益相当于股东对企业进行的追加投资，因此也需要计算成本。

（1）当公司采用固定股利政策时，其计算公式为：

$$留存收益成本 = \frac{预期固定股利}{普通股筹资净额} \times 100\%$$

该公式用字母表示为：

$$K_r = \frac{D}{P_0} \times 100\%$$

（2）当公司采用股利增长率政策，若股利增长率为 g 时，其计算公式为：

$$留存收益成本 = \frac{第一年预期股利}{普通股筹资净额} \times 100\% + 股利增长率$$

该公式用字母表示为：

$$K_r = \frac{D_1}{P_0} \times 100\% + g$$

其中：K_r 为留存收益成本；D_1 为第一年预期股利；P_0 为普通股筹资净额；g 为股利增长率。

7.1.3 加权平均资本成本

加权平均资本成本计算公式为：

$$加权平均资本成本 = \sum 某种资金占总资金的比重 \times 该种资金的成本$$

该公式用字母表示为：

$$K = \sum W_i \times K_i$$

其中：K 为加权平均资本成本；W_i 为某种资金占总资金的比重；K_i 为该种资金的成本。

7.2 加权平均资本成本模型的设计

对企业而言，不可能只使用单一的筹资方式。因此，企业还需要根据各种不同的资金所占的比重（即资本结构）来计算和分析企业的加权平均资金成本。此外，一个企业无法以某一固定的资金成本来筹措无限的资金,因此,又需要计算和分析企业的边际资金成本等。通过上述分析可知,无论企业采用哪种或哪几种筹资方式都需要进行一系列的定量分析,即计算和分析其资金成本,这样一个企业才能以尽可能低的资金成本取得源源不断的资金供应,才能迅速发展并显示出勃勃生机。下面举例说明加权平均资本成本模型的设计。

【例 7-1】 ABC 公司共有资金 150 万元,其中长期借款 50 万元,债券 30 万元,优先股 10 万元,普通股 40 万元,留存收益 20 万元,各种筹资利率分别为 8％、6％、12％、15.5％ 和 15％,债券、优先股和普通股的筹资费率分别是 2％、1％ 和 3％。试计算该公司的加权平均资本成本。

根据上述已知条件,建立加权平均资本成本模型,如图 7-1 所示。

筹资种类	筹资总额	年利率/股利率	利息/股利	筹资费率	资金成本率 K	所占比重 Wi
						单位:万元
长期借款筹资	50	8%	4	0%	6.00%	33%
债券筹资	30	6%	1.8	1%	4.55%	20%
优先股筹资	10	12%	1.2	2%	12.24%	7%
普通股筹资	40	15%	6	3%	15.46%	27%
留存收益筹资	20	15.50%	3.1	0%	15.50%	13%
总计	150					100%
加权平均资金成本					9.92%	

图 7-1 加权平均资本成本模型

根据前文所述筹资成本公式,加权平均资本成本各个项目公式的计算步骤如下。

1. 利息或股利公式的设置

选择单元格 E6,输入公式"=C6 * D6",点击[确定]按钮后,该公式设置完毕,利用填充柄向下复制到单元格 E10,其他各项的利息或股利公式设置完毕,如图 7-1 所示。

2. 资本成本率公式的设置

1) 长期借款资本成本率公式的设置

选择单元格 G6,输入公式"=E6 * (1-$B$3)/(C6 * (1-F6))",长期借款公式设置完毕。

2) 债券资本成本率公式的设置

利用填充柄由单元格 G6 向下复制到单元格 G7,债券资本成本率公式设置完毕。

3) 优先股资本成本率公式的设置

选择单元格 G8,输入公式"=E8/(C8 * (1-F8))",优先股资本成本率公式设置完毕。

4) 普通股资本成本率公式的设置

选择单元格 G9,输入公式"=E9/(C9 * (1-F9))＋$B$2",普通股资本成本率公式设置完毕。

5) 留存收益资本成本率公式的设置

利用填充柄由单元格 G9 向下复制到单元格 G10,留存收益资本成本率公式设置完毕。

至此,加权平均资本成本模型设置完毕,使用者可以根据需要改变已知条件,如改变筹资额、利率或股利、筹资费率和股利增长率等指标,模型会自动计算出想要的结果。

【例 7-2】 ABC 公司共有资金 250 万元,其中长期借款 80 万元,债券 40 万元,优先股 20 万元,普通股 60 万元,留存收益 50 万元,各种筹资利率分别为 6%、5%、10%、12% 和 14%,债券、优先股和普通股的筹资费率分别是 2%、1% 和 3%,股利增长率为 4%。试计算该公司的加权平均资本成本。

直接将上述数据输入如图 7-1 所示的模型,模型会自动按新的数据计算出相应的结果,如图 7-2 所示。

筹资种类	筹资总额	年利率/股利率	利息/股利	筹资费率	资金成本率K	所占比重Wi
长期借款筹资	80	6.00%	4.8	0	4.50%	32%
债券筹资	40	5.00%	2	1%	3.79%	16%
优先股筹资	20	10.00%	2	2%	10.20%	8%
普通股筹资	60	12.00%	7.2	3%	16.37%	24%
留存收益筹资	50	14.00%	7	0%	18.00%	20%
总计	250					100%
加权平均资金成本					10.39%	

股利增长率 4%
所得税税率 25%

加权平均资本成本模型

单位:万元

图 7-2 按新数据计算的加权平均资本成本模型

7.3 资金的时间价值模型的设计

7.3.1 资金的时间价值概述

任何企业的生产经营活动都是在一定的时空环境中展开的,如果撇开了时间因素,对企业现金流量的计算将是畸形的,得出的结论将是不科学的。尤其是在筹资、投资决策中,财务经理必须充分了解资金的时间价值,因为现在收获到的 1 元钱可以立即用于投资并得到预期收益。这种因资金发生的时期不同而使资金所具有的不同价值,就是资金的时间价值(也称货币的时间价值)。

在贷款、租赁、投资等实际决策中都要考虑资金的时间价值,即终值、现值、利率、期数、每期付款数等概念,下面介绍资金时间价值以及相应的计算方法。

1. 复利终值

复利终值又称未来值,它是指现在的 1 元钱经过若干年后的本利和。其计算公式为:

$$FV = PV(1+i)^n$$

其中:FV 为第 n 年之后的终值;PV 为年期初数额或现值;i 为利率;n 为时间,通常以年为单位。

如果每年复利 m 次,则每年的利率为 i/m,时间为 $m \times n$(简写为 mn),此时复利终值的计算公式为:

$$FV = PV(1+i/m)^{mn}$$

2. 复利现值

复利现值是指未来某一时期一定数额的货币折合成现在的价值。其计算公式为:

$$PV = \frac{FV}{(1+i)^n}$$

同终值计算一样,每年复利 m 次,此时复利现值的计算公式为:

$$PV = \frac{FV}{(1+i/m)^{mn}}$$

3. 年金终值

年金终值是指定期、等额的系列收支。年金按复利计算,于若干期期末后可得的本利和,称之为年金终值。

(1)普通年金终值(年金终值)。每次收支发生在每期期末的年金,称为普通年金(或后付年金)。普通年金终值,每期复利一次,其计算公式为:

$$FV = A + A(1+i) + A(1+i)^2 + \cdots + A(1+i)^{n-1}$$
$$= A\frac{(1+i)^n - 1}{i}$$

其中:i 为年利率;n 为期数;A 为年金,即每年固定支付或收入的数额。

(2)先付年金终值。每次收支发生在每期期初的年金,称为期初年金(或先付年金)。先付年金终值的计算公式为:

$$FV = A(1+i) + A(1+i)^2 + \cdots + A(1+i)^n$$
$$= A\left(\frac{(1+i)^n - 1}{i} - 1\right)$$

4. 年金现值

(1)普通年金现值(年金现值)。普通年金现值是指在每期期末取得相等金额,现在需要投入的金额。普通年金现值,每年复利一次,其计算公式为:

$$PV = A(1+i)^{-1} + A(1+i)^2 + \cdots + A(1+i)^n = A\frac{1-(1+i)^{-n}}{i}$$

(2)先付年金现值。先付年金现值是指在每期期初取得相等金额,现在需要投入的金额。先付年金现值每期复利一次,其计算公式为:

$$PV = A + A(1+i)^{-1} + A(1+i)^{-2} + \cdots + A(1+i)^{-(n-1)}$$
$$= A\left(\frac{1-(1+i)^{-(n-1)}}{i} + 1\right)$$

5. 永续年金

如果年金定期等额支付一直持续到永远,则其成为永续年金。永续年金现实的计算公式为:

永续年金的现值 ＝ 每期的等额支付 ／ 利率 ＝ A/i

6. 年金的计算

根据上面讨论的年金现值公式或年终值公式进行推导，便可以计算出年金。

(1) 普通年金(后付年金) 的计算公式为：

$$A = FV/(FV, i, n)$$
$$A = FV/(PV, i, n)$$

(2) 先付年金的计算公式为：

$$A = FV/[(FV, i, n+1)-1]$$
$$A = PV/[(PV, i, n-1)+1]$$

7. 利率、期数的计算

根据上述年金现值、年金终值公式进行推导，求出现值系数或终值系数，然后查现值系数或终值系数表，便可求出利率和期数。但手工计算比较复杂，在学习财务管理理论计算时常用这种方法，这里不再赘述。

7.3.2　资金时间价值函数

Excel 中提供了有关复利现值、复利终值、年金现值、年金终值、年金、利率、期数等资金时间价值函数，永续年金等时间价值的计算比较简单，而且在工作表中定义也容易，因此没有提供相应的函数。

关于资金时间价值函数的参数说明：

rate：每期利率。

nper：年金处理中的期数。

pmt：每期固定支付或收入的数额，即年金。

pv：现值。

fv：终值。

type：年金类型。其值可以为 0 或 1；type 参数值为 0，表示普通年金或后付年金；type 参数值为 1，表示先付年金。如果此参数缺省，则默认值为 0。

在参数的使用上，若为付出的金额，则需以负数表示；如为收入，则以正数表示。

1. 复利终值函数 FV

格式：FV(rate, nper, pmt, pv, type)

功能：在已知期数、利率及每期付款额的条件下，返回年金终值数额。FV 是函数名。

【例 7-3】　如果存入银行 10 000 元，存款利率为 8％，5 年后存款本利和为多少？

5 年后存款本利和的计算公式为"＝FV(0.08,5,,－10000)"，其值为 14 693.28 元，如图 7-3 所示。

【例 7-4】　如果计划 5 年后得到 5 万元存款，存款利率为 8％，现在应存入银行多少元？

现在应存入银行金额的计算公式为"＝PV(0.08,5,,－50000)"，其值为 34 029.16 元，如图 7-4 所示。

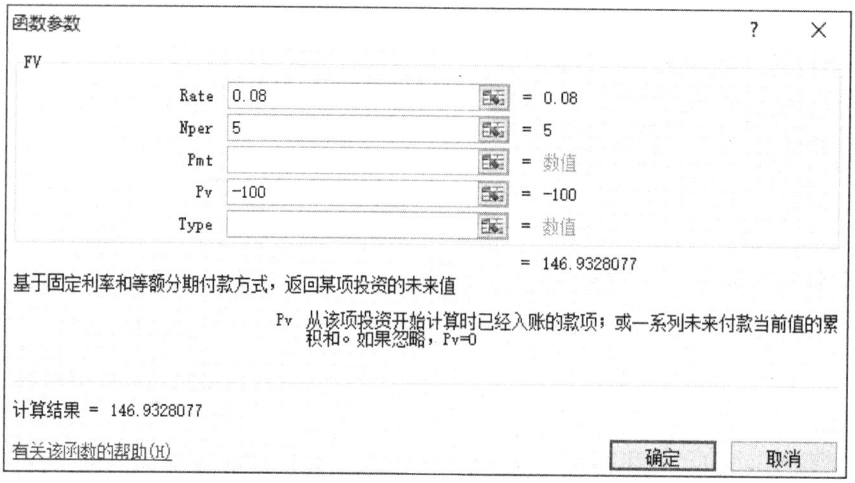

图 7-3　复利终值函数的使用

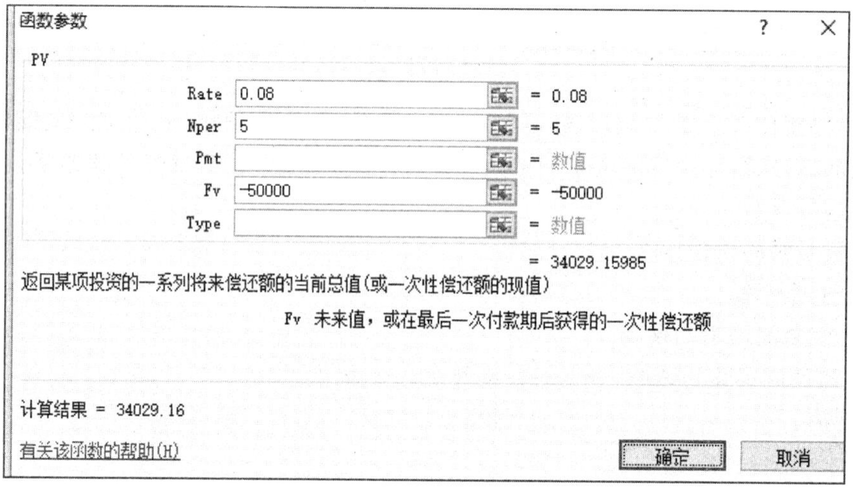

图 7-4　复利现值函数的使用

2. 年金终值函数 FV

格式:FV(rate, nper, pmt, pv, type)。

功能:在已知期数、利率及每期付款额的条件下,返回年金终值数额。FV 是函数名。

【例 7-5】　如果 5 年里,每年存入银行 10 000 元,存款利率为 8%,求第 5 年年末年金终值。

若每年年底存入 10 000 元,第 5 年年末终值的计算公式为"=FV(0.08,5,−10000)",其值为 58 666.01 元,见图 7-5。

若每年年初存入 10 000 元,第 5 年年末终值的计算公式为"=FV(0.08,5,−10000,,1)",其值为 63 359.29 元,见图 7-6。

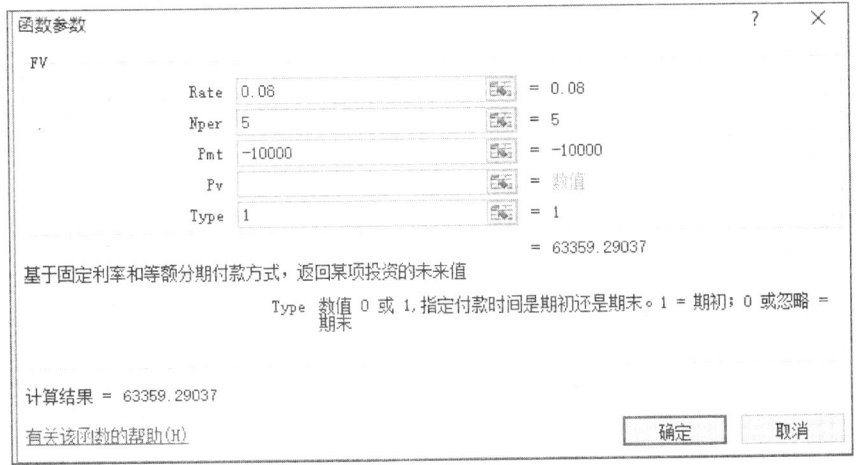

图 7-5　普通年金终值函数的使用

图 7-6　先付年金终值函数的使用

3. 年金现值函数 PV

格式：PV(rate，nper，pmt，fv，type)。

功能：在已知期数、利率及每期付款额的条件下，返回年金现值数额。PV 是函数名。

【例 7-6】 现在存入一笔钱，准备在以后 5 年每年得到 10 000 元，如果存款利率为

8%,现应存入银行多少钱?

每年年底得到 10 000 元,现在应存入银行金额的计算公式为"＝PV(0.08,5,－10000)",其值为 39 927.10 元。

每年年初得到 10 000 元,计算公式为"＝PV(0.08,5,－10000,,1)",其值为 43 121.27元。

4. 年金、年金中的本金、年金中的利息函数

1) 年金函数 PMT

格式:PMT(rate, nper, pv, fv, type)。

功能:在已知期数、利率及现值或终值的条件下,返回年金,即投资(或货款)的每期付款额(包括本金和利息)。

2) 年金中的利息函数 IPMT

格式:IPMT(rate, per, nper, pv, fv, type)。

功能:在已知期数、利率及现值的条件下,返回投资(或贷款)的每期付款额中所含有的利息。

3) 年金中的本金函数 PPMT

格式:PPMT(rate, per, nper, pv, fv, type)。

功能:在已知期数、利率及现值的条件下,返回投资(或贷款)的每期付款额中所含有的本金。

以上三个函数之间存在着以下关系:

$$PMT＝PPMT＋IPMT$$

【例 7-7】 某企业租用一台设备,租金为 36 000 元,年利息为 8%,租期为 5 年,每年年末应支付的租金是多少?

此例题为已知现值、利息、期数求年金,可利用年金函数求得。

每期支付租金的计算公式为"＝PMT(0.08,5,－36000)",其值为 9 016.43 元。

第 2 年支付本金的计算公式为"＝PPMT(8%,2,5,－36000)",其值为 6 627.35 元。

第 2 年支付利息的计算公式为"＝PPMT(0.08,2,5,－36000)",其值为 2 389.09 元。

5. 年金中的期数函数 NPER

格式:NPER(rate, pmt, pv, fv, type)。

功能:返回每期付款金额及利率固定的某项投资或贷款的期数。

【例 7-8】 某企业租用一设备,租金为 36 000 元,年利率为 8%,每年年末支付租金。若每年支付 9 016 元,需要付多少年支付完租金?

租用年限的计算公式为"＝NPER(8%,9016,－36000)",其值为 5 年。

6. 年金中的利率函数 RATE

格式:RATE(nper, pmt, pv, fv, type, guess)。

功能:在已知期数、每期付款及现值的条件下,返回年金的每期利率。

参数:guess 是对利率的猜测数。如果 guess 被省略,将假设它是 10%。如果 RATE 函数无法收敛,需使用不同的 guess 猜测数再试一次。

【例 7-9】 某企业租用一设备,租金为 36 000 元,年利率为 8%,每年年末支付租金。

若租期为 5 年,每年支付 9 016 元,支付利率为多少?

利率的计算公式为"＝RATE(5,9016,－36000)",其值为 8%。

7.3.3 资金时间价值模型设计

根据上述介绍的函数和使用方法,可以设计出资金的时间价值函数模型,如图 7-7 所示。

资金的时间价值函数模型	
利率 i	8%
期限 n	5
现值 PV	20000
终值 FV	50000
年金 PMT	36000

名称	模型计算结果
复利现值 PV	34029.16
复利终值 FV	29386.56
年偿债基金 PMT(已知终值,求年金)	8522.82
年资本回收额 PMT（已知现值求年金）	5009.13
本金函数 PPMT （求第二期本金）	3681.86
利息函数 IPMT （求第二期利息）	1327.27
普通年金现值函数 PV	143737.56
普通年金终值函数 FV	211197.63
先付年金现值函数 PV	155236.57
先付年金终值函数 FV	228093.45
期数函数 NPER （年）	0.59

图 7-7　资金的时间价值函数模型

该模型上面部分为已知数据区域,下面部分为计算结果,读者可以按照前面讲过的方法自己设计。

温馨提示

(1) 年金函数 PMT 是已知利率、期数、终值,求年金。

(2) 年中的本金函数 PPMT 是已知利率、期数、现值,求年金。

(3) 本金和利息函数都是求第 2 年的本金和利息。

此模型设计好后,可以根据需要改变已知条件,算出所需要计算的货币时间价值。

7.4　长期借款模型设计

长期借款是指企、事业单位向银行等金融机构和向其他单位借入的、期限在 1 年以上的各种借款,主要用于小额的固定资产投资和流动资产的长期占用。取得长期借款是各类企、事业单位筹集长期资金必不可少的方式。在进行长期借款之前,财务管理人员除了了解我国长期贷款的种类、程序、借款合同等基本内容之外,最重要的问题是对贷款中的各因素进行分析,即对贷款金额、贷款利率、贷款期限和归还期限等因素进行分析,根据多种贷款分析结果,确定一个比较合理的贷款方案,这样才能提出贷款申请,签订借款合同。本节主要讨论在计算机环境中建立长期借款分析模型的技术和方法。

财务管理人员应用 Excel 提供的筹资函数和工具,建立长期借款分析模型,可以对贷款金额、贷款利率、贷款期限和归还期限等因素进行多种测算,在多种方案中选择一种比较合理的贷款方案。下面以分期偿还借款模型为例进行讨论。

【例 7-10】 假设 ABC 公司准备购买 TY220 机床,售价为 200 万元,年利率为 5.15%,5 年还清,ABC 公司财务管理人员建立分期偿还借款模型,根据公司的实际情况计算偿还的期数和金额。具体方法如下。

1. 建立分期偿还借款模型工作表

创建一个新的工作表,将表命名为长期借款模型,模型设计如图 7-8 所示。

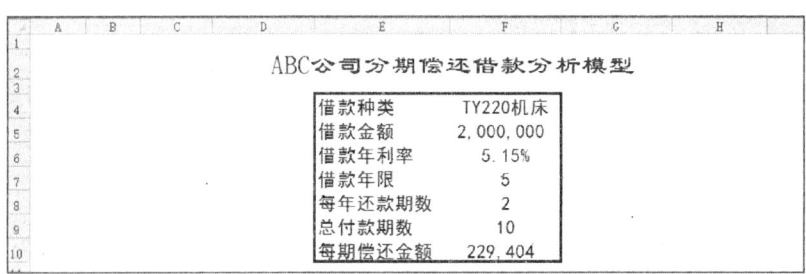

图 7-8　长期借款分析模型

2. 定义各因素间的钩稽关系

(1)总付款期数设置。根据公式"总付款期数=借款年限×每年还款期数",选择单元格 F9,输入公式"=F7 * F8"。

(2)每期偿还金额设置。这个问题实际是一个求年金的问题,所以可以调用年金函数来计算,PMT 是每期付款额,为使其值为正数,在公式正中现值前加入负号。具体方法是:选择单元格 F10,输入公式"=PMT(F6/F8,F9,−F5)",即可计算出每期偿还金额。

此处,公式中的利率用"F6/F8",是为了与还款期利率相对应,此处 1 年还款两次,所以用半年利率。

这样分期借款模型就建立好了。

3. 分期偿还借款模型的使用

分期偿还借款模型建立之后,每期应偿还金额与借款金额、借款年利率、借款年限、每年还款期数等因素之间建立了动态链接。财务管理人员可以通过直接输入数据的方式改变图 7-8 中的单元格 F5 到单元格 F8 的数值，即改变借款金额、借款年利率、借款年限、每年还款期数中的任意一个或几个因素的值，来观察每期应偿还金额变化，选择一种当前企业能力所及的固定偿还金额进行贷款。

4. 建立分期偿还贷款分析表

如果进一步分析 ABC 公司分期偿还贷款的现金流情况，可以在原模型的基础上，建立分期偿还借款分析表，如图 7-9 所示。

图 7-9 所示的 ABC 公司分期偿还借款分析表内容如下表所示：

期数	还款额	偿还本金	偿还利息	折旧	税前节约额	净现金流量	现值
			ABC公司分期偿借款分析模型				
			借款种类	TY220机床			
			借款金额	2,000,000			
			借款年利率	5.15%			
			借款年限	5			
			每年还款期数	2			
			总付款期数	10			
			每期偿还金额	229,404			
1	229404	177904	51500	190000	60375	169029	164786
2	229404	182485	46919	190000	59230	170174	161738
3	229404	187184	42220	190000	58055	171349	158766
4	229404	192004	37400	190000	56850	172554	155869
5	229404	196948	32456	190000	55614	173790	153044
6	229404	202020	27384	190000	54346	175058	150291
7	229404	207222	22182	190000	53046	176358	147607
8	229404	212558	16847	190000	51712	177692	144990
9	229404	218031	11373	190000	50343	179061	142438
10	229404	223645	5759	190000	48940	180464	139951
合计		2000000	294040	1900000	548510	1745530	1519478

图 7-9 ABC 公司分期偿还借款分析表

ABC 公司分期偿还借款分析表中各个项目设置公式如下：

(1) 选择单元格 C14，输入公式"=\$F\$10"，利用填充柄由单元格 C14 复制到单元格 C23，即可计算出 1～10 期的还款额。

(2) 选择单元格 D14，输入公式"=PPMT(\$F\$6/\$F\$8,B14,\$F\$9,-\$F\$5)"，利用填充柄由单元格 D14 复制到单元格 D23，即可计算出 1～10 期的偿还本金。

(3) 选择单元格 E14，输入公式"=C14-D14"，利用填充柄由单元格 E14 复制到单元格 E23，即可计算出 1～10 期的偿还利息。

(4) 选择单元格 F14，输入公式"=SLN(\$F\$5,\$F\$5*0.05,\$F\$9)"，利用填充柄由单元格 F14 复制到单元格 F23，即可计算出 1～10 期的折旧额，此处按直线折旧法计提折旧。

(5) 选择单元格 G14，输入公式"=(E14+F14)*0.25"，利用填充柄由单元格 G14 复制到单元格 G23，即可计算出 1～10 期的税前节约额。

(6) 选择单元格 H14，输入公式"=C14-G14"，利用填充柄由单元格 H14 复制到单元格 H23，即可计算出 1～10 期的净现金流量。

(7) 选择单元格 I14，输入公式"=H14/(1+\$F\$6/\$F\$8)^B14"，利用填充柄由单元格 I14 复制到单元格 I23，即可计算出 1～10 期的净现金流量折现值。

(8) 选择单元格 D24，用自动求和函数计算该列的和，利用填充柄由单元格 D24 向右复制到单元格 I24，即可计算出各个项目 10 期的合计。

由 ABC 公司分期偿还借款分析表可以更好地分析现金流量的情况,此时如果对图 7-9 中单元格 F5 到单元格 F8 的数值分析并改变,由于建立了数据链接,ABC 公司分期偿还借款分析表中数据也会随着改变,以便进行相应的分析。

7.5 长期借款双变量分析模型设计

在现实环境下,长期借款分析中各种因素是会相互影响的。借款期限的长短可能影响其借款利率,借款利率的变动又对长期借款分析产生较大的影响,故财务人员有时希望分析在两个因素均变动的情况下,两个因素的不同组合的影响。如上所述,财务管理人员每次改变单元格 F5 到单元格 F8 中的两个变量的数据,再将结果记录下来以辅助分析决策。但是这种方式既费时又缺乏效率,为此 Excel 提供了模拟运算表工具,财务管理人员通过该工具,能以表格方式显示出在两个因素不同值组合下的分析结果。

1. 模拟运算表

模拟数据表(tables)工具是 Excel 提供的一种只需一步操作就能计算出所有变化的模拟分析工具。在工作表中输入公式,就可以利用模拟运算表工具进行"假设"分析,来查看公式中某些数据的改变对公式结果的影响。模拟运算是一个单元区域,这些单元格显示的内容为多个不同数据代入一个或多个公式后的结果,是一组存放一个或多个公式中替换不同数据结果的单元区域。

1) 模拟运算表的功能

一是提供一种计算捷径,在一次操作过程中,完成多组不同数值的计算;二是提供一种显示和比较方式,在工作表上一起显示与比较多组不同数据的操作结果。

2) 模拟运算表的模型

(1) 单变量模拟运算表。用一个单输入表,可以给一个参数输入不同数值,并且观察对一个或多个公式的影响。

(2) 双变量模拟运算表。用一个双输入表,可以给两个参数输入不同数值,并且观察对一个公式的影响。

3) 模拟运算表的使用

在数据菜单栏下点击模拟分析图标,选择模拟运算表。

2. 用模拟运算表建立双变量偿期借款分析模型

下面以图 7-8 所示的模型为例来说明双因素长期借款分析模型的设计方法。

1) 设置双变量分析表

将图 7-8 做好的模型复制并粘贴到新工作表,并将其命名为"双变量模拟运算表",在该模型下建立双变量分析表,如图 7-10 所示。

在行与列交叉的单元格 A11,输入"=D8",这样就把 D8 的年金公式调用过来了。选择单元区域"A11:F20",点击"数据"菜单栏下的模拟分析图标,在弹出菜单选择"模拟运算表",出现如图 7-11 所示界面,在该界面均"输入引入行的单元格"中用鼠标点击总付款期数单元格 D7,在"输入引用列的单元格"中用鼠标点击借款年利率单元格 D4,相应的地址出现在上面,点击[确定]按钮,双变量模拟运算表设置完毕,如图 7-12 所示。

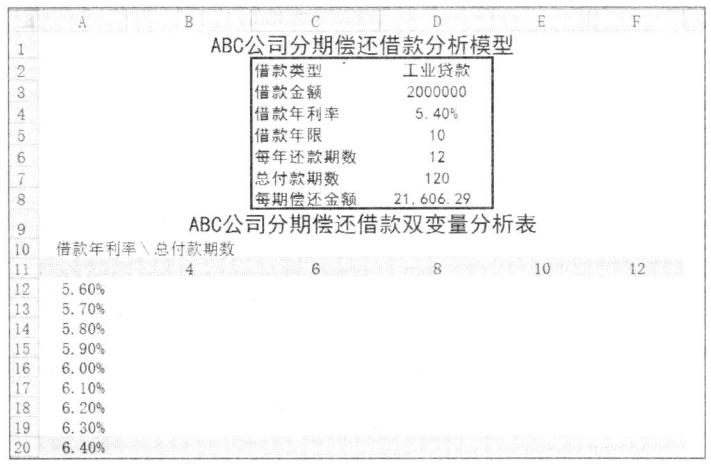

图 7-10　ABC 公司分期偿还借款双变量分析表

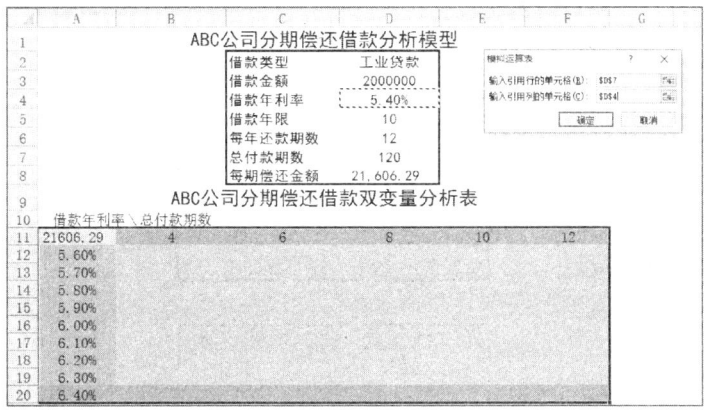

图 7-11　双变量模拟运算表的设置

借款年利率＼总付款期数					
21606.29	4	6	8	10	12
5.60%	505846.91	338798.90	255278.52	205169.18	171765.37
5.70%	505951.57	338896.88	255373.29	205262.14	171857.20
5.80%	506056.23	338994.88	255468.09	205355.12	171949.06
5.90%	506160.90	339092.89	255562.90	205448.12	172040.95
6.00%	506265.59	339190.91	255657.73	205541.15	172132.86
6.10%	506370.28	339288.95	255752.58	205634.19	172224.80
6.20%	506474.97	339387.00	255847.45	205727.26	172316.77
6.30%	506579.68	339485.06	255942.33	205820.36	172408.76
6.40%	506684.3971	339583.1359	256037.233	205913.473	172500.784

图 7-12　ABC 公司分期偿还借款双变量分析表

双变量分析表两个因素不同组合下的长期借款分析结果为：当长期借款各因素的值发生变化时，财务管理人员只需改变第一变量或第二变量所在的行和列的值或者其他因素的值，系统就会自动重新计算双变量分析表中的所有值。

温馨提示

（1）双变量分析表中的结果值是一个数组（Array），所以不能对单个结果值进行编辑。如果你试图编辑数据表的结果值，Excel 将提示一个信息"不能改动表的一部分"。

（2）如果需要清除该表，必须清除双变量分析表全部值。

2）建立单变量模拟运算表

前面介绍模拟运算表时谈到可以设置单变量模拟运算表，这里具体方法不再赘述，只是给出模型，有了前面的基础，应该很容易做出，如图 7-13 所示。

	A	B	C	D
1		ABC公司长期借款单变量分析模型		
2		借款种类	TY300仪器	
3		借款金额	500000	
4		借款年利率	5.15%	
5		借款年限	20	
6		每年还款期数	12	
7		总付款期数	240	
8		每期偿还金额	3,341	
9				
10				
11		借款金额	3341.35	
12		200000	1336.54	
13		300000	2004.81	
14		400000	2673.08	
15		500000	3341.35	
16		600000	4009.62	
17		700000	4677.89	
18		800000	5346.16	
19		900000	6014.43	
20		1000000	6682.70	
21		1100000	7350.97	
22		1200000	8019.24	
23		1300000	8687.51	
24		1400000	9355.78	

图 7-13　ABC 公司长期借款单变量分析模型

温馨提示

租赁筹资模型建立方法同上所述，财务管理人员可以从租赁公司选择需要承租的设备，并将租金的数额、利息率、租赁期限、支付方式等数据输入模型，租赁筹资模型将会自动计算出每期应付租金。

第8章 投资决策模型设计

在社会主义市场经济条件下,投资决策权回归企业,每个企业要维持较强的市场竞争力,就要根据市场竞争的需要,为扩大现有企业的生产经营规模或扩大经营范围,自主做出投资决策。为此在投资前,财务管理人员需要借助计算机工具做好可行性分析,合理地预测投资方案的收益和风险,决定投资方案。本章主要通过对投资决策指标和投资函数的学习,使读者学会使用投资决策函数,掌握投资决策模型设计的基本方法。

8.1 投资决策的基本方法

8.1.1 投资决策模型建立的意义

企业投资是指企业投入财力并期望在未来获取收益的一种经营行为。在市场经济条件下,企业能否把筹集到的资金投放到收益高、风险小的项目上去,对企业的生存和发展十分重要。因此,财务管理人员应对投资进行分析,以选择最佳的投资方案。

投资可以分为长期投资和短期投资。长期投资又分为固定资产投资和证券投资。其中,固定资产投资是指企业为特定的生产经营目的而进行的为期较长(一般为 1 年以上)的投资,主要用于固定资产的新建、扩建、更新,资源的开发、利用和新产品的研制等。证券投资是指投资于有价证券的债券、股票的投资。

通过上述分析可知,无论是选择投资项目,即若同时存在几个投资项目可供选择时,对不同项目进行比较,从中选出经济效益较佳项目;还是选择项目的投资方案,即对所选项目的各种实施方案进行比较,从中选出经济效益最佳的投资方案,都要对项目的投资支出和投资后的收入进行对比分析,才能选择经济效益最佳的投资项目或方案。因此,正确地计算和评价投资项目的经济效益是投资决策的核心问题。在手工条件下,由于建模的困难和计算的复杂,财务人员往往不能进行精确、高效和正确的定量分析,很多情况下是凭感觉做出决策,造成不良后果。因此,在计算机条件下,财务人员可以利用 Excel 提供的函数建立各种投资决策模型,进行定量分析,为及时、正确、有效地计算和评价投资项目的经济效益并做出决策提供支持。

8.1.2 投资决策的基本方法——折现现金流量方法

折现现金流量指标是指考虑了资金时间价值的指标。这类指标主要有净现值、内含报酬率、获利指数、折现的投资回收期等，对于这类指标的使用，体现了资金的时间价值，即对未来的现金流量折现，计算其现值，据此进行投资决策的方法，它主要是通过投资决策函数来实现的。

1. 净现值函数 NPV

1）净现值

投资项目投入使用后各年的净现金流量，按资本成本率或企业要求达到的报酬率折算为现值的和，减去初始投资以后的余额，称为净现值（简记为 NPV）。其计算公式为：

$$NPV = \sum_{t=1}^{n} \frac{NCF_t}{(1+r)^t} - I_0$$

其中：NPV 为净现值；NCF_t 为第 t 年的净现金流量（$t = 1, 2, \cdots, n$）；r 为贴现率；n 为项目预计使用年限；I_0 为初始投资额。

这是财务管理中 NPV 的计算公式，由此公式可见，NPV 计算的是各期净现金流量折现的现值的和，但计算起来比较麻烦。

2）净现值函数

净现值函数 NPV 是基于一系列现金流和固定的各期贴现率，返回一项投资的净现值的函数。

格式：NPV(rate，value1，value2，…)。

功能：在已知未来各个连续期间的现金流量 value1，value2，… 及贴现率（rate）的条件下，返回某项投资的现值的和。

参数：Rate 为各期现金流量折为率，即为投资方案的"必要报酬率"或"资本成本"；value1，value2，… 代表流入或流出的现金流量，参数最少为 1 个，最多为 255 个。

> **温馨提示**
>
> （1）"value1，value2，…"所属各期间的单位必须一致，而且支付及收入的时间都发生在期末；"value1，value2，…"按次序使用，用来注释现金流的次序。
>
> （2）Excel 中计算的 NPV 实际上是未来报酬的总现值，与财务管理中的 NPV 有所不同，没有减去初始投资的现值。因此在设计公式模型时要减去初始投资的现值。
>
> （3）如果参数是个数组或引用，只有其中的数值部分计算在内。
>
> （4）NPV 函数依据未来现金流量进行计算，如果第一笔现金流量发生在第一期的期初，则第一笔必须加入 NPV 的计算结果中去。

净现值函数 NPV 的计算在 Excel 中有两种方法，它们分别是 PV 函数和 NPV 函数。

（1）当各期净现金流量相等时，用现值 PV 函数计算 NPV。

（2）当各期净现金流量不相等时，用净现值 NPV 函数计算 NPV。

下面列举两个例子来简单介绍这两个函数的应用。

【例 8-1】 如图 8-1 所示，计算甲、乙方案的净现值。

由于甲方案第 1 年至第 8 年的现金流量相等,可以使用 PV 函数计算净现值。具体操作方法如下:

(1) 在单元格 C12 中输入公式"＝PV(E3,8,－40000)－150000",可得计算结果 98 391.75。

(2) 在单元格 C13 中输入公式"＝NPV(E3,C4:C11)＋C3",同样可得计算结果 98 391.75。如图 8-1 所示,后面 NPV 的计算是用输入区域地址的方法,计算结果一样,在后面我们多采用后面方法进行数据的处理和计算。

而乙方案的净现值由于其各期净现金流量不等,所以只能用 NPV 函数计算,在单元格 D13 输入公式"＝NPV(E3,D4:D11)＋D3",可得计算结果 122 611.68。

	A	B	C	D	E
1					
2		期数	甲方案现金流量	乙方案现金流量	利率
3		0	-150000	-200000	6%
4		1	40000	20000	
5		2	40000	30000	
6		3	40000	40000	
7		4	40000	50000	
8		5	40000	60000	
9		6	40000	70000	
10		7	40000	80000	
11		8	40000	90000	
12		NPV用年金现值PV算	98391.75		
13		NPV	98391.75	122611.68	

图 8-1 利用 PV 和 NPV 计算净现值

2. 内部报酬率函数 IRR

1) 内含报酬率

内含报酬率是投资项目的净现值等于零的折现率。内含报酬率实际上反映了投资项目的真实报酬率,目前越来越多的企业使用该指标对投资项目进行评价。内含报酬率的计算公式为:

$$\sum_{t=1}^{n} \frac{NCF_t}{(1+IRR)^t} - I_0 = 0$$

式中:NCF_t 为第 t 年的营业净现金流量;IRR 为内含报酬率;n 为项目使用期限;I_0 为初始投资。

在财务管理中,内含报酬率的计算有以下两种情况:

第一种情况,每年的 NCF 相等。当每年的 NCF 相等时,内部报酬率按下列步骤计算:

(1) 计算年金现值系数。

(2) 查现金年值表,在相同的期数内,找出与上述年金现值系数相临近的较大和较小的两个贴现率。

(3) 根据上述两个临近的贴现率和已求得的年金现值系数,采用插值法计算该投资方案的内部报酬率。

第二种情况,每年的 NCF 不相等。当每年的 NCF 不相等时,内部报酬率按下列步骤计算:

(1) 先反复测算折现率,找到净现值由正到负并且比较接近于零的两个贴现率。

(2) 采用插值法,计算方案的实际内部报酬率。

下面介绍如何在 Excel 中使用插值法。

利用插值法计算内部报酬率(IRR)的公式为:

$$IRR = R_L + \frac{NPV_L}{NPV_L - NPV_H} \times (R_H - R_L)$$

其中:R_L 为使方案的净现值为正的折现率;R_H 为使方案的净现值为负的折现率;NPV_L,NPV_H 分别是与 R_L 和 R_H 相对应方案的净现值。

内含报酬率的决策规则是:在只有一个被选方案的采纳与否决策中,如果计算出的内部报酬率大于或等于企业的资本成本或必要报酬率就采纳;反之,则拒绝。在有多个备选方案的互斥选择决策中,应选用内含报酬率超过资本成本或必要报酬率最多的投资项目。

2) 内含报酬率函数

格式:IRR(values, guess)。

功能:返回连续期间的现金流量(values)的内含报酬率。

参数:values 必须是含有数值的数组或参考地址,必须含有至少一个正数及一个负数,否则内含报酬率可能会是无限解,IRR 函数根据 values 参数中数字的顺序来解释现金流量的顺序,所以在输入现金流入量及现金流出量时,必须按照正确的顺序排列;guess 为猜想的接近 IRR 结果的数值,IRR 函数从 guess 猜测数开始,直到误差值小于 0.0001%,如果在反复计算 20 次后,依旧无法求得结果,IRR 函数则会返回错误值"♯NUM!",在大部分处理中,并不需要提供 guess 值,如果省略掉 guess,IRR 函数将假设它是 0.1(10%)。

现举例说明使用 NPV 函数和直接使用 IRR 函数计算内含报酬率的方法,并进行两种方法的比较。

【例 8-2】 有两个投资方案为甲方案和乙方案,它们的净现金流量如图 8-2 所示。

期数	甲方案现金流量	乙方案现金流量		年利率	甲方案NPV	乙方案NPV	
	两种不同的方法计算IRR						
0	-230000	-350000		11%	69998.87	100012.43	
1	45000	60000		12%	58840.21	82832.93	
2	50000	70000		13%	48470.14	66884.43	
3	55000	80000		14%	38827.07	52070.00	
4	60000	90000		15%	29854.82	38301.26	
5	65000	100000		16%	21502.10	25497.55	
6	70000	110000		17%	13722.02	13585.18	
7	75000	120000	R_H	18%	6471.68	2496.77	NPV_H
8	80000	130000	R_L	19%	-288.22	-7829.35	NPV_L
用插值法计算IRR	18.96%	18.24%		20%			
IRR	18.96%	18.24%		21%			

图 8-2 用插值法求和直接利用 IRR 函数计算 IRR

首先,运用 NPV 函数计算内含报酬率 IRR。

(1) 计算甲方案净现值。具体操作方法为:选择单元格 G4,输入公式"=NPV(F4,$C$5:$C$12)+$C$4",得到相应的数值。再利用填充柄向下复制到单元格 G12,直到数值出现负数为止,如图 8-2 所示。

(2) 计算乙方案净现值。具体操作方法为:选择单元格 H4,输入公式"=NPV(F4,

$D$5:$D$12)+$D$4",得到相应的数值。再利用填充柄向下复制到单元格H12,直到数值出现负数为止,如图8-2所示。

(3)用插值公式计算甲乙两方案的内含报酬率。具体操作方法为:选择单元格C13输入公式"=F12+G12/(G12-G11)*(F11-F12)";选择单元格D13,输入公式"=F12+H12/(H12-H11)*(F11-F12)"。这样就得到了甲、乙两方案的内含报酬率,其值分别为18.96%和18.24%,如图8-2所示。

根据财务管理的评价规则,选择内部报酬率大的甲方案为最佳方案。

其次,用IRR函数计算IRR。

(1)计算甲方案IRR。具体操作方法为:选择单元格C14,输入公式"=IRR(C4:C12)",即可得到计算结果18.96%。

(2)计算乙方案IRR。具体操作方法为:选择单元格D14,输入公式"=IRR(D4:D12)",即可得到计算结果18.24%。

温馨提示

(1)由前面计算可见,用插值法比在财务管理理论课计算时要简单多了,但是比较IRR函数还是要逊色多了,所以在有了Excel这个工具后,我们计算IRR时直接用函数来计算。

(2)在使用IRR函数时,将正、负净现金流量区域一块选择,而NPV函数必须分开计算。

3. 修正内含报酬率函数MIRR

内含报酬率虽然考虑了时间价值,但是未考虑现金流入的再投资机会。根据再投资的假设,已经有学者提出修正内含报酬率法,以此来弥补内含报酬率法忽略再投资机会成本的缺点。

格式:MIRR(values,finance_rate,reinvest_rate)。

功能:返回某连续期间现金流量(values)的修正内含报酬率。MIRR函数同时考虑了投入资金的成本(finance_rate)及各期收入的再投资报酬率(reinvest_rate)。

参数:values必须是一个含有数值的数组或参考地址,这些数值分别代表各期的支出(负数)及收入(正数)数额,values参数中至少必须含有一个正数及一个负数,否则MIRR函数会返回错误值"♯DIV/0!",MIRR函数根据values的函数来解释现金流量的顺序,参数中的正文、逻辑值或空白单元,都会被忽略不计;finance_rate代表资金成本或必要报酬率;reinvest_rate代表再投资资金成本或再投资报酬率。

计算方法同上,这里不再举例,在后面做投资决策模型时一并说明。

4. 获利指数

获利指数又称利润指数(简记为PI),是投资项目未来报酬的总现值与初始投资额的现值之比。其计算公式为:

$$PI = \frac{未来投资报酬总现值}{初始投资现值} = \frac{\sum_{t=s+1}^{n} \frac{NCF_t}{(1+r)^t}}{\sum_{t=1}^{s} \frac{NCF_t}{(1+r)^t}}$$

获利指数法的决策规则：当只有一个备选方案的采纳与否决策中，获利指数大于1，则采纳；否则，就拒绝。当有多个方案的互斥选择决策中，应采用获利指数超过1最多的投资项目。

现举例说明其用法

【例8-3】 现有A、B、C三个投资方案，其数据如图8-3所示，分别用前述的四种方法进行财务决策，确定哪个方案为最佳方案。

投资决策模型

期间	A方案 净现金流量	B方案 净现金流量	C方案 净现金流量	资金成本率	
				10%	12%
0	-1,000,000	-150,000	-250,000		
1	100,000	30,000	40,000		
2	200,000	40,000	50,000	共有五期	
3	300,000	50,000	60,000		
4	400,000	60,000	70,000		
5	500,000	70,000	80,000		
净现值NPV					
内含报酬率IRR					
修正内含报酬率MIRR					
现值指数PI					

图8-3 对A、B、C三个方案进行投资决策

具体操作步骤如下：

(1) 先计算A方案的净现值。选择单元格B10，输入公式"＝NPV($E$3,B5:B9)＋B4"，得到计算结果，再利用填充柄向右复制到单元格D10，可以分别得到B方案和C方案的NPV，如图8-4所示。

投资决策模型

期间	A方案 净现金流量	B方案 净现金流量	C方案 净现金流量	资金成本率	
				10%	12%
0	-1,000,000	-150,000	-250,000		
1	100,000	30,000	40,000		
2	200,000	40,000	50,000	共有五期	
3	300,000	50,000	60,000		
4	400,000	60,000	70,000		
5	500,000	70,000	80,000		
净现值NPV	65,258.83	32,341.62	-29,750.51		
内含报酬率IRR	12.01%	17.01%	5.72%		
修正内含报酬率MIRR	12.00%	15.12%	7.97%		
获值指数PI	1.07	1.22	0.88		

图8-4 A、B、C三个方案投资决策模型计算结果

(2) 计算A方案的内含报酬率IRR。选择单元格B11，输入公式"＝IRR(B4:B9)"，得到计算结果，再利用填充柄向右复制到单元格D11，可以分别得到B方案和C方案的IRR，如图8-4所示。

（3）计算 A 方案的修正内含报酬率 MIRR。选择单元格 B12,输入公式"＝MIRR(B4：B9,＄E＄3,＄F＄3)",得到计算结果,再利用填充柄向右复制到单元格 D12,可以分别得到 B 方案和 C 方案的 MIRR,如图 8-4 所示。

（4）计算 A 方案的获利指数 PI。选择单元格 B13,输入公式"＝NPV(＄E＄3,B5：B9)/ABS(B4)",得到计算结果,再利用填充柄向右复制到单元格 D13,可以分别得到 B 方案和 C 方案的 PI,如图 8-4 所示。

至此,投资决策模型设置完毕,可以进行财务决策,按照财务管理讲述的方法进行判断。

（5）进行财务决策。由图 8-4 所示的结果可知,从 NPV 指标看,A、B 方案的 NPV＞0,具有财务可行性,A 方案的 NPV 最大,但其投资额也大;从 IRR 指标看,A、B 方案的 IRR＞10％,具有财务可行性,但 B 方案的 IRR 最大;从 MIRR 指标看,B 方案的 MIRR 最大;从 PI 指标看,B 方案的 PI 最大,所以最佳决策应选择 B 方案。

8.2 固定资产更新决策模型设计

随着全球经济一体化及科学技术的高速发展,企业要参与市场竞争,必须降低生产成本,节能降耗,才能使产品具有市场竞争能力,因为旧设备在性能、耗费等各方面往往落后于新设备,因此,固定资产更新换代是不可避免的,固定资产更新的周期变得越来越短。在这种情况下,企业要考虑是否进行更新,需要进行决策。固定资产更新决策主要研究两个问题:一是决定是否更新,即继续使用旧资产还是使用新资产;二是决定选择什么样的资产来更新。本节主要讨论如何运用 Excel 提供的决策指标函数和折旧函数,建立固定资产更新决策模型的方法。

8.2.1 固定资产更新决策问题讨论

1. 决策方法

在固定资产更新决策过程中,会遇到新设备的经济寿命与旧设备的剩余寿命相等和不相等两种情况。

1）对于寿命相等情况下的决策

可以采用差额分析法计算两者的现金流量差额,并以此计算增减的净现值或内含报酬率,以判断是否应予更新,本节只讨论这种情况。

2）对于新设备的经济寿命与旧设备的剩余寿命不等的情况决策

对于新设备的经济寿命与旧设备的剩余寿命不等的情况进行决策时,可以采用平均年成本分析法,即比较继续使用和更新的固定资产的平均年成本,以其较低的方案为好方案。固定资产平均年成本是使用年限内现金流出总现值与年金现值因素的比重,即平均每年的现金流出。

2. 税后现金流量的计算

折旧具有抵税的作用,加入所得税因素后,现金流量的计算有三种方法。

1）根据现金流量的定义计算

根据现金流量的定义，所得税额是一种现金支付，应该作为每年营业现金流的一个减项。其计算公式为：

$$年营业净现金流量＝年营业收入－年付现成本－所得税额$$

2）根据年末营业结果来计算

企业每年现金增减来自两个主要方面：一是当年增减的净利润；二是计提的折旧，以现金的形式从销售收入中扣回，留在企业里。其计算公式为：

$$营业净现金流量＝税后利润＋折旧$$

3）根据所得税收入和折旧的影响计算

根据前面讲到的税后成本、税后收入和折旧抵税可知，营业净现金流量的计算公式为：

$$营业净现金流量＝税后收入－税后成本＋税负减少$$

因而，净现金流量的计算公式为：

$$净现金流量＝营业净现金流量＋终结现金流量$$

8.2.2 建立固定资产更新决策模型

【例 8-4】 惠普公司考虑用一台新的效率更高的设备来代替旧设备，以减少成本，增加收益。新旧设备有关资料如图 8-5 所示。

项目	旧设备	新设备1	新设备2
固定资产原值	50000	70000	80000
预计使用年限	10	5	5
已使用年限	5	0	0
税法规定的残值率	5%	5%	5%
可变现价值	20000		
每年营业收入	50000	60000	90000
每年付现成本	30000	40000	50000
折旧方法	直线折旧法	年数总和法	双倍余额递减法
资本成本率	10%	10%	10%

图 8-5 固定资产更新数据表

从图 8-5 中可以看出，这属于寿命相等的更新决策。到底是否更新？$D$12 如果更新，应选择哪种设备？这就需要建立固定资产更新决策模型进行分析。

首先，根据已知条件，采用差量分析法，建立寿命相等的固定资产更新决策模型，在模型中主要是设置净现金流量、净现值、折旧等公式；其次，将具体设备的数据添入模型中，净现值的计算结果将自动产生；再次，根据新旧设备净现值差是否大于零来决定设备是否更新。

图 8-6 给出了旧设备与新设备 1 比较的固定资产更新决策模型。

图 8-6 建立固定资产更新决策模型

具体设置方法如下：

（1）创建一个新工作表，将其命名为"固定资产更新模型 1"，如图 8-6 所示，将已知数据填入。

（2）现金流量表中公式的建立。

a. 折旧公式的设置。选择单元格 B12，输入公式"＝SLN($B$4,$B$7,$B$5)"，利用填充柄由单元格 B12 向右复制到单元格 F12，即可设置好旧设备折旧公式并计算出结果。同理，选择单元格 B23，输入公式"＝SYD($E$4,$E$7,$E$5,B20)"，利用填充柄由单元格 B23 向右复制到单元格 F23，即可设置好新设备 1 折旧公式并计算出结果。

b. 利润总额公式设置。根据公式"利润总额＝营业收入－付现成本－折旧额"，选择单元格 B13，输入公式"＝B10－B11－B12"，利用填充柄由单元格 B13 向右复制到单元格 F13，即可设置好旧设备利润总额公式并计算出结果。同理，选择单元格 B24，输入公式"＝B21－B22－B23"，利用填充柄由单元格 B24 向右复制到单元格 F24，即可设置好新设备 1 利润总额公式并计算出结果。

c. 所得税公式的设置。根据公式"所得税＝利润总额×所得税税率",选择单元格 B14,输入公式"＝B13＊＄D＄2",利用填充柄由单元格 B14 向右复制到单元格 F14,即可设置好旧设备所得税额公式并计算出结果。同理,选择单元格 B25,输入公式"＝B24＊＄D＄2",利用填充柄由单元格 B25 向右复制到单元格 F25,即可设置好新设备 1 所得税额公式并计算出结果,因为新设备第一年利润总额为－2 167 元,所以取第一年的所得税额为 0,其他年不变。

d. 净利润公式的设置。根据公式"净利润＝利润总额－所得税",选择单元格 B15,输入公式"＝B13－B14",利用填充柄由单元格 B15 向右复制到单元格 F15,即可设置好旧设备净利润公式并计算出结果。同理,选择单元格 B26,输入公式"＝B24－B25",利用填充柄由单元格 B25 向右复制到单元格 F25,即可设置好新设备 1 净利润公式并计算出结果。

e. 营业净现金流量公式的设置。根据公式"营业现金流量＝税后净利＋折旧＝营业收入－付现成本－所得税",选择单元格 B16,输入公式"＝B15＋B12",利用填充柄由单元格 B16 向右复制到单元格 F16,即可设置好旧设备营业净现金流量公式并计算出结果。同理,选择单元格 B27,输入公式"＝B26＋B23",利用填充柄由单元格 B27 向右复制到单元格 F27,即可设置好新设备 1 营业净现金流量公式并计算出结果。

f. 净现金流量公式的设置。根据公式"净现金流量＝营业净现金流量＋终结净现金流量",选择单元格 B18,输入公式"＝B16＋B17",利用填充柄由单元格 B18 向右复制到单元格 F18,即可设置好旧设备净现金流量公式并计算出结果。同理,选择单元格 B29,输入公式"＝B27＋B28",利用填充柄由单元格 B29 向右复制到单元格 F29,即可设置好新设备 1 净现金流量公式并计算出结果。

g. 净现值公式的设置。选择单元格 C5,输入公式"＝NPV(＄B＄2,B18:F18)－C8",即可设置好旧设备净现值公式并计算出结果。同理,选择单元格 F5,输入公式"＝NPV(B2,B29:F29)－E4",即可设置好新设备 1 净现值公式并计算出结果。

h. 新旧设备净现值差公式的设置。根据公式"新旧设备净现值差额＝新设备 NPV－旧设备 NPV",选择单元格 F2,输入公式"＝F5－C5",即可设置好新旧设备净现值差公式。

i. 判断设备是否更新。若新旧设备净现值差额＞0,可更新;若新旧设备净现值差额＜0,不可更新。选择单元格 H2,输入公式"＝IF(F2＞0,"设备更新","设备不更新")",则当新旧设备净现值的差额＞0 时,就会在单元格 H2 出现"设备更新"的结论;否则,会出现"设备不更新"的结论。

至此,固定资产更新决策模型就设计完毕,如图 8-7 所示。

图 8-8 给出了旧设备与新设备 2 比较的固定资产更新模型。

为了保持上面的计算结果,可以将做好的模型复制到新工作表,将表命名为"固定资产更新模型 2",将新设备 1 的数据更新为新设备 2 的数据,将新设备折旧公式换成双倍余额递减函数公式具体设置方法为:选择单元格 B23,输入公式"＝VDB(＄F＄4,＄F＄7,＄F＄5,B20－1,B20,2)",利用填充柄由单元格 B23 向右复制到单元格 F23,即可设置好新设备 2 折旧公式并计算出结果,如图 8-8 所示。

固定资产更新决策模型

	A	B	C	D	E	F	G	H	I
1			固定资产更新决策模型						
2	资金成本率：	10%	所得税税率：	25%	新旧设备净现值差	-38798		设备不更新	
3	旧设备：				新设备1：				
4	初始投资	50000	净现值		初始投资	70000	净现值		
5	预计使用年限	10	42916		预计使用年	5	4118		
6	已使用年限	5			已使用年限	0			
7	残值	2500	可变现价值		残值	3500			
8	折旧方法	直线折旧法	20000		折旧方法	年数总和法			
9	旧设备使用年限	1	2	3	4	5			
10	销售收入	50000	50000	50000	50000	50000			
11	付现成本	30000	30000	30000	30000	30000			
12	折旧额	4750	4750	4750	4750	4750			
13	利润总额	15250	15250	15250	15250	15250			
14	所得税额	3813	3813	3813	3813	3813			
15	净利润	11438	11438	11438	11438	11438			
16	营业净现金流量	16188	16188	16188	16188	16188			
17	终结净现金流量					2500			
18	净现金流量	16188	16188	16188	16188	18688			
19	新设备1现金流量表								
20	新设备使用年限	1	2	3	4	5			
21	销售收入	60000	60000	60000	60000	60000			
22	付现成本	40000	40000	40000	40000	40000			
23	折旧额	22167	17733	13300	8867	4433			
24	利润总额	-2167	2267	6700	11133	15567			
25	所得税		567	1675	2783	3892			
26	净利润	-2167	1700	5025	8350	11675			
27	营业净现金流量	20000	19433	18325	17217	16108			
28	终结净现金流量					7000			
29	净现金流量	20000	19433	18325	17217	23108			
30									

图 8-7　固定资产更新决策模型(一)

	A	B	C	D	E	F	G	H
1			固定资产更新决策模型					
2	资金成本率：	10%	所得税税率：	25%	设备净现值差	10682		设备更新
3	旧设备：				新设备2：			
4	初始投资	50000	净现值		初始投资	80000	净现值	
5	预计使用年限	10	42916		预计使用年限	5	53598	
6	已使用年限	5			已使用年限	0		
7	残值	2500	变现收入		残值	4000		
8	折旧方法	直线折旧法	20000		折旧方法	双倍余额递减法		
9	旧设备使用年限	1	2	3	4	5		
10	销售收入	50000	50000	50000	50000	50000		
11	付现成本	30000	30000	30000	30000	30000		
12	折旧额	4750	4750	4750	4750	4750		
13	税前净利	15250	15250	15250	15250	15250		
14	所得税	3813	3813	3813	3813	3813		
15	税后净利	11438	11438	11438	11438	11438		
16	营业净现金流量	16188	16188	16188	16188	16188		
17	终结净现金流量					2500		
18	现金流量	16188	16188	16188	16188	18688		
19	新设备现金流量表							
20	新设备使用年限	1	2	3	4	5		
21	销售收入	90000	90000	90000	90000	90000		
22	付现成本	50000	50000	50000	50000	50000		
23	折旧额	32000	19200	11520	6912	6368		
24	税前净利	8000	20800	28480	33088	33632		
25	所得税		5200	7120	8272	8408		
26	税后净利	8000	15600	21360	24816	25224		
27	营业净现金流量	40000	34800	32880	31728	31592		
28	终结净现金流量					4000		
29	现金流量	40000	34800	32880	31728	35592		
30								

图 8-8　固定资产更新决策模型(二)

温馨提示

此处也可以在固定资产更新模型 1 的基础上直接修改新设备 1 数据，改变折旧方法，模型会自动计算出结果。

固定资产更新决策模型虽然方便了财务管理人员从事固定资产更新决策，但是，这个模型只是一个初级模型，还存在一些问题。比如，对一项新的固定资产进行更新决策，当折旧方法改变时，就要重新建立其折旧公式，给决策人带来一定的不便；当新的固定资产使用年限发生变化时，净现值公式中的现金流量的单元区域需要调整，如果忘记调整，将导致错误的决策。为了使模型具有适应性、通用性，可以在折旧方法处增加一个"下拉框控制项"按钮，通过该按钮选择不同的折旧方法，系统将自动更改相应的公式；净现值的计算用宏来实现，当使用年限变化时，先重新定义现金流量的单元区域，然后通过驱动"计算净现值"宏按钮，完成净现值的计算。关于"下拉框控制项"的建立、宏的建立等问题可以给读者拓展思路，这里因为篇幅有限，不再赘述。

8.3 投资风险分析模型设计

前面在讨论投资决策时，曾经假设现金流量是确定的，即可以确定现金收支的金额及其发生时间。实际上，投资活动充满了不确定性。如果决策面临的不确定性比较小，一般可忽略其影响，把决策视为决定情况下的决策；如果决策面临的不确定和风险较大，足以影响方案的选择，那么就应该对其进行计量并在决策时加以考虑。长期投资决策风险分析的常用方法主要有风险调整贴现率法和肯定当量法。本节以风险调整贴现率法为依据，讨论运用投资决策函数来建立风险分析模型的基本方法。

8.3.1 风险调整贴现率法的含义

投资风险分析最常用的方法是风险调整贴现率法。这种方法的基本思想是对于高风险的项目，采用比较高的贴现率，即用一个包括了风险因素的贴现率——风险调整贴现率去计算净现值，然后根据净现值的规则来选择方案。

8.3.2 风险调整贴现率法的计算

风险调整贴现率 r 的计算公式为：

$$r = i + b \times Q$$

其中：i 为无风险贴现率；b 为风险报酬率；Q 为风险程度。

假设 i 是和 b 确定的，为了确定 r，应先确定 Q。

1. 确定风险程度 Q

1）计算现金流量的期望值 E_i

第 i 期现金量的期望值为第 i 期各种可能的现金流量 NCF_t 按其概率进行加权平均得到的现金流量，它可按下列公式计算：

$$E_i = \sum_{i=1}^{n} NCF_t \times P_i$$

其中，E_i 为第 i 期的现金流量期望值；NCF_t 为 t 期第 i 种可能的现金流量；P_i 为第 i 种现金流量的概率 $(i = 1, 2, \cdots, n)$；n 为现金流量的个数。

2）计算各期现金流量期望值的现值 EPV

$$EPV = \sum_{t=1}^{n} \frac{E_t}{(1+i)^t}$$

其中：EPV 为各期现金流量期望值 E_i 的现值；E_i 为第 i 期现金流量期望值；i 为无风险贴现率 $(i = 1, 2, \cdots, n)$。

3）计算各期现金流量的标准离差 σ_j

标准离差 σ_j 是各种可能的现金流量偏离期望现金流量 E_j 的综合差异。第 i 期现金流量标准离差平方和的计算公式为：

$$\sigma_j^2 = \sum_{t=1}^{n} (NCF_t - E_j)^2 \times P_t \qquad (j = 1, 2, \cdots, n)$$

4）计算各期现金流量综合标准离差 D

$$D = \sqrt{\sum_{t=1}^{n} \frac{\sigma_t^2}{(1+i)^{2t}}}$$

5）计算标准离差率 —— 风险程度 Q

现金流量的离散程度可以反映其不确定性的大小，但标准离差是一个绝对数，现金流量金额的影响不便于比较不同规模项目的风险大小。用标准离差与期望值的比值，即标准离差率 Q 可以比较不同规模项目风险的大小。Q 的计算公式为：

$$Q = \frac{综合标准离差}{现金流量期望值现值} = \frac{D}{EPV}$$

2. 确定风险调整贴现率 r

风险报酬率 b 是直线方程 $r = i + b \times Q$ 的斜率，它的高低反映了风险程度变化对风险调整最低报酬率的影响大小。风险报酬率 b 可以根据企业的历史资料通过统计的方法来测定，也可以由投资者分析判断得出。如果投资者愿意冒险，风险报酬率就取小些；如果投资者不愿意冒险，风险报酬斜率就取大些。所以，当 i、b、Q 确定时，由直线公式 $r = i + b \times Q$，可以确定风险调整贴现率 r。

3. 计算方案的净现值

Q 和 b 确定后，风险调整贴现率 r 也就确定了，以风险调整贴现率 r 为方案的贴现率，计算方案的净现值 NPV，然后根据净现值法的规则来选择方案。净现值计算公式为：

$$NPV = \sum_{t=1}^{n} \frac{E_t}{(1+r)^t}$$

8.3.3 投资风险分析模型设计

下面通过一个实例讨论投资风险分析模型的具体设计方法。

在投资决策模型设计的工作簿中,增加一个新工作表,将该工作表改名为"投资风险分析模型"。

1. 建立基本数据区

该区域存放企业投资方案及无风险报酬率、风险报酬斜率等基本数据。如图 8-9 所示。对于不同的企业或同一企业的不同方案可以根据具体方案改变基本数据区的数据。

2. 建立分析区域

按照风险调整贴现率法,我们需要在分析区域建立每种方案、每期的现金流量期望值 E_i、标准离差的计算公式;建立每种方案的期望现值 EPV、综合标准离差 D、风险程度 Q 和风险调整贴现率 r 的公式。

1) 现金流量期望值 E_j 公式的设置

(1) 建立方案1第1期公式:选择单元格 B19,输入公式"=B7 * C7+B8 * C8+B9 * C9",即可设置好第1期的现金流量期望值 E_1 公式,并计算出结果,如图 8-10 所示。

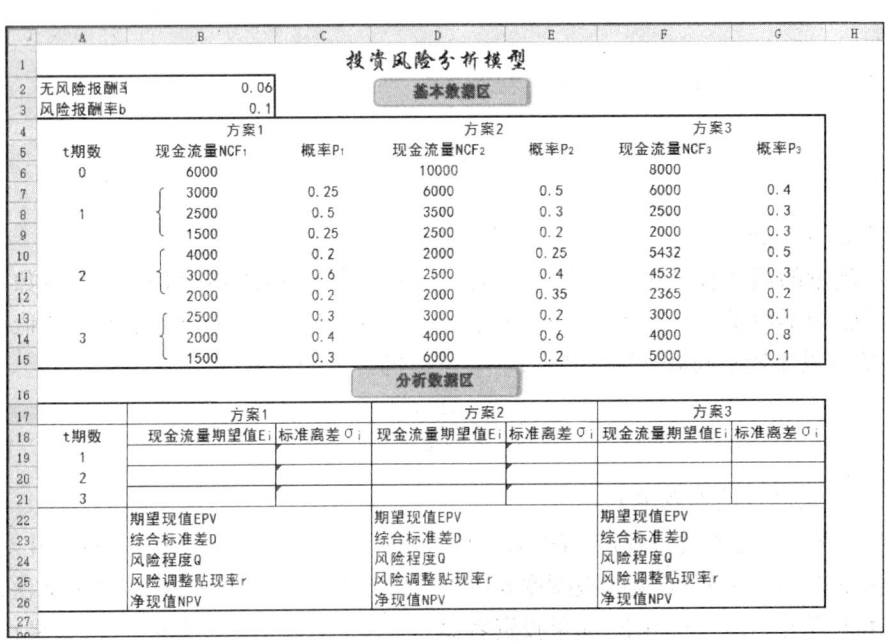

图 8-9 投资风险分析模型设计

(2) 选择单元格 B20,输入公式"=B10 * C10+B11 * C11+B12 * C12",即可设置好第2期的现金流量期望值 E_2 公式,并计算出结果,如图 8-10 所示。

(3) 选择单元格 B21,输入公式"=B13 * C13+B14 * C14+B15 * C15",即可设置好第

3 期的现金流量期望值 E_3 公式,并计算出结果,如图 8-10 所示。

2) 标准离差 σ_j 公式的设置

(1) 选择单元格 C19,输入公式"=SQRT((B7-B19)^2*C7+(B8-B19)^2*C8+(B9-B19)^2*C9)",即可设置好第 1 期的标准离差 σ_1 公式,并计算出结果,如图 8-10 所示。

(2) 选择单元格 C20,输入公式"=SQRT((B10-B20)^2*C10+(B11-B20)^2*C11+(B12-B20)^2*C12)",即可设置好第 2 期的标准离差 σ_2 公式,并计算出结果,如图 8-10 所示。

(3) 选择单元格 C21,输入公式"=SQRT((B13-B21)^2*C13+(B14-B21)^2*C14+(B15-B21)^2*C15)",即可设置好第 3 期的标准离差 σ_3 公式,并计算出结果,如图 8-10 所示。

3) 方案 1 期望现值 EPV 的设置

根据前述公式,选择单元格 C22,输入公式"=NPV($B$2,B19:B21)",即可设置好方案 1 的期望现值 EPV 的公式,并计算出结果,如图 8-10 所示。

4) 方案 1 综合标准差 D 的设置

选择单元格 C23,输入公式"=SQRT(C19^2/(1+$B$2)^2+C20^2/(1+$B$2)^4+C21^2/(1+$B$2)^6)",即可设置好方案 1 的综合标准差 D 的公式,并计算出结果,如图 8-10 所示。

5) 风险程度 Q 公式的设置

根据前述公式,选择单元格 C24,输入公式"=C23/C22",即可设置好方案 1 风险程度 Q 的公式,并计算出结果,如图 8-10 所示。

6) 调整风险贴现率 r 公式的设置

根据前述公式,选择单元格 C25,输入公式"=$B$2+$B$3*C24",即可设置好方案 1 调整风险贴现率 r 的公式,并计算出结果,如图 8-10 所示。

7) 净现值 NPV 公式的设置

根据前述公式,选择单元格 C26,输入公式"=NPV(C25,B19:B21)-B6",即可设置好方案 1 净现值 NPV 的公式,并计算出结果,如图 8-10 所示。

至此,方案 1 的按照风险调整贴现率计算的净现值就计算出来了。

8) 方案 2 和方案 3 公式的设置

方案 2 和方案 3 公式的现金流量期望值 E_j 和标准离差 σ_j 的公式设置可以利用填充柄来进行复制。具体方法为:选择单元区域 B19:C21,利用填充柄向右复制到单元格 G21,即可设置好方案 2 和方案 3 的现金流量期望值 E_j 和标准离差 σ_j 的公式,如图 8-10 所示。

方案 2 和方案 3 的 EPV、综合标准离差 D、风险程度 Q、风险调整贴现率及 NPV 的公式设置可以利用填充柄来进行复制。具体方法为:选择单元区域 B18:C26,利用填充柄向右复制到单元格 G26,即可设置好方案 2 和方案 3 的各个项目的公式,如图 8-10 所示。

至此,投资风险分析模型设计好了,据此可以进行风险分析,上面公式虽然较复杂,但实际上只要按照公式一步一步做就可以了,特别是方案 2 和方案 3 的设置利用填充柄进行复制即可。

投资风险分析模型

基本数据区

	A	B				
无风险报酬率i	0.06					
风险报酬率b	0.1					

	方案1		方案2		方案3	
t期数	现金流量NCF$_1$	概率P$_1$	现金流量NCF$_2$	概率P$_2$	现金流量NCF$_3$	概率P$_3$
0	6000		10000		8000	
1	3000	0.25	6000	0.5	6000	0.4
	2500	0.5	3500	0.3	2500	0.3
	1500	0.25	2500	0.2	2000	0.3
2	4000	0.2	2000	0.25	5432	0.5
	3000	0.6	2500	0.4	4532	0.3
	2000	0.2	2000	0.35	2365	0.2
3	2500	0.3	3000	0.2	3000	0.1
	2000	0.4	4000	0.6	4000	0.8
	1500	0.3	4000	0.2	5000	0.1

分析数据区

	方案1		方案2		方案3	
t期数	现金流量期望值E$_i$	标准离差σ$_i$	现金流量期望值E$_i$	标准离差σ$_i$	现金流量期望值E$_i$	标准离差σ$_i$
1	2375	545	4550	1491	3750	1847
2	3000	632	2200	245	4549	1159
3	2000	387	4200	980	4000	447
期望现值EPV	6589.79		9776.85		10944.45	
综合标准差D	828.73		1643.87		2059.76	
风险程度Q	0.13		0.17		0.19	
风险调整贴现率r	7.26%		7.68%		7.88%	
净现值NPV	443		−513		2.570	

图8-10　投资风险分析模型

8.3.4　投资风险分析模型使用

从图8-10中我们可以看出,无风险报酬率i和风险报酬率b两个要素对任意方案的净现值都会产生影响。

在每个方案中,净现金流量NCF、概率P_i、无风险报酬率i决定着期望值的现值EPV。因此,财务管理人员可以根据需要改变其中的要素,便可以得到不同的结果进行对比,最后找出最优的方案。

1. 调整无风险报酬率i

无风险报酬率就是加上通货膨胀率以后的资金时间价值,一般把投资于国库券的报酬率视为无风险报酬率。当国家经济环境发生变化时,i可能发生变化,当财务人员调整i时,所有方案的NPV将自动调整,此时可以根据净现值原理选择方案。

2. 改变风险报酬率b

风险报酬率b由决策者根据企业的历史资料通过统计的方法来测定,或者由投资者、有关专家分析判断确定的。如果投资者愿意冒险,风险报酬率就取小些;如果投资者不愿意冒险,风险报酬率就取大些。因此,财务管理人员可以通过改变b,得到不同方案的结果,并从中选择最优的方案。

3. 改变方案的净现金流量NCF_i和概率P_i

当新的投资项目出现时,不需要重新建立模型,只需要改变方案的现金流量和概率,就能自动得出新投资方案的净现值。因此,用同一模型可以对多组投资项目进行分析。

通过以上的学习,我们掌握了应用投资决策函数建立投资决策模型的基本方法。在实际工作中,我们可以根据不同的投资决策问题,应用这些投资决策函数和投资理论建立相应的模型。

第 9 章　流动资金管理模型设计

流动资金又称流动资产。这里所说的流动资产是指可以在 1 年或超过 1 年的一个经营周期内变现或耗用的资产,主要包括现金、有价证券、应收账款和存货,它们占用了企业的绝大部分的资金。作为一种投资,流动资金是一个不断投入、不断收回,并不断再投入的循环过程,没有终止的日期。这就使财务人员很难直接评价其投资报酬率。因此,流动资金投资评价的基本方法是以最低的成本满足生产经营周转的需要。本章主要讨论最佳现金持有量模型、客户信用条件评价方案模型、应收账款收账政策模型、应收账款账龄分析模型、应收账款赊销策略分析模型及存货经济批量决策模型的设计方法。

9.1　流动资金管理模型概述

9.1.1　建立流动资金管理模型的意义

流动资金不仅是企业日常流动负债的资源(如企业必须用现金、银行存款来偿还日常应收账款、应收票据等),更是企业减少财务管理中管理费用的入手点(如日本企业提出"零存款"管理模式,即说明企业从流动资产入手减少管理成本的思想),并且其流动性强,是企业降低风险的最有效的工作,但同时也带来了管理上的一定困难。企业面对市场竞争日益激烈的环境,必须加强对流动资金的管理。在过去手工环境下,企业往往忽视流动资金的管理,很多企业在流动资金的把握上,凭经验"应该是这么多",或更有甚者,"有多少算多少",毫无依据。而在计算机环境下,流动资金管理模型的建立,扩大了对流动资金的管理范围,使过去在手工条件下难以实现的多品种存货管理成为可能。

9.1.2　流动资金管理模型的分类及其功能

流动资金管理模型主要包括以下模型。

1. 最佳现金持有量分析模型

该模型对于不同的企业或不同的时期,可以及时、准确地根据持有现金的机会成本、现金总需求量、交易所需的固定成本等各要素值的变化,得到最佳现金持有量,做到以最低的成本满足资金周转的需要。

2. 客户信用条件评价模型

该模型根据对客户信用资料的调查分析,确定评价用户信用优劣的数量标准,具体确定用户信用等级,以作为给予或拒绝信用的依据。

3. 应收账款赊销策略分析模型

该模型根据赊销策略中的任一种因素的变化,自动产生相应的分析结果,通过比较分析结果,财务人员可以选择最优方案。

4. 经济订货批量模型

该模型根据不同的企业对不同材料需求量的不同、订货成本的高低、单位储存成本、每日送货量、耗用量及单价等各因素的不同,生成相应的经济订货量,满足存货管理的需要。

9.2　最佳现金持有量模型设计

现金是指在生产过程中暂时停留在货币形态的资金,包括库存现金、银行存款、银行本票和银行汇票等。现金是变现能力最强的资产,可以用来满足生产经营开支的各种需要,也是还本付息和履行纳税义务的保证。因此,拥有足够的现金对于降低企业风险、增强企业资产流动性和债务的可清偿性有着重要的意义。但是现金属于非营利性资产,即使是银行存款,其利率也非常低。持有的现金量过多,它所提供的流动性边际效益便会随着下降,进而导致企业的收益水平降低。因此企业必须合理地确定现金持有量,使现金收支不管是在数量上还是在时间上都能互相衔接,以便在保证企业经营活动所需现金的同时,尽量减少企业闲置资金的数量,提高资金的使用效率。

9.2.1　现金的成本

现金的成本通常由以下三个部分组成:现金持有成本、现金转换成本和现金短缺成本,因此,在建立模型时要考虑这三部分的成本。

1. 现金持有成本

现金持有成本是指企业因保留一定的现金余额而增加的管理费用及丧失的再投资收益的机会的成本,因此又称机会成本。这里再投资收益的机会通常是指进行有价证券投资所产生的机会成本,这种成本在数额上等同于资金成本;丧失的再投资收益是机会成本,而机会成本属于变动成本,它与现金持有量成正比例的关系。

2. 现金转换成本

现金转换成本是指企业用现金购入有价证券以及转让有价证券换取现金时付出的交易成本费用,如委托买卖佣金、手续费、过户费、实物交割手续费等。严格地讲,转换成本并不是固定费用,有的费用具有变动的性质,如交易的佣金和手续费;有些费用是固定的,这里只考虑固定性交易费用。固定性交易费用与现金持有量成反比例关系。

3. 现金短缺成本

现金短缺成本是指在现金持有量不足而无法及时通过有价证券变现加以补充所给企业造成的损失。它包括直接损失和间接损失。现金的短缺成本与现金持有量成反方向变动关系。

9.2.2 确定最佳现金持有量的方法

基于交易、预防、投机等动机的需要,企业必须保持一定数量的现金余额,确定最佳现金持有量的模式主要有美国经济学家摩尔提出的成本分析模式和美国经济学家鲍莫提出的库存分析模式两种。

1. 摩尔的成本分析模式

摩尔的成本分析模式是根据现金有关成本,分析和预测总成本最佳的现金持有量的一种方法。运用成本分析模式确定的最佳现金持有量,只考虑因持有一定量的现金而产生的持有成本和短缺成本,而不予考虑管理费用和转换成本。现金余额总成本的计算公式为:

$$总成本 = 现金持有成本 + 现金短缺成本$$
$$= 现金持有量 \times 有价证券利率 + 现金短缺成本$$

该公式用字母表示为:

$$T = Q \times r + k/Q \tag{9-1}$$

式中:T 为现金总成本;$Q \times r$ 为现金持有成本;r 为该时期证券或借款利率;k 为短缺成本比例系数;Q 为现金持有量。

成本分析模式是在持有现金而产生的机会成本与短缺成本之和最小时的现金持有量。用数学方法求解具体步骤是:

对式(9-1)中的 Q 求导数得:

$$\frac{dT}{dQ} = r - \frac{k}{Q^2} \tag{9-2}$$

令式(9-2)为零,解之得极值点:

$$Q^* = \sqrt{\frac{k}{r}} \tag{9-3}$$

将式(9-3)代入式(9-1),可得最佳现金持有量为:

$$T^* = 2\sqrt{kr} \tag{9-4}$$

【例 9-1】 ABC 企业现有 A、B、C、D 四种现金持有量方案,有关的成本资料如表 9-1 所示。根据表 9-1,可采用摩尔的成本分析模式设计该企业最佳现金持有量模型,如图 9-1 所示。

表 9-1 最佳现金持有量备选方案表 金额单位:元

项目	A	B	C	D
现金持有量	90 000	200 000	300 000	400 000
机会成本率	9%	9%	9%	9%
短缺成本	48 000	25 000	9 000	5 000

具体做法如下:

(1) 先创建流动资金管理模型工作簿,在流动资金管理模型工作簿中选择一个新的工作表,将其名字改为"摩尔的成本分析模式",并按照表 9-1 的格式建立模型,如图 9-1 所示。

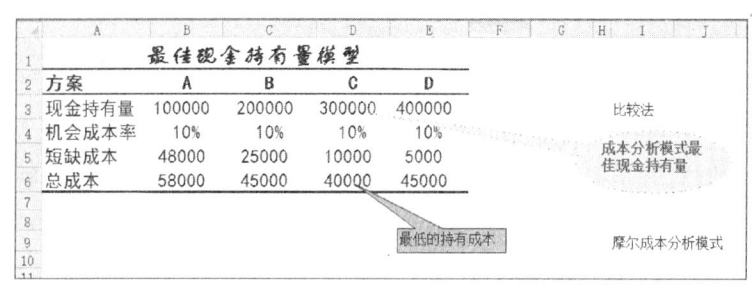

图 9-1　摩尔的成本分析模式

（2）按照表 9-1 数据，输入已知数值。

（3）根据摩尔的成本分析模式公式"总成本＝现金持有成本＋现金短缺成本＝现金持有量×有价证券利率＋现金短缺成本"，选择单元格 B6，输入公式"＝B3＊B4＋B5"，利用填充柄复制到单元格 E6，摩尔的成本分析模式建立完毕。用比较法对图 9-1 中总成本进行比较可知，当现金持有量为 300 000 元时，总成本最低，为 40 000 元，则该现金余额为最佳现金持有量，即 C 方案为最优。

2．鲍莫的库存分析模式

鲍莫的库存分析模式认为，公司持有现金量在许多方面与库存相似，因此将库存的经济订货批量模型用于现金持有量上，并以此为出发点建立了鲍莫模式。其理论的依据是把持有的有价证券同货币资金的库存联系起来观察，比较现金储存的成本和买卖有价证券的固定成本，以求得两者成本之和最低时的现金余额。

按鲍莫的库存分析模式确定最佳现金余额，要满足以下的假设条件：

（1）企业所需要的现金可通过有价证券变现取得，且有价证券变现的不确定性很小。

（2）企业预算期内现金需要量可以预测，即企业一定时期内货币资金支出和收入的变化是周期均衡发展的，其现金余额也定期地由最低时的零到最高时的 Q 变化，因此其平均现金余额为 $Q/2$。

（3）现金的支出过程比较稳定、波动很小，而且当现金余额趋于零时，均可以通过部分出售有价证券或借款来补充库存现金。

（4）证券的利率或报酬率以及每次固定性交易费用可以获悉。

在满足以上条件时，企业便可以通过鲍莫的库存分析模式来确定最佳现金持有量。因为不管是保留现金或是出售有价证券，都要付出一定代价。保留现金意味着放弃了由有价证券带来利息的机会，出售和购进有价证券又意味着要花费证券交易的成本。保留现金余额越多，损失的机会成本越大，而证券交易买卖的次数越少，买卖交易的成本则越低。由此得出现金余额总成本的计算公式为：

总成本＝持有现金成本＋证券交易成本

　　　＝现金平均余额×有价证券利率＋变现次数×有价证券每次交易的固定成本

该公式用字母表示为：

$$T = \frac{Q}{2} \times r + \frac{A}{Q} \times b \qquad (9-5)$$

式中：T 为现金总成本；Q 为现金余额；r 为持有现金而损失的机会成本；A 为每个转换周

期中的现金总需求量;b 为每次周期交易所需的固定成本费用。

清楚了现金余额总成本的构成,最佳现金余额就应该是总成本最低时的现金持有量 Q^*。具体求解公式的推导如下:

对式(9-5)求导并令其等于零:

$$\frac{\mathrm{d}T}{\mathrm{d}Q} = \frac{r}{2} - \frac{A}{Q^2} \times b = 0$$

解之得最佳现金持有量 Q^* 的公式为:

$$Q^* = \sqrt{\frac{2Ab}{r}} \tag{9-6}$$

将式(9-6)代入式(9-5),可以求得最低的总成本公式为:

$$T^* = \sqrt{2Abr} \tag{9-7}$$

【例 9-2】 ABC 公司现有 A、B、C、D、E、F、G 七种现金持有量方案,有关的成本资料为:现金总量 T 为 500 000 元,每次交易成本 b 为 180 元有价证券利率 r 为 15%,其他数据如表 9-2 所示。请建立鲍莫的库存分析模式,求出最佳现金持有量和最低的总成本。

表 9-2 最佳现金持有量备选方案表　　　　　　　　单位:元

方案	A	B	C	D	E	F	G
现金余额	32 000	35 000	38 000	45 000	50 000	55 000	60 000

采用鲍莫的库存分析模式设计 ABC 公司最佳现金持有量模型,如图 9-2 所示。

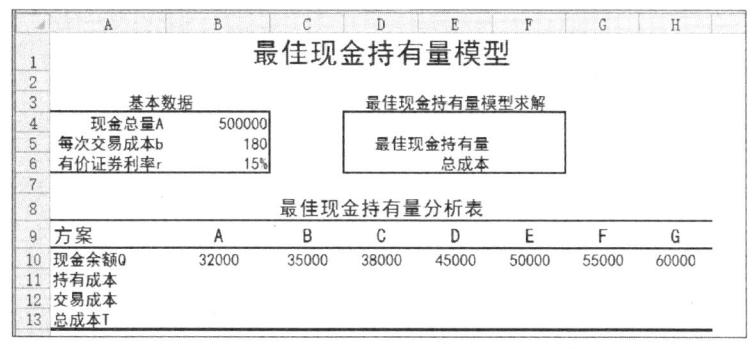

图 9-2 鲍莫的库存分析模式

具体做法如下:

(1) 在流动资金管理模型工作簿中,选择一个新的工作表,将其名字改为"鲍莫的库存分析模式"。根据已知条件,设计鲍莫的库存分析模式,如图 9-2 所示,并输入已知条件数据。

(2) 根据鲍莫的库存分析模式,设置公式。选择单元格 B11,输入公式"＝B9/2 ＊ $B$6",利用填充柄向右复制到单元格 H11,7 个方案的持有成本公式设置完毕;选择单元格 B12,输入公式"＝$B$4/B9 ＊ $B$5",利用填充柄向右复制到单元格 H12,7 个方案的交易成本公式设置完毕;选择单元格 B13,输入公式"＝B11＋B12",利用填充柄向右复制到单元格 H13，7 个方案的总成本公式设置完毕。此时，用比较法可以观察到，现金余额为 35 000 元时，总成本最低，即该现金余额为最佳现金持有量，如图 9-3 所示。

最佳现金持有量模型

最佳现金持有量

	基本数据			最佳现金持有量模型求解		
现金总量A	500000			最佳现金持有量	34641	
每次交易成本b	180			总成本	5196	
有价证券利率r	15%					

最低总成本

最佳现金持有量分析表

方案	A	B	C	D	E	F	G
现金余额Q	32000	35000	38000	45000	50000	55000	60000
持有成本	2400	2625	2850	3375	3750	4125	4500
交易成本	2813	2571	2368	2000	1800	1636	1500
总成本T	5213	5196	5218	5375	5550	5761	6000

图 9-3　鲍莫的库存分析模式

此外，还可以用前面推导的公式计算最佳现金持有量。具体做法是：利用式(9-6)，选择单元格 F5，输入公式"＝SQRT(2 * B4 * B5/B6)"，则可得最佳现金持有量 Q^* ＝34 641 元；利用式(9-7)，选择单元格 F6，输入公式"＝SQRT(2 * B4 * B5 * B6)"，得到最低总成本为 5 196 元，与前面用比较法计算的结果相同，而用公式求出的最佳现金持有量为精确的最佳现金持有量。

(3) 绘制最佳现金持有量分析图。选择合集区域 A9：H9，A13：H13，点击"插入"菜单栏折线图图标，选择第四种折线图，得到根据最佳现金持有量分析表中的数据绘制出的分析图，从最佳现金持有量分析图中可以观察到，现金余额为 35 000 元时，总成本最低，即该现金余额为最佳现金持有量，如图 9-4 所示。

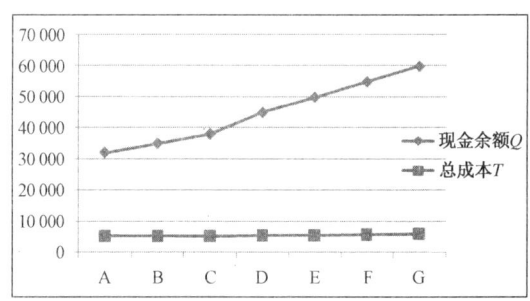

图 9-4　最佳现金持有量分析图

9.3　客户信用条件评价模型设计

制定合理的信用政策，是加强应收账款管理、提高应收账款投资效益的重要前提。信用政策即应收账款的管理政策，是指企业对应收账款投资进行规划与控制而确立的基本原则与行为规范。它包括信用标准、信用条件和收账政策三部分内容。

1. 信用标准

信用标准是客户获得企业商业信用所应具备的最低条件，如果企业把信用标准定得太高，将使得许多客户因信用品质达不到所设标准而被拒之门外，其结果尽管有利于降低违约风险及收账费用，但不利于企业市场竞争能力的提高和销售收入的扩大；相反，如果企业接受较低的信用标准，虽然有利于企业扩大销售，提高企业市场竞争能力和占有率，但同时也会导致坏账损失风险加大和收账费用增加。因此，必须要确立必要的信用标准。对信用标准进行定量分析旨在解决两个问题：①确定客户拒付账款的风险，即坏账损失率。②具体分析确定客户的信用等级,以作为给予或拒绝信用的依据。这主要通过以下三个步骤来完成:一是设定信用等级的评价标准。即根据对客户信用条件的调查分析,确定评价信用优劣的数量标准,以一组具有代表性、能够说明付款能力和财务状况的若干比率作为信用风险指标,根据数年内最坏年景的情况,以此作为比较其他顾客的信用标准。二是利用既有或潜在客户的财务报表数据,计算各自的指标值,并与标准值进行比较。三是进行风险排队,并确定各有关客户的信用等级。

2. 信用条件

信用条件是企业评价客户等级,决定给予或拒绝客户信用的依据。一旦企业决定给予客户信用优惠时,就需要考虑具体的信用条件。因此,所谓信用条件,就是指企业接受客户信用订单时所提出的付款要求,主要包括信用期限、现金折扣和折扣期限等。

1) 信用期限

信用期限是指企业允许客户从购货到支付货款的时间间隔。企业产品销售量与信用期限之间存在着一定的依存关系。通常,延长信用期限,可以在一定程度上扩大销售量,从而增加毛利。但不适当地延长信用期限,会给企业带来不良后果,一是使平均收账期延长,占用在应收账款上的资金相应增加,引起机会成本增加;二是引起坏账损失和收账费用的增加。因此,企业是否给予客户延长信用期限,应视延长信用期限增加的边际收入是否大于增加的边际成本而定。

2) 现金折扣和折扣期限

延长信用期限会增加应收账款占用时间和金额。许多企业为了加速资金周转,及时收回货款,减少坏账损失,往往在延长信用期限的同时,采用一定的优惠措施。即在规定的时间内提前偿付货款的客户可按销售收入的一定比率享受折扣。例如,"2/9,n/45"表示赊销的期限是45天,若客户在9天内付款,可享受2%的折扣。现金折扣实际上是对现金收入的扣减,企业决定是否提供以及提供多大程度的现金折扣,着重考虑的是提供折扣后所得的收益是否大于现金折扣的成本。虽然企业在信用管理政策中,已对可接受的信用风险水平作了规定,当企业的生产经营环境发生变化时,就需要对信用管理政策中的某些规定进行修改和调整,并对改变条件的各种备选方案进行认真的评价。

3. 收账政策

收账政策是指企业针对客户违反信用条件,拖欠甚至拒付账款所采取的收账策略与措施。一般而言,企业加强收账管理及早收回货款,可以减少坏账损失,减少应收账款上的资金占用,但会增加收账费用。因此,制定收账政策就是要在增加收账费用和减少坏账损失、减少应收账款机会成本之间进行权衡,若前者小于后者,则说明制定的收账政策是可取的。

【例9-3】 某企业预测2016年度赊销额为3 600万元,其信用条件为"n/30",变动成本率为60%,资金成本率为9%,假定企业收账政策不变,固定成本总额不变,该企业准备了三个信用条件的备选方案。其中,A方案维持n/30的信用条件;B方案将信用条件放宽到n/60;C方案将信用条件放宽到n/90。为各种备选方案估计的赊销水平、坏账百分比和收账费用等有关数据,如图9-5所示。

其中:应收账款平均余额 = 年赊销额 ÷ 360 × 平均收账天数

维持赊销业务所需资金 = 应收账款平均余额 × 变动成本率

变动成本率 = 变动成本 ÷ 销售收入

	A	B	C	D	E
1	信用条件备选方案			单位：万元	
2	方案	A	B	C	资金成本率
3	信用条件	n/30	n/60	n/90	10%
4	年赊销额	3600	3960	4200	变动成本率
5	应收账款平均收账天数	30	60	90	60%
6	应收账款平均余额	300	660	1050	
7	维持赊销业务所需资金	180	396	630	
8	坏账损失率	2%	3%	6%	
9	坏账损失	72	118.8	252	
10	收账费用	36	60	144	

图 9-5　信用条件备选方案

坏账损失率 ＝ 坏账损失额 ÷ 年赊销额

坏账损失 ＝ 坏账损失率 × 年赊销额

首先，建立信用条件备选方案表，具体方法如下：

（1）在流动资金管理模型工作簿中，选择一个新的工作表，将其名字命名为"信用条件备选方案表"。根据已知条件，设计信用条件备选方案表，如图 9-5 所示，并输入已知条件数据。

（2）应收账款平均余额公式的设置。选择单元格 B6，输入公式"＝B4/360 * B5"，A 方案应收账款平均余额公式设置完毕，利用填充柄复制到单元格 D6，B、C 方案的应收账款平均余额公式设置完毕，如图 9-5 所示。

（3）维持赊销业务所需要的资金公式的设置。选择单元格 B7，输入公式"＝B6 * ＄E＄5"，A 方案维持赊销业务所需要资金公式设置完毕，利用填充柄复制到单元格 D7，B、C 方案的维持赊销业务所需要资金公式设置完毕，如图 9-5 所示。

（4）坏账损失公式的设置。选择单元格 B9，输入公式"＝B4 * B8"，A 方案坏账损失公式设置完毕，利用填充柄复制到单元格 D9，B、C 方案的坏账损失公式设置完毕，如图 9-5 所示。

其次，建立客户信用条件分析评价模型，具体操作方法如下：

（1）在流动资金管理模型工作簿中，选择新的工作表，将其命名为客户信用条件分析评价模型。根据已知条件，设计客户信用条件评价模型，如图 9-6 所示，并调入已知数据。

	A	B	C	D
1	客户信用条件分析评价模型			单位：万元
2	方案	A	B	C
3	信用条件	n/30	n/60	n/90
4	年赊销额	3600	3960	4200
5	变动成本	2160	2376	2520
6	信用成本前收益	1440	1584	1680
7	信用成本：			
8	应收账款机会成本	18	40	63
9	坏账损失	72	118.8	252
10	收账费用	36	60	144
11	小计	126	218	459
12	信用成本后收益	1314	1366	1221

图 9-6　客户信用分析条件评价模型

调入数据的具体操作方法如下：选择单元格 B3，输入公式"＝信用条件备选方案表！B3"，A 方案信用条件调入完毕，利用填充柄复制到单元格 D3，B、C 方案信用条件调入完毕;同理,选择单元格 B4,输入公式"＝信用条件备选方案表! B4",A 方案年赊销额数据调入完毕,利用填充柄复制到单元格 D4,B、C 方案年赊销额数据调入完毕。

(2) 变动成本公式的设置。选择单元格 B5,输入公式"＝B4＊信用条件备选方案表! ＄E＄5",A 方案变动成本公式设置完毕,利用填充柄复制到单元格 D5,B、C 方案变动成本公式设置完毕。

(3) 信用成本前收益公式的设置。选择单元格 B6,输入公式"＝B4－B5",A 方案信用成本前收益公式设置完毕,利用填充柄复制到单元格 D6,B、C 方案信用成本前收益公式设置完毕。

(4) 应收账款机会成本公式的设置。选择单元格 B8,输入公式"＝信用条件备选方案表! B7＊信用条件备选方案表! ＄E＄3",A 方案应收账款机会成本公式设置完毕,利用填充柄复制到单元格 D8,B、C 方案应收账款机会成本公式设置完毕。

(5) 坏账损失公式设置。选择单元格 B9,输入公式"＝信用条件备选方案表! B9",A 方案坏账损失公式设置完毕,利用填充柄复制到单元格 D9,B、C 方案坏账损失公式设置完毕。

(6) 收账费用公式设置。选择单元格 B10,输入公式"＝信用条件备选方案表! B10",A 方案收账费用公式设置完毕,利用填充柄复制到单元格 D10,B、C 方案收账费用公式设置完毕。

(7) 信用成本小计公式的设置。选择单元格 B11,输入公式"＝SUM(B8:B9)",A 方案信用成本小计公式设置完毕,利用填充柄复制到单元格 D11,B、C 方案信用成本小计公式设置完毕。

(8) 信用成本后收益公式的设置。选择单元格 B12,输入公式"＝B6－B11",A 方案信用成本后收益公式设置完毕,利用填充柄复制到单元格 D12,B、C 方案信用成本后收益公式设置完毕。

至此,客户信用条件分析评价模型设置完毕,如图 9-6 所示。建立信用条件备选方案表,在需要变动数据时,可以直接在表中进行,因为两个表中的数据建立可链接,当信用条件备选方案表的数据变动时,模型数据也将重新计算。

对客户信用条件分析进行评价:由图 9-6 可见,B 方案信用成本后收益最大,所以 B 方案为最佳方案。

9.4　应收账款收账政策模型设计

收账政策是指企业针对客户违反信用条件,拖欠甚至拒付账款所采取的收账策略与措施。在企业向客户提供商业信用时,必须考虑三个问题:第一,客户是否会拖欠或拒付账款,程度任何;第二,怎样最大限度地防止客户拖欠账款;第三,一旦账款遭到拖欠甚至拒付,企业应当采取什么样的对策。其中,第一、第二个问题主要靠信用调查和严格的审批制度,而第三个问题则必须通过制定完善的收账政策、采取有效的收账措施予以解决。一般而言,企业加强收账管理,及早收回货款,可以减少坏账损失,减少应收账款上的资金占用,但会增加收账的费用。因此,在制定收账政策时要考虑在如何减少坏账损失、如何减少应收账款的机会成本与增加的收账费用之间进行权衡,如果前者小于后者,说明制定的收账政策是可取的;反之,则不可取。下面通过案例说明应收账款收账政策模型设计。

【例 9-4】 已知 ABC 公司应收账款原有的收账政策和拟改变的收账政策如图 9-7 所示,假定资金成本率为 9%,根据图 9-7 的资料,计算两种方案的收账成本,并由此评价收账决策。

收账政策备选方案表		
项目	现行收账政策	拟改变的收账政策
年收账费用(万元)	90	150
应收账款平均收账天数(天)	60	30
坏账损失占赊销额的百分比	3%	2%
年赊销额(万元)	7200	7200
资金成本率	10%	10%
变动成本率	60%	60%

图 9-7 收账政策备选方案表

根据图 9-7 的资料,建立应收账款收账政策模型,如图 9-8 所示。

应收账款收账政策分析评价模型		
项目	现行收账政策	拟改变的收账政策
年赊销额(万元)	7200	7200
应收账款平均收账天数(天)	60	30
应收账款平均余额	1200	600
应收账款占用资金	720	360
收账成本:		
应收账款机会成本	72	36
坏账损失	216	144
年收账费用	90	150
年收账总成本	378	330
分析评价:		
拟改变的收账政策比现行收账政策减少的坏账损失	72	
拟改变的收账政策比现行收账政策减少的应收账款的机会成本	36	
拟改变的收账政策比现行收账政策增加的收账费用	60	
进行决策分析:		
取拟改变收账政策方案		

图 9-8 应收账款收账政策模型设计

建立应收账款收账政策模型,具体操作方法如下:

(1)在流动资金管理模型工作簿中,选择新的工作表,将其命名为"应收账款收账政策分析评价模型"。根据已知条件,设计客户信用条件评价模型,如图 9-8 所示,并调入已知数据。调入数据具体方法如下:选择单元格 B3,输入公式"=收账政策备选方案表!C6",现行收账政策方案年赊销额调入完毕,利用填充柄复制到单元格 C3,拟改变收账政策方案年赊销额调入完毕;同理,选择单元格 B4,输入公式"=收账政策备选方案表!C4",现行收账政策方案应收账款平均收账天数调入完毕,利用填充柄复制到单元格 C4,应收账款平均收账天数调入完毕。

（2）应收账款平均余额公式的设置。选择单元格 B5，输入公式"＝B3/360＊B4"，现行收账政策方案应收账款平均余额公式设置完毕；利用填充柄复制到单元格 C5，拟改变方案应收账款平均余额公式设置完毕。

（3）应收账款占用资金公式的设置。选择单元格 B6，输入公式"＝B5＊收账政策备选方案表！C8"，现行收账政策方案应收账款占用资金公式设置完毕；利用填充柄复制到单元格 C6，拟改变方案应收账款占用资金公式设置完毕。

（4）应收账款机会成本公式的设置。选择单元格 B8，输入公式"＝B6＊收账政策备选方案表！C7"，现行收账政策方案应收账款机会成本公式设置完毕；利用填充柄复制到单元格 C8，拟改变方案应收账款机会成本公式设置完毕。

（5）坏账损失公式的设置。选择单元格 B9，输入公式"＝B3＊收账政策备选方案表！C5"，现行收账政策方案坏账损失公式设置完毕；利用填充柄复制到单元格 C9，拟改变方案坏账损失公式设置完毕；

（6）年收账费用公式的设置。选择单元格 B9，输入公式"＝收账政策备选方案表！C3"，现行收账政策方案年收账费用公式设置完毕；利用填充柄复制到单元格 C9，拟改变方案年收账费用公式设置完毕。

（7）年收账总成本公式的设置。选择单元格 B11，输入公式"＝SUM(B8:B10)"，现行收账政策方案年收账总成本公式设置完毕；利用填充柄复制到单元格 C11，拟改变方案年收账总成本公式设置完毕。

至此，收账政策公式的设置完毕。下面进行分析评价公式的设置。

（8）拟改变的收账政策比现行收账政策减少的坏账损失公式的设置。选择单元格 B13，输入公式"＝B9－C9"，其中：B13 与 C13 合并单元格。

（9）拟改变的收账政策比现行收账政策减少的应收账款的机会成本公式的设置。选择单元格 B14，输入公式"＝B8－C8"，其中：B14 与 C14 合并单元格。

（10）拟改变的收账政策比现行收账政策增加的收账费用公式的设置。选择单元格 B15，输入公式"＝C10－B10"，其中：B15 与 C15 合并单元格。

由图 9-8 中模型的计算结果可见，因为拟改变的收账政策较现行收账政策减少的坏账损失与减少的应收账款机会成本之和为 108 万元，大于增加的收账费用 60 万元，因此应选取拟改变的收账政策方案。

（11）进行决策分析公式的试置。选择单元格 A17，输入公式"＝IF(B15＜B13＋B14，"取拟改变收账政策方案"，"取现行方案")"，得出决策分析结论：取拟改变收账政策方案，如图 9-8 所示。

9.5　应收账款赊销策略分析模型设计

9.5.1　应账款赊销策略分析模型设计应考虑的因素

1. 赊销策略

赊销策略涉及四个基本因素：信用期间、信用标准、现金折扣和收账方法。前面已经介绍过相关的概念。

2. 增量分析

赊销策略中每一种因素发生变化都会影响到企业的利益。探讨不同的赊销策略方案可能产生的财务效果,应首先测定每种因素的变化同经济效益变化之间的关系,在制定赊销策略时,将各种相关因素予以一定程度的放宽或收紧,其次考虑企业营业收入和营业成本的相应变化,这种方法称为增量分析。增量分析的结果为正,则方案可行。

增量分析的计算公式如下:

信用标准变化对利润的影响 ΔP = 新方案销售额增减量 × 销售利润率

信用期间变化对应收账款机会成本的影响 ΔI = [(新方案收账期 − 原方案收账期) ÷ 360

× 原方案销售额 + 新方案收账期 ÷ 360

× 新方案增减销售额] × 应收账款机会成本

信用标准变化对坏账损失的影响 ΔK = 新方案销售额增减量 × 新方案增加销售额的坏账损失率

现金折扣成本的增量 ΔD = 原方案销售额 + 新方案增减销售额 × D × 新方案的现金折扣率

式中:D 为新方案取得现金折扣的销售额占总销售额的百分比。

$$销售策略变化带来的净损益 \ P_m = \Delta P - \Delta I - \Delta K - \Delta D$$

9.5.2 应收账款赊销策略分析模型的具体设计方法

(1)建立一个新工作表,并将其命名为"应收账款赊销策略分析模型"。在模型中建立应收账款赊销策略基本数据区和分析区域,其格式如图 9-9 所示,将已知数据输入基本数据区。

	A	B	C	D	E
1		应收账款赊销策略分析模型			
2		基本数据区			
3		原方案销售额	100000		
4		销售利润率	20%		
5		应收账款的机会成本	15%		
6		项目	原方案	方案A	方案B
7		销售额增减量	0	25000	30000
8		平均收账期	45	60	30
9		增减销售额的平均坏账损失率	2%	3%	4%
10		取得现金折扣的销售额占总销售额的百分比	10%	20%	50%
11		现金折扣	0%	1%	2%
12		分析区域			
13		项目		方案A	方案B
14		信用标准变化对利润的影响 ΔP			
15		信用期间变化对应收账款机会成本的影响 ΔI			
16		平均坏账损失率变化对坏账成本的影响 ΔK			
17		现金折扣成本的变化情况 ΔD			
18		信用政策变化带来的净收益 P_m			

图 9-9　应收账款赊销策略分析模型的设计

(2)应收账款赊销策略分析区域公式的设置。具体做法如下:

a. 信用标准变化对利润的影响 ΔP 公式的设置。选择单元格 C14,输入公式"=D7 ＊ $C$4",利用填充柄复制到单元格 D14,A、B 方案 ΔP 公式设置完毕。

b. 信用期间变化对应收账款机会成本的影响 ΔI 公式的设置。选择单元格 C15，输入公式"=((D8－＄C＄8)/360 ＊ ＄C＄3＋D8/360 ＊ D7) ＊ ＄C＄5"，利用填充柄复制到单元格 D15，A、B 方案 ΔI 公式设置完毕。

c. 平均坏账损失率变化对坏账成本的影响 ΔK 公式的设置。选择单元格 C16，输入公式"=D7 ＊ D9"，利用填充柄复制到单元格 D16，A、B 方案 ΔK 公式设置完毕。

d. 现金折扣成本的变化情况 ΔD 公式的设置。选择单元格 C17，输入公式"=(＄C＄3＋D7) ＊ D9 ＊ D11"，利用填充柄复制到单元格 D17，A、B 方案 ΔD 公式设置完毕。

e. 信用政策变化带来的净收益 P_m 公式的设置。选择单元格 C18，输入公式"=C14－C15－C16－C17"，利用填充柄复制到单元格 D18，A、B 方案 P_m 公式设置完毕。

至此，应收账款赊销策略分析模型设置完毕，并计算出结果，如图 9-10 所示。

	A	B	C	D	E
1		应收账款赊销策略分析模型			
2		基本数据区			
3	原方案销售额		100000		
4	销售利润率		20%		
5	应收账款的机会成本		15%		
6	项目		原方案	方案A	方案B
7	销售额增减量		0	25000	30000
8	平均收账期		45	60	30
9	增减销售额的平均坏账损失率		2%	3%	4%
10	取得现金折扣的销售额占总销售额的百分比		10%	20%	50%
11	现金折扣		0%	1%	2%
12		分析区域			
13	项目		方案A	方案B	
14	信用标准变化对利润的影响 ΔP				
15	信用期间变化对应收账款机会成本的影响 ΔI				
16	平均坏账损失率变化对坏账成本的影响 ΔK				
17	现金折扣成本的变化情况 ΔD				
18	信用政策变化带来的净收益 P_m				

图 9-10 应收账款赊销策略分析模型

(3) 应收账款赊销策略分析模型的使用。当模型建成之后，财务管理人员可以根据具体情况在基本数据输入区输入不同的方案数据，分析区域将自动产生分析结果。财务管理人员还可以改变赊销策略中的每一个因素数据，其分析结果将自动产生。比较分析结果，财务管理人员便可以选择最优方案。但是，有了应收账款赊销策略分析模型，并不等于财务管理人员无事可做，而是应该把更多的时间用在研究赊销策略中每种因素上，尽可能制定出最合适的赊销策略。

9.6 存货经济批量决策模型设计

存货是企业在日常生产经营过程中为了生产或销售而储备的物资。企业持有足够的存货，不仅有利于生产过程的顺利进行，可以节约采购成本与生产时间，而且能够迅速地满足客户各种订货的需要，从而为企业的生产与销售提供较大的机动性，避免因存货不足带来的机会损失。然而，存货的增加必然要占用更多的资金，将使企业付出更大的持有成本，即存货的机会成本；而且存货的储存与管理的费用也会增加，影响企业获利能力的提高。

因此,如何发挥存货功能,在存货收益与成本之间进行权衡,在充分发挥存货功能的同时降低存货成本,增加收益,实现它们的最佳组合,成为存货管理的基本目标。

9.6.1 存货成本

为了充分发挥存货的固有功能,企业必须储备一定的存货,但也会由此发生各项支出,也就是存货成本。它具体包括以下内容。

1. 进货成本

进货成本是指存货取得的成本,主要由存货进价和进货费用构成。其中,存货进价又称采购成本,是指存货本身的价值;而进货费用又称采购成本,是指企业为组织订货而发生的费用。采购成本可分为固定的采购成本和变动的采购成本,固定的采购成本与采购的次数无关,而变动的采购成本与采购次数有关,如与采购材料有关的办公费、差旅费、邮资、电话费、运输费、检验费、入库搬运费等支出,其中有一部分与订货次数有关,如差旅费、邮资、电话费等与进货次数成正比例变化。

2. 储存成本

企业为持有存货而发生的费用即为存货的储存成本。它主要包括:存货资金占用费(如以贷款购买存货的利息成本)或机会成本(以现金购买存货而同时损失的证券收益等)、仓储费用、保管费用、存货残损霉变损失等。其中,一部分固定成本与存货存储数量无关,如仓库的折旧费、仓库职工的工资等;另一部分变动成本与存货存储数量有关,如存货资金的应计利息、存货残损和变质损失、存货的保险费用等。

3. 缺货成本

缺货成本是因存货不足而给企业造成的停工损失,包括由于原材料供应中断造成的停工损失、成品供应中断导致延误发货的信誉损失和丧失销售机会的损失等。

9.6.2 经济订货批量的基本模型

经济订货批量的基本原理是借助于各类物资库存成本的不同特点,寻求它们之间的变化规律,找出一个总库存成本最低时的库存水平(存货数量)。

1. 经济订货批量基本模型

在建立经济订货批量数学模型之前,需要一定的假设条件:

(1)企业一定时期的进货总量是可以较为准确的预测的。

(2)存货的年需要量和消耗量是均衡的。从存货到货物到达所间隔的时间是固定的,而且每批货物均能一次到达。

(3)存货价格稳定,且不存在数量折扣,进货日期完全由企业自己决定,并且每当存货量降到零时,下一批存货能马上到位。

(4)仓储条件及所需现金不受限制。

(5)不会发生缺货。

(6)所需要的存货市场供应充足,不会因买不到所需存货而影响其他方面。

在此假设下,不用考虑缺货成本,存货成本只与采购成本、储存成本有关。而在存货年需要量既定的前提下,降低订货批量,一方面可以使存货的存储成本(指变动储存成本,下同)随着平均储存量的下降而下降(因为平均储存量相当于订货批量的一半);另一方面却使订货成本(变动订货成本,下同)随着订货数量的增加而增加。反之,减少订货批量以降低订货成本,又会使储存成本增加。决策分析的目的就是要找出使两种成本合计数量最低的订货批量,即经济订货批量。因此,可以推导出经济订货批量的基本模型:

由公式:相关的存货成本 = 相关的订货成本 + 相关的储存成本

可得:
$$T = \frac{A}{Q} \times b + \frac{Q}{2} \times c \tag{9-8}$$

式中:Q 为每次订货的数量;A 为全年订货的总量;b 为每次进货费用;c 为单位存货年储存成本;T 为年存货总成本。

经济订货批量就是总成本最低时的存货批量 Q^*。具体求解公式的推导如下:

对式(9-8)求导数,并令其等于零:

$$\frac{dT}{dQ} = -\frac{A}{Q^2} \times b + \frac{1}{2} \times c = 0$$

解之,得经济订货批量:

$$Q^* = \sqrt{\frac{2Ab}{c}} \tag{9-9}$$

将式(9-9)代入式(9-8),可以求得最低的总成本为:

$$T^* = \sqrt{2Abc} \tag{9-10}$$

9.6.3 经济订货批量的改进模型——陆续到货

经济订货批量的公式是在前面的假设条件下建立的,但是现实生活中能够满足这些条件的情况很少,为使模型更接近实际情况,应该放宽条件改进模型。考虑到存货不能一次到达,各批存货可能陆续入库,存货是陆续增加的。在这样的情况下,对基本模型作一些修改。

设:p 为每日送货量;Q/p 为每批存货全部送达所需天数;d 为每日消耗量;$Q/p \times d$ 为送货期内全部耗用量。

由于存货边送边用,所以每批送完时,

$$最高库存量 = Q - \frac{Q}{p} \times d$$

$$平均库存量 = \left(Q - \frac{Q}{p} \times d\right) \div 2$$

因此,陆续到货模型为:

$$T = 储存成本 + 订货成本$$

$$T = \frac{1}{2} \times \left(Q - \frac{Q}{p} \times d\right) \times c + \frac{A}{Q} \times b \tag{9-11}$$

式中：A 为全年订货的总量；c 为单位存货年储存成本；b 为每次进货费用；T 为年存货总成本。

同理：对式(9-11)求极小值点，即得到经济订货批量 Q^*：

$$Q^* = \sqrt{\frac{2Abp}{(p-b)c}} \tag{9-12}$$

将式(9-12)代入式(9-11)，可以求得最低的总成本公式为：

$$T^* = \sqrt{\frac{2Abpc(p-d)}{p}} \tag{9-13}$$

每年最佳订货次数 $N^* = A/Q^*$

最佳订货周期 $t^* = 1/N^*$

经济订货量占用资金 $I^* = (Q^*/2) \times s$

其中：s 为单价。

9.6.4 经济订货批量的改进模型——数量折扣、陆续到货

数量折扣是指供应商对于一次购买某货品数量达到或超过规定限度的客户，在价格上给予的优惠。在经济订货批量基本模型的基础上，考虑到存货不能一次到达，各批存货可能陆续入库，对基本模型进行一些修改，使其进一步完善。但是没有考虑有数量折扣的情况，即是以采购价格不随订货批量的变动而变动的假设条件为前提的。因此，决策模型中只有储存成本和订货成本两项。如果供应商实行数量折扣，那么，除了订货成本和储存成本两项之外，采购成本也成了决策中的相关成本，这时，这三种成本的和即为年存货总成本，而年存货总成本最低的方案，即是最优方案。

考虑数量折扣、陆续到货等条件的经济订货批量模型为：

$$T = 储存成本 + 订货成本 + 采购成本$$
$$T = \frac{1}{2} \times \left(Q - \frac{Q}{p} \times d\right) \times c + \frac{A}{Q} \times b + A \times s \times (1-r) \tag{9-14}$$

式中：s 为采购单价；r 为数量折扣率。

在实际工作中，企业应结合具体情况，不断完善模型，最后建立较合理的模型。这里就不进一步讨论数学模型的建立，而是把重点放在如何根据经济订货批量数学模型，建立经济订货批量模型的设计方法。

9.6.5 经济订货批量模型设计

经济订货批量模型设计的具体操作方法如下：

(1) 在流动资金管理模型工作簿中选择一新工作表，并将其命名为"经济订货批量模型"。以考虑存货陆续供应和数量折扣的经济订货批量数学模型为依据，在"经济订货批量模型"工作表中建立经济订货批量模型，如图 9-11 所示。

(2) 将已知数据输入基本数据区。

（3）经济订货批量分析数据区的公式设置。在经济订货批量分析数据区定义存货的最优订货批量、采购成本、存储成本、订货成本和总成本公式。

a. 最优订货批量公式的设置。选择单元格 C13，输入公式"＝SQRT(2＊C4＊C5＊C7/((C7－C8)＊C6))"，利用填充柄向右复制到单元格 F13，分别得到甲、乙、丙、丁四种材料的最优订货批量公式。

b. 采购成本公式的设置。选择单元格 C14，输入公式"＝C4＊C10＊(1－C9)"，利用填充柄向右复制到单元格 F14，分别得到甲、乙、丙、丁四种材料的采购成本公式。

	A	B	C	D	E	F	G
1			经济订货批量决策模型				
2			基本数据区				
3		存货名称	甲材料	乙材料	丙材料	丁材料	
4		材料年需要量A	18000	20000	30000	25000	
5		每次订货成本b	25	25	25	25	
6		单位储存成本c	2	3	4	3	
7		每日送货量p	150	200	300	250	
8		每日耗用量d	25	30	40	25	
9		数量折扣r	2%	2%	2%	2%	
10		单价s	15	20	30	25	
11			分析数据区				
12		存货名称	甲材料	乙材料	丙材料	丁材料	
13		最优订货批量Q*					
14		采购成本					
15		存储成本					
16		订货成本					
17		总成本T*					
18							
19		最佳订货次数N*					
20		最佳订货周期（月）t*					
21		经济订货量占用资金I*					
22							

图 9-11　经济订货批量决策模型设计

c. 存储成本公式的设置。选择单元格 C15，输入公式"＝(C13－C13/C7＊C8)/2＊C6"，利用填充柄向右复制到单元格 F15，分别得到甲、乙、丙、丁四种材料的存储成本公式。

d. 订货成本公式的设置。选择单元格 C16，输入公式"＝C4/C13＊C5"，利用填充柄向右复制到单元格 F16，分别得到甲、乙、丙、丁四种材料的订货成本公式。

e. 总成本公式的设置。选择单元格 C17，输入公式"＝SUM(C14:C16)"，利用填充柄向右复制到单元格 F17，分别得到甲、乙、丙、丁四种材料的总成本公式。

f. 综合成本公式的设置。选择单元格 E18，输入公式"＝C17＋D17＋E17＋F17"，得到甲、乙、丙、丁四种材料的综合成本公式。

g. 最佳订货次数 N* 公式的设置。选择单元格 C19，输入公式"＝C4/C13"，利用填充柄向右复制到单元格 F19，分别得到甲、乙、丙、丁四种材料的最佳订货次数 N* 的公式。

h. 最佳订货周期（月）t* 公式的设置。选择单元格 C20，输入公式"＝1/C19"，利用填充柄向右复制到单元格 F20，分别得到甲、乙、丙、丁四种材料的最佳订货周期（月）t* 的公式。

i. 经济订货量占用资金 I* 公式的设置。选择单元格 C21，输入公式"＝C13/2＊C10"，利用填充柄向右复制到单元格 F20,分别得到甲、乙、丙、丁四种材料的经济订货量占用资金 I* 的公式。

至此,经济订货批量决策模型设置完毕,并计算出其结果,如图 9-12 所示。

	甲材料	乙材料	丙材料	丁材料
经济订货批量决策模型				
基本数据区				
存货名称	甲材料	乙材料	丙材料	丁材料
材料年需要量A	18000	20000	30000	25000
每次订货成本b	25	25	25	25
单位储存成本c	2	3	4	3
每日送货量p	150	200	300	250
每日耗用量d	25	30	40	25
数量折扣r	2%	2%	2%	2%
单价s	15	20	30	25
分析数据区				
存货名称	甲材料	乙材料	丙材料	丁材料
最优订货批量Q*	735	626	658	680
采购成本	264600	392000	882000	612500
存储成本	612	798	1140	919
订货成本	612	798	1140	919
总成本T*	265825	393597	884280	614337
综合成本	2158039			
最佳订货次数N*	24	32	46	37
最佳订货周期(月)t*	0.04	0.03	0.02	0.03
经济订货量占用资金I*	5511	6262	9867	8505

图 9-12　经济订货批量决策模型

第 10 章　销售与利润管理模型设计

我国加入 WTO 后,国际上许多实力很强的企业陆续进入我国,参与企业的市场竞争,面对激烈的市场竞争,越来越多的企业更加注重销售与利润的管理,并应用计算机技术建立相应的模型,将定量分析与定性分析相结合,以便及时、准确地掌握企业销售业绩和决策成果,并对企业存在的问题进行决策分析,提高企业在市场竞争中的能力。本章主要讨论如何利用 Excel 提供的预测函数、数据透视表、单变量求解等工具,建立销售分析、销售预测及利润管理模型的方法与步骤,从而建立销售与利润管理模型。

10.1　销售与利润管理模型概述

10.1.1　销售与利润管理模型建立的意义

在全球经济一体化的今天,中国企业要更多地面对来自国内和国际市场的竞争,如何使身处顾客、竞争、变化的经济环境中的企业保持竞争优势,将是大多数中国企业需要解决的难题。面对激烈的市场竞争,销售管理在企业经营活动中的地位越来越重要。为此,很多企业以市场为核心,建立了市场链流程重组模型,使企业内部的职工直接面对用户,形成以客户为中心的服务理念;同时,为了实现目标利润,不断提高利润水平,企业必须加强对利润的预测和管理。因此,建立销售与利润管理模型,可以及时、准确地从企业的账务处理子系统或销售子系统提取数据,对用户普遍关心的销售情况进行定量的静态与动态分析,即正确评价企业过去的经营业绩,全面反映销售的现状,准确预测销售的潜力,充分揭示销售经营管理中存在的风险;同时,也可以通过使用模型,对改变影响企业利润的各种因素进行分析,找出影响企业利润增减的真正原因,指导企业合理地组织和调整计划,制定相应的销售策略,提高销售与利润管理的水平。

10.1.2　销售与利润管理模型的主要内容

建立新工作簿,并将其命名为"销售与利润管理模型"工作簿。该模型主要包括以下功能模型。

1. 销售预测分析模型

(1)利用回归直线方程进行销售预测。回归直线方程销售预测模型是以销售数据为历史数据,自动建立可以反映销售增减变动的回归直线模型。

（2）利用多元回归方程进行销售结果分析和预测。多元回归方程销售预测模型是以销售数据为历史数据,利用销售额（量）和其他各种影响因素之间的因果关系来推测销售发展趋势的因果分析模型。

2. 成本预测模型

利用回归直线方程还可以进行成本预测。利用回归直线方程进行成本预测模型是以成本核算的历史数据为数据,自动建立可以反映成本增减变动的回归直线模型。

3. 资金需求量的预测模型

根据企业销售量增减变动情况,利用回归直线方程还可以进行资金需求量的预测。它是以各期销售量的历史数据为数据,建立可以反映销售量增减变动的回归直线模型,来预测企业对资金需求的情况。

4. 销售业绩分析模型

销售业绩分析模型包括销售流向分析和销售业绩分析。

5. 本量利分析模型

本量利分析模型对影响企业利润的四个因素进行分析,以帮助管理者制定目标利润。

10.2　销售预测模型的设计

10.2.1　销售预测方法

1. 回归直线法

回归直线法是根据过去若干期间销售量的实际历史资料,确定可以反映销售量增减变化趋势的直线方程,即直线回归分析方程,并将此直线加以延伸,进而求出销售预测值的预测方法。直线回归方程为：

$$Y = ax + b$$

式中：Y 为销售量；x 为时间。

具体步骤如下：

（1）先根据一组 n 期历史销售量的实际历史资料(y_i, x_i),代入直线方程可确定下列方程组：

$$\sum y_i = nb + a\sum x_i$$
$$\sum y_i x_i = b\sum t_i + a\sum x_i^2$$

（2）解此方程组可以求出参数 a、b 的值和相关系数 R^2,因此可得销售预测直线方程。

下面以介绍回归直线法的数学推导。

已知销售量直线方程：$y = a + bx$

式中：y 为销售总额；x 为时间；a 为混合成本中的固定成本总额；b 为混合成本中单位变动

成本。设有一组历史资料为 n 个观测值$(x_1, y_1), (x_2, y_2), \cdots, (x_n, y_n)$。

将 x_i 代入方程 $y = a + bx(i = 1, 2, \cdots, n)$ 中。

现在要求使 y 与 y_i 离差平方和最小的直线。

设 $d = \sum(y - y_i)^2$

将 $y_i = a + bx_i$ 代入得 $d = \sum(y - a - bx_i)^2$，此方程可以视为关于变量 a、b 的二元函数，若存在极小值，必有一阶偏导数为零，因此对 a、b 求偏导，并令其等于 0，解之可得方程组：

$$\begin{cases} na + b\sum x_i = \sum y_i \\ b\sum x_i + a\sum x_i^2 = \sum x_i y_i \end{cases}$$

解此二元一次方程组可得：

$$\begin{cases} a = \dfrac{\sum y_i - b\sum x_i}{n} \\ b = \dfrac{n\sum x_i y_i - \sum x_i \sum y_i}{n\sum x_i^2 - (\sum x_i)^2} \end{cases}$$

b 的值代入方程 $y = a + bx$，此方程即为所求的回归直线方程。但是由此求出的回归直线方程是否为拟合程度最好的直线，还需要进一步进行判断，为此要求相关系数 r_{ij}。如果 $r_{ij} > 0$，表示 x 与 y 是正相关，当 $r_{ij} < 0$ 时，表示 x、y 是负相关，x、y 的相关程度将决定回归直线与观测值的拟合程度。$|r_{ij}|$ 越接近 1 时，说明 x、y 的线性相关程度越好，回归直线与观测值的拟合程度也越好。当 $|r_{ij}| = 1$ 时，x、y 完全相关，此时回归直线与观测值的拟合程度最好。

此外，我们还可以根据相关系数判断该方程是否合理。若相关系数 r_{ij} 接近 1，一般经验值 $|r_{ij}| > 0.68$，说明时间 x 与销售量 y 之间是线性相关的，可以用此回归直线方程进行趋势预测；否则，用该方程预测其结果将不准确。

2. 曲线趋势法

曲线趋势法是根据过去若干期间销售量的实际历史资料，确定可以反映销售量增减变化的曲线方程，并将此曲线加以延伸，进而求出销售预测值的预测方法。当销售的历史资料明显地呈现曲线趋势时，就不能采用上述的回归直线方法，而应按下列一元二次曲线方程建立销售预测模型，即回归曲线模型：

$$y = a + b_1 x + b_2 x^2$$

式中：y 为销售量或销售额；x 为观测值的间隔期；a 为曲线的截距；b_1 为 x 的系数；b_2 为 x^2 的系数。

对一元二次曲线方程，同样可用最小平方法求解（这里略），求出 a、b_1、b_2，由此可确定曲线方程 $y = a + b_1 x + b_2 x^2$，这样就得到了销售预测的曲线方程并进行趋势预测。然而，在手工条件下解曲线方程的过程非常复杂，必须借助于计算机才能得以广泛应用。

10.2.2 销售预测函数

Excel 提供了多种预测函数，在此仅介绍回归分析函数 LINEST，用它可以进行直线回归分析、曲线分析。

1. 直线回归函数 LINEST

格式：LINEST (known_y's，known_x's，const，stats)。

功能：找出直线回归方程 $y = ax + b$ 最合适的预测数据的直线回归系数与统计量，并返回该系数与统计量。

参数：known_y's 代表一组因变量 y_i，如果 known_y's 数组是单一行，则 known_x's 中的每一横行将被视为一个独立的变量。如果 known_y's 数组是单一列，则 known_x's 中的每一竖列将被视为一个独立的变量。const 为一个逻辑变量，指定是否强制常数项 b 为 0：如果 const 为 FALSE，常数项 b 将被忽略，方程为 $y = ax$；如果 const 为 TRUE 或省略，正常计算 b。stats 为一个逻辑变量，指定是否返回附加回归统计值：如果 stats 为 TRUE，LINEST 函数将返回如 10-1 所示的 2 维数组表；如果 stats 为 FALSE 或省略，LINEST 函数将返回参数 a 和 b。

表 10-1 二维数组回归分析函数的参数值及统计量

a	b
a 值估计的标准差	b 值估计的标准差
相关系数平方值 R^2	Y 值估计的标准差
统计量 F	自由度 D，F
回归平方和	估计值残值的平方和

表 10-1 中，参数值 a、b 即为回归直线的系数，参数值 a 在数组中第 1 行第 1 列位置，参数值 b 在数组中第 1 行第 2 列位置，相关系数平方值 R^2，在数组中第 3 行第 1 列位置，R^2 即前面所述的相关系数 r_{ij} 的平方，用来判断回归直线变量 x 与 y 的相关程度。如果要得到数组中的值，必须用前面介绍的 INDEX 函数将其求出。下面通过例子说明其用法。

【例 10-1】 ABC 公司 2016 年销售情况表如表 10-2 所示。请预测 ABC 公司 2017 年 3 月电子琴的销售数量。

表 10-2 ABC 公司 2016 年销售情况表　　　　　　　　单位：台

月(x)	1	2	3	4	5	6	7	8	9	10	11	12
电子琴(销售)	16 000	19 000	20 000	22 000	21 000	19 000	23 000	24 000	23 500	26 000	26 500	27 000

具体操作方法如下：

(1) 根据表 10-2 的销售数据建立销售预测模型的基本数据区，如图 10-1 所示。

(2) 建立销售预测模型。企业过去若干期间销售量 y 与时间的 x 关系可用下列直线回归方程表示：

$$y = ax + b$$

式中：y 为销售量；x 为时间序列 1，2，…，10。

在 ABC 公司销售情况表下建立销售预测分析模型，如图 10-1 所示。只要求出 a、b 参数和相关系数 R^2，就得到了销售预测直线方程。下面用 LINEST 函数定义这 3 个参数，并用 INDEX 求出结果。

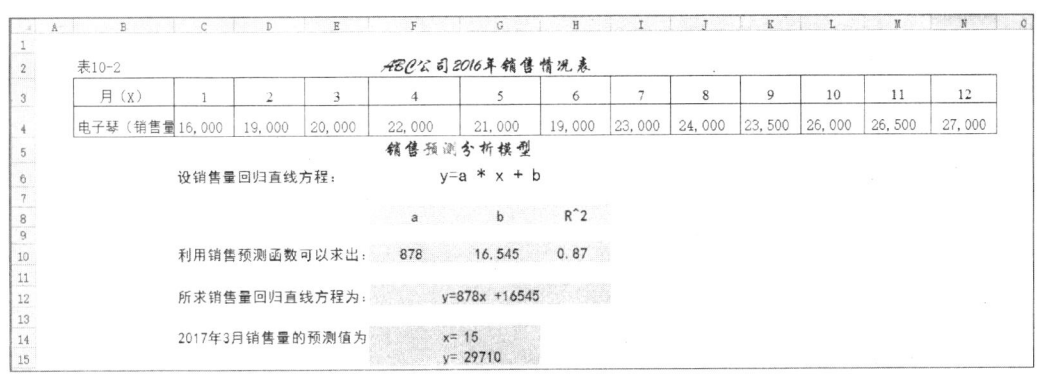

图 10-1 回归直线的销售预测模型

a. 参数 a 公式的设置。选择单元格 F10,输入公式"=INDEX(LINEST($C\$4:\$N\$4,\$C\$3:\$N\$3,TRUE,TRUE),1,1)",参数 a 即可求出。

b. 参数 b 和 R^2 公式的设置。选择单元格 G10,输入公式"=INDEX(LINEST($C\$4:\$N\$4,\$C\$3:\$N\$3,TRUE,TRUE),1,2)",参数 b 即可求出。选择单元格 H10,输入公式"=INDEX(LINEST($C\$4:\$N\$4,\$C\$3:\$N\$3,TRUE,TRUE),3,1)",参数 R^2 即可求出。

实际上 b 和 R^2 参数公式,可以由单元格 F10 用填充柄复制到单元格 H10,然后分别修改一下后面的行列数就可以得到,读者可以自己练习体会。这样回归直线方程确定了,为: $y = 878x + 16\,545$。2016 年 3 月,$x=15$(x 是时间序列从 2016 年 1 月,即 $x=1$ 算起的),$y = 29\,710$。

注意:上面公式在计算时,因为 x 是时间序列,其范围可以省略,如果要输入 x 的范围,就要把表 10-2 中 x 数据中的单位"月"去掉成为数据才可以计算,如图 10-1 中的 x 数据,否则 Excel 将返回错误值。

c. 画出回归直线 $y=878x+16\,545$。首先,选择单元区域 B3:N4,点击插入菜单栏上的散点图图标,选择第一个散点图,出现如图 10-2 所示界面。其次,点击散点图上的点,单击鼠标右键,弹出菜单,选择"添加趋势线",出现如图 10-3 所示界面。在图 10-3 中,选择"设置截距",并将回归直线

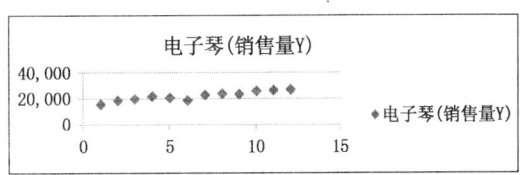

图 10-2 散点图

截距"16545"填入,再选择"显示公式",显示 R 平方值,点击[关闭]按钮,出现所要的销售量的回归直线方程,如图 10-4 所示。

2. 销售预测分析模型——因果分析模型设计

1) 曲线趋势函数 LINEST

格式:LINEST (known_y's, known_x's, const, stats)。

功能:LINEST 函数还可以用于曲线趋势分析或因果分析,因为它可以求出多元回归方程 $y = a_1x_1 + a_2x_2 + \cdots + a_nx_n + b$ 最合适的预测数据的回归系数与统计量,并返回该系数与统计量,如表 10-3 所示。

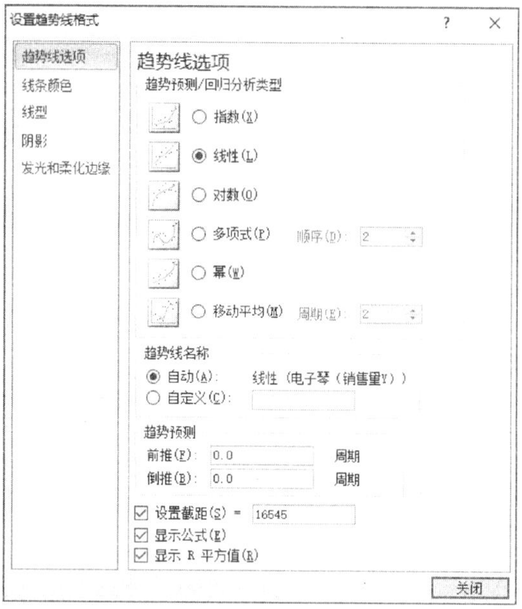

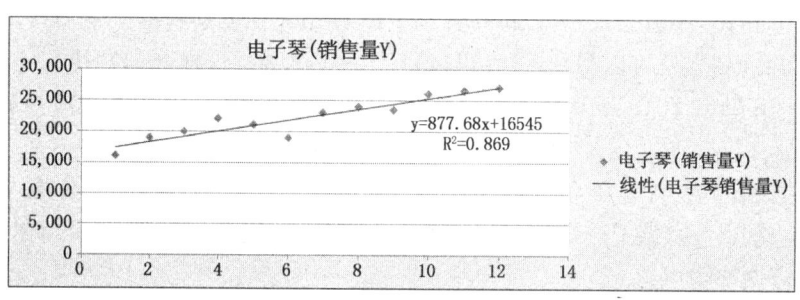

图 10-3　设置趋势线格式

图 10-4　销售预测回归直线

表 10-3　n 维数组回归分析函数的参数值及统计量

a_1	a_2	a_3	$\cdots$	a_n	b
a_n 值估计的标准差	a_2 值估计的标准差	a_3 值估计的标准差	$\cdots\cdots$	a_n 值估计的标准差	b 值估计的标准差
相关系数平方值 R^2	Y 值估计的标准差				
统计量 F	自由度 D、F				
回归平方和	估计值残值的平方和				

销售量一般总和某些因素有关,如销售量与销售单价和广告费用有关。因此,财务管理人员应该分析影响销售量的原因,并将企业过去若干期间与产品销售量有关的因素的实际历史资料输入到"因果分析基本数据"区域中,下面举例说明。

【例 10-2】 假设 ABC 公司 2016 年销售情况受到销售单价和广告费两个因素的影响,

具体销售情况见表10-4。请预测该公司2017年销售量。

表10-4　ABC公司2016年销售情况表

月	1月	2月	3月	4月	5月	6月	7月	8月	9月	10月	11月	12月
广告费 x_1	20 000	23 000	21 000	25 000	22 000	19 000	23 000	25 000	24 000	23 500	26 500	27 000
销售单价 x_1	20	23	24	22	25	20	19	21	26	28	27	22
销售量 Y	16 000	19 000	20 000	22 000	21 000	19 000	23 000	24 000	23 500	26 000	26 500	27 000

具体操作方法如下：

(1) 根据表10-4的销售数据建立销售预测分析模型的基本数据区，如图10-5所示。

(2) 建立销售量预测模型。ABC公司过去若干期间销售量 y 与自变量 x_1、x_2 的关系可用如下曲线趋势方程表示：

$$y = a_1 x_1 + a_2 x_2 + b$$

式中：y 为销售量；x_1 为广告费；x_2 为销售单价。

在ABC公司销售情况表下建立销售预测分析模型，如图10-5所示。只要求出 a_1、a_2、b 参数和相关系数 R^2，就得到了销售预测曲线趋势方程。下面用 LINEST 函数定义这四个参数，并用 INDEX 函数求出结果。

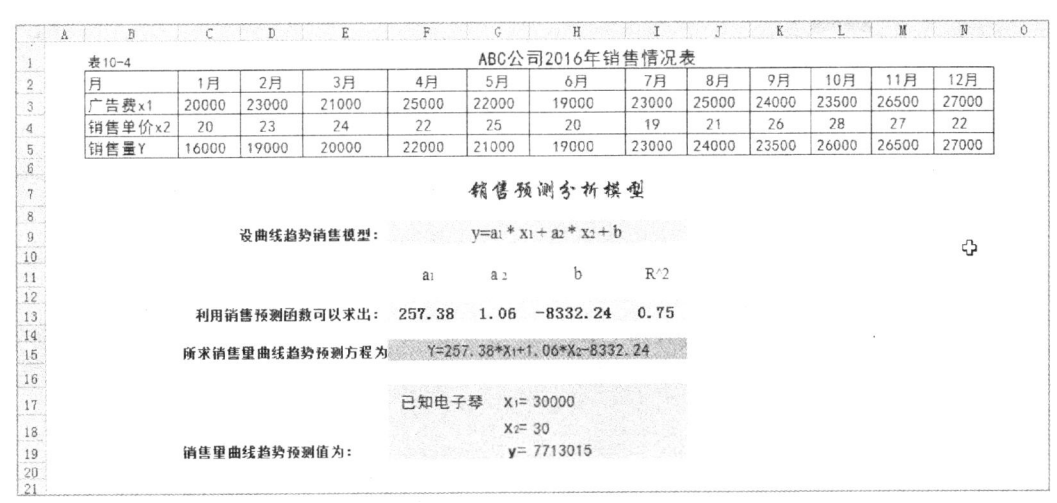

图10-5　销售曲线趋势预测模型

a. 参数 a_1 公式的设置。选择单元格 F13，输入公式"＝INDEX(LINEST(＄C＄5：＄N＄5,＄C＄3：＄N＄4,TRUE,TRUE),1,1)"，求出参数 a_1。

b. 参数 a_2、b 和 R^2 公式的设置。选择单元格 G13，输入公式"＝INDEX(LINEST(＄C＄5：＄N＄5,＄C＄3：＄N＄4,TRUE,TRUE),1,2))"，求出参数 a_2；选择单元格 H13，输入公式＝INDEX(LINEST(＄C＄5：＄N＄5,＄C＄3：＄N＄4,TRUE,TRUE),1,3))，求出参数 b；选择单元格 I13，输入公式＝INDEX(LINEST(＄C＄5：＄N＄5,＄C＄3：＄N＄4,TRUE,TRUE),3,1)，求出参数 R^2。

简便方法：参数 a_2、b 和 R^2 公式的设置，可以由单元格 F13 用填充柄复制到单元格

I13，然后分别修改一下后面的行列数就可以得到，读者可以自己练习体会。这样销售曲线趋势预测方程就确定了，为："$y = 257.38 * x_1 + 1.06 * x_2 - 8332.24$"，如图 10-5 所示。

c. 销售曲线趋势预测值公式的设置。选择单元格 H19，输入公式"$= F13 * H17 + G13 * J17 + H13$"。

d. 判断。企业财务管理人员可以根据相关系数的值判断该方程是否合理，因为 $R^2 = 0.75$，$R = 0.87 > 0.68$，说明历史资料中销售单价和广告费与销售量之间存在因果关系，即销售单价和广告费是影响销售量的主要因素，因此可以用此方程进行分析。

e. 因果分析。在"广告费"单元格 H17 中，输入未来的广告费"30 000"，在"销售单价"单元格 H18 输入未来的单价"30"，则模型立即计算出预测的销售量"$y = 7710984$"。

10.3 成本预测模型设计

成本预测模型——回归直线分析模型的设计方法同销售直线回归预测模型。所以这里不再赘述。

具体做法是：将作业小时作为自变量 x，总成本作为因变量 y，设置直线回归方程模型。

（1）建立历史资料。根据表 10-5 中的作业小时与总成本关系的历史数据，建立成本预测模型的基本数据区，如图 10-6 所示。

表 10-5 ABC 公司 2016 年作业成本小时与总成本关系表

作业小时(x)	30	50	20	10	60	50	40	60	30	10	40	20
总成本(y)	500	650	300	300	900	750	650	700	450	350	600	450

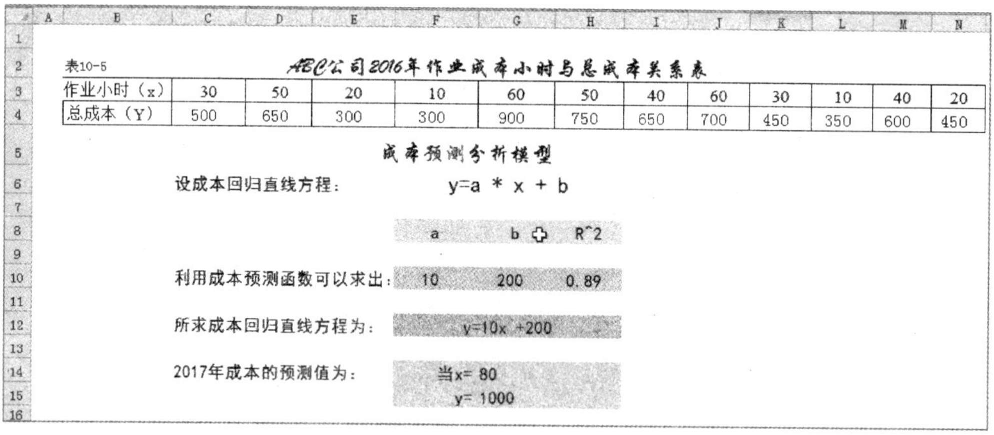

图 10-6 成本预测模型

（2）建立成本预测模型。可以直接复制图 10-1 模型，将图 10-1 中表 10-2 的数据改为表 10-5 的数据和格式，将原来"销售"的地方换成"成本"，则模型自动算出成本预测值，如图 10-6 所示。

（3）画出成本预测回归直线，如图 10-7 所示，方法同销售预测回归直线。

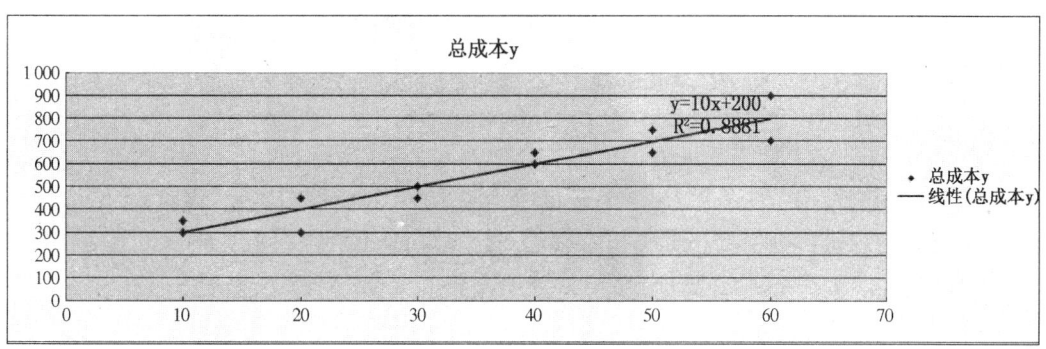

图 10-7　成本预测回归直线

10.4　资金需求量预测模型设计

1. 资金需求量预测原理

企业生产经营活动所需要的资金常分为两类：一类是用于固定资产方面的资金，称为"固定资金"；另一类是用于流动资产方面的资金，称为"流动资金"。这里所提的资金需要量的预测是指包括固定资金和流动资金在内的资金需求总量的预测。企业的资金与销售量有着直接的关系，因此财务管理人员要随时根据企业销售量的变化准备好所需要的资金。资金需求量预测主要有两种方法：一种方法是利用直线回归分析模型，进行资金需求量的预测；另一种方法是销售百分比法进行资金需求量预测。

2. 资金需求量预测模型——回归直线法

具体做法是：将销售额作为自变量，资金需求量作为因变量，设成回归直线方程。

（1）建立历史资料。根据表 10-6 的基本销售数据和资金需求量历史数据建立资金需求量预测模型的基本数据区，如图 10-8 所示。

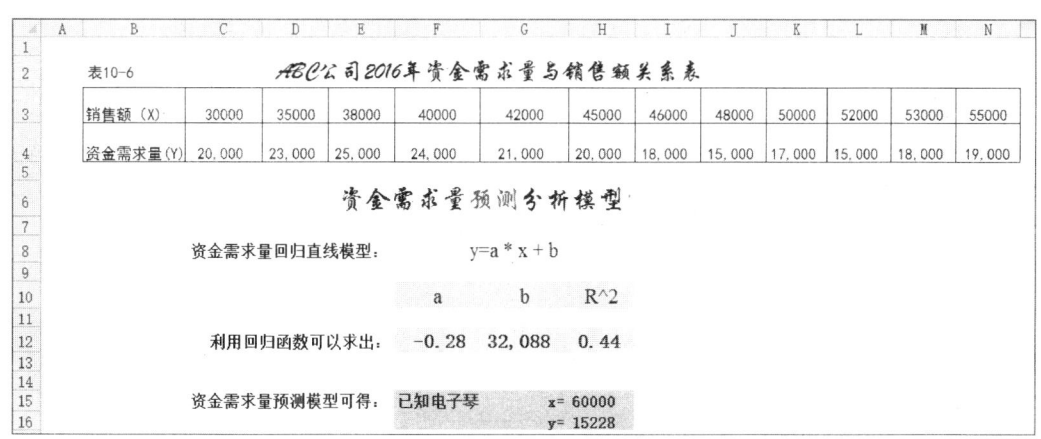

图 10-8　资金需求量预测模型 1——回归直线法

表 10-6　ABC 公司 2016 年资金需求量与销售额关系表

销售额(x)	30 000	35 000	38 000	40 000	42 000	45 000	46 000	48 000	50 000	52 000	53 000	55 000
资金需求量(y)	20 000	23 000	25 000	24 000	21 000	20 000	18 000	15 000	17 000	15 000	18 000	19 000

（2）建立资金需求量预测模型。可以直接复制图 10-1 模型到新工作表，将此表命名为"资金需求量预测模型 1"，将表 10-2 的数据改为表 10-6 的数据和格式，将原来"销售"的地方换成"资金需求量"，则模型自动算出资金需求量预测值，如图 10-8 所示。

3. 资金需求量预测模型——销售百分比法

1）销售百分比法

销售百分比法是指根据资产项目中各个项目与销售收入总额之间的关系，按照计划期销售额的增长情况来预测需要相应地追加多少资金的方法。此方法在西方国家非常盛行。其具体计算步骤为：

（1）分析基期资产负债表中各个项目与销售额之间的依存关系。

a. 资产类项目中流动资产。将流动资产中因销售额的增加而相应增加的项目找出，如货币资金、应收账款、存货等流动资产会随销售额的增加而相应增加，这些项目可作为资产类项目。

b. 固定资产。若基期固定资产使用没有达到饱和状态，不作为资产类项目；若固定资产使用已达到饱和状态，增加销售就需要扩充固定设备，此时固定资产可以作为资产类项目。

c. 长期投资和无形资产。该类项目一般不随销售额的增长而增加，不作为资产类项目。

（2）权益类项目。

a. 流动负债。流动负债中的应付账款、应付票据、应交税费和其他应付款因销售额的增加而增加，可作为权益类项目。

b. 长期负债及股东权益。该类项目不随销售额的增加而增加，不作为权益类项目。

将基期的资产负债表中各个项目用销售百分比的形式表示出来，并另行编表。

2）外部资金需求量公式

计划期预计需要追加的资金需求量的计算公式为：

$$Q = \left(\frac{A}{S_0} - \frac{L}{S_0}\right)(S_1 - S_0) - Dep_1 - S_1 R_0 (1 - d_1) + M_1$$

式中：Q 为计划期预计需要追加的资金需求量；S_0 为基期的销售收入总额；S_1 为计划期的销售收入总额；A/S_0 为基期随销售额增加而增加的资产项目与销售总额的百分比；L/S_0 为基期随销售额增加而增加的负债项目与销售总额的百分比；Dep_1 为计划期提取的折旧基金减去用于更新改造的余额；R_0 为基期的税后销售利润率；d_1 为计划期的股利发放率；M_1 为计划期零星资金需要量。

温馨提示

解此类问题首先要判断资产负债表中与销售收入有关的资产、权益类项目，从而求出 A、L；其次再根据已知条件给出的数据代入公式，即可求得计划期预计需要追加的资金量。

4. 资金需求量预测模型设计

下面通过实例说明资金需求量预测模型设计方法。

【例10-3】 ABC公司在2016年实际销售收入总额为5 000 000元,获得税后利润200 000元,并发放普通股股利100 000元,假定基期的厂房设备利用率已达饱和状态,该公司2016年年末的资产负债表简表如表10-7所示。若该公司预计在2017年的销售收入将增至8 000 000元,并仍按基期股利发放率支付股利,折旧准备提取数为200 000元,其中70%用于改造现有厂房设备,计划期零星资金需要量为140 000元。请预测ABC公司2017年需要追加资金的数量。

表10-7 ABC公司资产负债表简表

2016年12月31日　　　　　　　　　　　　　　　　　　　金额单位:元

资产		负债和所有者权益	
货币资金	100 000	应付账款	500 000
应收账款	250 000	应交税费	250 000
存货	1 000 000	长期负债	500 000
厂房设备(净额)	500 000	普通股股本	1 000 000
无形资产	550 000	留存收益	150 000
资产总计A	2 400 000	负债和所有者权益总计L	2 400 000

先根据2016年期末资产负债表各项目的性质,按照前述的方法分析研究它们与当年销售收入总额间的依存关系,将与销售收入无关的项目剔除,并编制该年度与销售收入有关项目的资产负债表,如表10-8所示。

表10-8 ABC公司资产负债表简表

2016年12月31日　　　　　　　　　　　　　　　　　　　金额单位:元

资产		负债和所有者权益	
货币资金	100 000	应付账款	500 000
应收账款	250 000	应交税金	250 000
存货	1 000 000	长期负债	500 000(无关)
厂房设备(净额)	500 000	普通股股本	1 000 000(无关)
无形资产	550 000(无关)	留存收益	150 000(无关)
资产总计A	1 850 000	负债和所有者权益总计L	750 000

5. 资金需求量预测模型——销售百分比法

销售百分比法条件下资金需求量预测模型如图10-9所示。

具体操作方法如下:

(1) 与销售收入有关的资产类项目A公式的设置。选择单元格J4,输入公式"=C5+C6+C7+C8=1 850 000"。

(2) 与销售收入有关的权益类项目L公式的设置。选择单元格J5,输入公式"=E5+E6",其结果为750 000;选择单元格J6,输入数值"=5 000 000";选择单元格J7,输入数值"=8 000 000";选择单元格J8,输入数值"=200 000"。

	A	B	C	D	E	F	G	H	I	J	K
			*ABC*公司资产负债表简表					资金需求量预测模型			
	表10-7		2016年12月31日								
		资产		负债和所有者权益			基期随销售收入变化资产类项目A			1850000	
	货币现金		100000	应付账款		500000	基期随销售收入变化负债类项目L			750000	
	应收账款		250000	应交税费		250000	基期销售收入总额S₀			5000000	
	存货		1000000	长期负债		500000	计划期销售收入总额S₁			8000000	
	厂房设备(净额)		500000				计划期提取折旧基金			200000	
				普通股股本		1000000	折旧基金用于更新改造后的数额dep₁			60000	
	无形资产		550000	留存收益		150000	基期销售税后利润			200000	
	资产总计A		2400000	负债和所有者权益总计L		2400000	基期销售净利率R₁			4%	
							基期股利d₁			100000	
							计划期留存收益比率1-d₁			50.00%	
							计划期零星资金需要量M₁			140000	
							资金需求量预测Q			580000	

图 10-9 资金需求量预测模型 2——销售百分比法

(3)折旧基金用于更新改造资金后的数额 dep_1 公式的设置。选择单元格 J9,输入公式"=J8*(1-70%)",其结果为 60 000;选择单元格 J10,输入数值"=200 000"。

(4)基期销售净利率公式的设置。选择单元格 J11,输入公式"=J10/J6=4%";选择单元格 J12,输入数值"=100 000"。

(5)计划期留存收益比率 $1-d_1$ 公式的设置。选择单元格 J13,输入公式"=1-J12/J10";选择单元格 J14,输入数值"=140 000"。

(6)2016 年预计需要追加的资金需求量公式的设置。选择单元格 J15,输入公式"=((J4-J5)/J6)*(J7-J6)-J9-J7*J11*J13+J14",其结果为 58 000。

6. 资金需求量预测模型——销售百分比法的使用

在资金需求量预测模型的 J 列输入各个已知数据,由于模型中各单元间建立了数据链接,只要将 ABC 公司各个已知数据输入或链接到相应区域,则模型自动求出所要预测的资金需求量。

10.5 销售业绩分析模型设计

企业在进行销售业绩分析时常常采用的方法是先对企业的销售流向进行分析,然后再进行销售业绩分析,以便对企业的整体销售情况进行评价,因此,企业可以先建立销售流向分析模型。销售流向分析模型可以及时、准确地将销售明细信息按销售人员、客户、地区进行分类汇总,分析企业所经营的产品或货物的销售流向,帮助管理者进行产品销售流向分析。本节结合 Excel 提供的排序、筛选和分类汇总等数据分析工具讨论销售流向分析模型建立的方法。

10.5.1 销售流向分析模型设计

管理人员可以根据工作的需要对已获取的销售数据按客户进行销售流向分析、按销售员进行销售流向分析和按地区进行销售流向分析。

例如,ABC 公司在华北地区销售系列家电产品情况表如图 10-10 中的表 10-8 所示。

表10-8		ABC公司销售情况统计表						
日期	销售网点	产品名称	单价	数量	金额	客户		销售员
2016/1/31	北京	29寸电视机	1800	50000	90000000	王府井商场		王红
2016/1/31	太原	29寸电视机	1780	2450	4361000	太原商场		马力
2016/1/31	大同	29寸电视机	1800	4990	8982000	华联商场		苗志
2016/1/31	天津	29寸电视机	1230	4567	5617410	天津商场		张军
2016/2/28	北京	全自动洗衣机	1400	30000	42000000	王府井商场		王红
2016/2/28	太原	全自动洗衣机	1380	4130	5699400	太原商场		马力
2016/2/28	大同	全自动洗衣机	1200	3450	4140000	华联商场		苗志
2016/2/28	天津	全自动洗衣机	1400	2300	3220000	天津商场		张军
2016/3/31	太原	热水器	1150	5070	5830500	太原商场		马力
2016/3/31	大同	热水器	1000	3000	3000000	华联商场		苗志
2016/3/31	北京	热水器	1200	8000	9600000	西单商场		李伟
2016/4/30	太原	1.5匹冷暖空调	1560	3400	5304000	太原商场		马力
2016/4/30	大同	1..5匹冷暖空调	1200	3467	4160400	华联商场		苗志
2016/4/30	北京	1.5匹冷暖空调	1680	4590	7711200	西单商场		李伟
2016/4/30	天津	1.5匹冷暖空调	1290	4320	5572800	天津商场		张军
2016/5/31	石家庄	热水器	1200	7800	9360000	石家庄商场		赵云
2016/6/30	石家庄	29寸电视机	1200	8000	9600000	石家庄商场		赵云
2016/7/31	石家庄	全自动洗衣机	1000	4890	4890000	石家庄商场		赵云

图 10-10　ABC 公司销售情况统计表设计

销售流向分析模型设计的具体操作方法如下：

（1）将表 10-8 按客户进行排序。选择单元区域 B2：I20，点击"开始"菜单栏右侧的排序和筛选图标，在弹出的对话框中选择"排序"对话框，选择"自定义排序"，如图 10-11 所示界面，在"主要关键字"选项下选择"客户"，在"次次"选项下选择"升序"，之后点击 [确定] 按钮，则系统就会对 ABC 公司销售情况统计表的数据按客户进行排序，如图 10-12 所示。

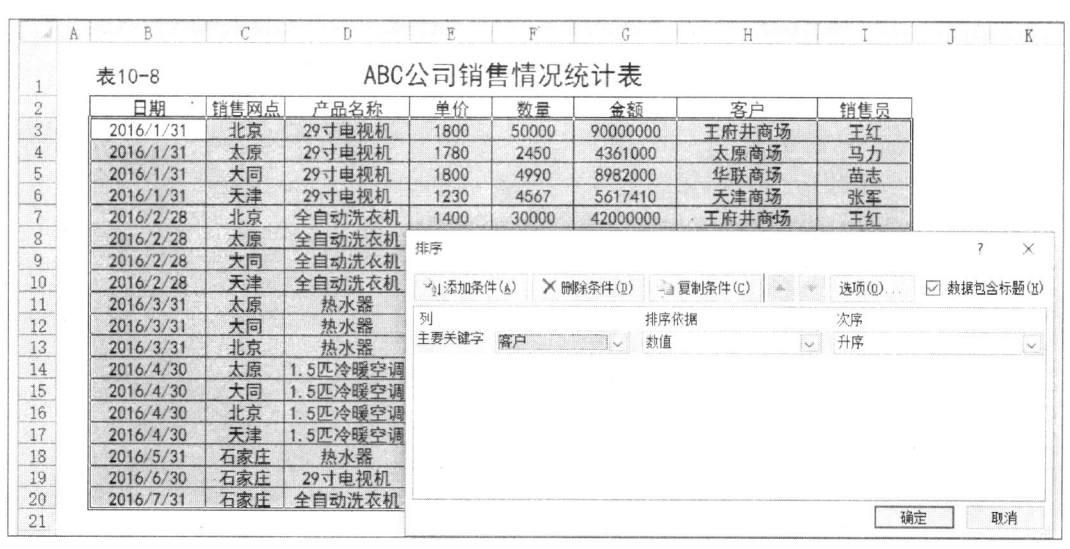

图 10-11　按客户排序

（2）对"ABC 销售情况统计表"按客户汇总。选择单元区域 B2：I20，点击数据菜单栏

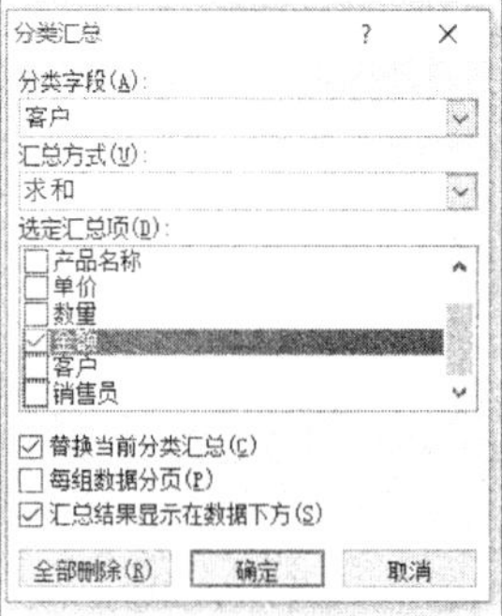

图 10-12　按客户进行分类汇总设置

"分类汇总"图标,出现"分类汇总"对话框,如图 10-12 所示。在"分类字段"选项下,选择"客户";"汇总方式"选项下,选择"求和";在"选定汇总项"选项下,选择需要汇总计算的项目,按"金额"。点击[确定]按钮,则汇总结果如图 10-13 所示,在图在上方有三个按钮选项,可以根据需要选用:

图 10-13　对销售数据按客户分类汇总

按钮[1]:表示一级汇总显示,即显示全体客户总销售额。
按钮[2]:表示二级汇总显示,即显示各客户销售额汇总数。
按钮[3]:表示三级汇总显示,即显示每个客户的销售额及汇总数。

（3）按销售额对客户进行排名。点击图 10-13 左上方按钮[2]，对汇总结果按金额进行降序排序，则出现如图 10-14 所示的按客户汇总结果。

1 2 3	A	B	C	D	E	F	G	H	I	J
		表10-8			ABC公司销售情况统计表					
		日期	销售网点	产品名称	单价	数量	金额	客户	销售员	
7							20282400	华联商场 汇总		
11							23850000	石家庄商场 汇总		
16							21194900	太原商场 汇总		
20							14410210	天津商场 汇总		
23							132000000	王府井商场 汇总		
26							17311200	西单商场 汇总		
27							229048710	总计		

图 10-14　按销售额对客户进行排名

通过图 10-14 可以看出每个客户的销售额和销售主要流向哪些客户。

（4）取消分类汇总。当分类汇总表使用完毕，可再选择"数据"菜单栏分类汇总图标，在出现对话框后选择"全部删除"按钮，则恢复原来的销售数据。

（5）按销售员进行销售流向分析。方法同上，选择单元区域 B2:I20，选择"开始"菜单栏的排序图标，对表 10-8 按销售员进行排序，如图 10-15 所示。

	A	B	C	D	E	F	G	H	I	J
1		表10-8			ABC公司销售情况统计表					
2		日期	销售网点	产品名称	单价	数量	金额	客户	销售员	
3		2016/3/31	北京	热水器	1200	8000	9600000	西单商场	李伟	
4		2016/4/30	北京	1.5匹冷暖空调	1680	4590	7711200	西单商场	李伟	
5		2016/1/31	太原	29寸电视机	1780	2450	4361000	太原商场	马力	
6		2016/2/28	太原	全自动洗衣机	1380	4130	5699400	太原商场	马力	
7		2016/3/31	太原	热水器	1150	5070	5830500	太原商场	马力	
8		2016/4/30	太原	1.5匹冷暖空调	1560	3400	5304000	太原商场	马力	
9		2016/1/31	大同	29寸电视机	1800	4990	8982000	华联商场	苗志	
10		2016/2/28	大同	全自动洗衣机	1200	3450	4140000	华联商场	苗志	
11		2016/3/31	大同	热水器	1000	3000	3000000	华联商场	苗志	
12		2016/4/30	大同	1.5匹冷暖空调	1200	3467	4160400	华联商场	苗志	
13		2016/1/31	北京	29寸电视机	1800	50000	90000000	王府井商场	王红	
14		2016/2/28	北京	全自动洗衣机	1400	30000	42000000	王府井商场	王红	
15		2016/1/31	天津	29寸电视机	1230	4567	5617410	天津商场	张军	
16		2016/2/28	天津	全自动洗衣机	1400	2300	3220000	天津商场	张军	
17		2016/4/30	天津	1.5匹冷暖空调	1290	4320	5572800	天津商场	张军	
18		2016/5/31	石家庄	热水器	1200	7800	9360000	石家庄商场	赵云	
19		2016/6/30	石家庄	29寸电视机	1200	8000	9600000	石家庄商场	赵云	
20		2016/7/31	石家庄	全自动洗衣机	1000	4890	4890000	石家庄商场	赵云	

图 10-15　按销售员进行排序

对图 10-15 中数据按销售额对销售员进行分类汇总，并对销售额进行排序，如图 10-16 所示。选择图左上方按钮[2]：显示各销售员销售额汇总结果，由此可以清晰地看到每个销售员为企业创造的销售收入，管理者可以根据其结果每个销售人员的销售业绩进行评价，如图 10-17 所示。

（6）按销售网点或地区进行销售流向分析。方法同上，这里不再赘述，读者可自己练习。

表10-8			ABC公司销售情况统计表				
日期	销售网点	产品名称	单价	数量	金额	客户	销售员
2016/3/31	北京	热水器	1200	8000	9600000	西单商场	李伟
2016/4/30	北京	1.5匹冷暖空调	1680	4590	7711200	西单商场	李伟
					17311200		李伟 汇总
2016/1/31	太原	29寸电视机	1780	2450	4361000	太原商场	马力
2016/2/28	太原	全自动洗衣机	1380	4130	5699400	太原商场	马力
2016/3/31	太原	热水器	1150	5070	5830500	太原商场	马力
2016/4/30	太原	1.5匹冷暖空调	1560	3400	5304000	太原商场	马力
					21194900		马力 汇总
2016/1/31	大同	29寸电视机	1800	4990	8982000	华联商场	苗志
2016/2/28	大同	全自动洗衣机	1200	3450	4140000	华联商场	苗志
2016/3/31	大同	热水器	1000	3000	3000000	华联商场	苗志
2016/4/30	大同	1.5匹冷暖空调	1200	3467	4160400	华联商场	苗志
					20282400		苗志 汇总
2016/1/31	北京	29寸电视机	1800	50000	90000000	王府井商场	王红
2016/2/28	北京	全自动洗衣机	1400	30000	42000000	王府井商场	王红
					132000000		王红 汇总
2016/1/31	天津	29寸电视机	1230	4567	5617410	天津商场	张军
2016/2/28	天津	全自动洗衣机	1400	2300	3220000	天津商场	张军
2016/4/30	天津	1.5匹冷暖空调	1290	4320	5572800	天津商场	张军
					14410210		张军 汇总
2016/5/31	石家庄	热水器	1200	7800	9360000	石家庄商场	赵云
2016/6/30	石家庄	29寸电视机	1200	8000	9600000	石家庄商场	赵云
2016/7/31	石家庄	全自动洗衣机	1000	4890	4890000	石家庄商场	赵云
					23850000		赵云 汇总
					229048710		总计

图 10-16　按销售额对销售员进行分类汇总

表10-8			ABC公司销售情况统计表				
日期	销售网点	产品名称	单价	数量	金额	客户	销售员
					132000000		王红 汇总
					23850000		赵云 汇总
					21194900		马力 汇总
					20282400		苗志 汇总
					17311200		李伟 汇总
					14410210		张军 汇总
					229048710		总计

图 10-17　按金额排序对销售员进行业绩评价

10.5.2　销售业绩分析模型设计

具体操作方法如下：

（1）对表10-8按日期排序。选择单元区域 B2：I20，对表 10-8 按日期排序，得到图 10-18所示界面。

（2）利用数据透视表进行销售业绩分析。选择单元区域 B2：I20，点击"插入"菜单栏左侧"数据透视表"图标，按照图 10-19 右侧所示的对话框进行项目选择，再对数据透视表进行编辑如去掉网格线、居中等，得到如图 10-20 所示界面。

将编辑好的数据透视表命名为"销售业绩分析模型"，该模型就设计好了，由此可以对各个销售网点的不同产品销售金额进行统计分析。

表10-8			ABC公司销售情况统计表					
日期	销售网点	产品名称	单价	数量	金额	客户		销售员
2016/1/31	北京	29寸电视机	1800	50000	90000000	王府井商场		王红
2016/1/31	太原	29寸电视机	1780	2450	4361000	太原商场		马力
2016/1/31	大同	29寸电视机	1800	4990	8982000	华联商场		苗志
2016/1/31	天津	29寸电视机	1230	4567	5617410	天津商场		张军
2016/2/28	北京	全自动洗衣机	1400	30000	42000000	王府井商场		王红
2016/2/28	太原	全自动洗衣机	1380	4130	5699400	太原商场		马力
2016/2/28	大同	全自动洗衣机	1200	3450	4140000	华联商场		苗志
2016/2/28	天津	全自动洗衣机	1400	2300	3220000	天津商场		张军
2016/3/31	太原	热水器	1150	5070	5830500	太原商场		马力
2016/3/31	大同	热水器	1000	3000	3000000	华联商场		苗志
2016/3/31	北京	热水器	1200	8000	9600000	西单商场		李伟
2016/4/30	太原	1.5匹冷暖空调	1560	3400	5304000	太原商场		马力
2016/4/30	大同	1.5匹冷暖空调	1200	3467	4160400	华联商场		苗志
2016/4/30	北京	1.5匹冷暖空调	1680	4590	7711200	西单商场		李伟
2016/4/30	天津	1.5匹冷暖空调	1290	4320	5572800	天津商场		张军
2016/5/31	石家庄	热水器	1200	7800	9360000	石家庄商场		赵云
2016/6/30	石家庄	29寸电视机	1200	8000	9600000	石家庄商场		赵云
2016/7/31	石家庄	全自动洗衣机	1000	4890	4890000	石家庄商场		赵云

图 10-18　对表 10-8 按日期排序

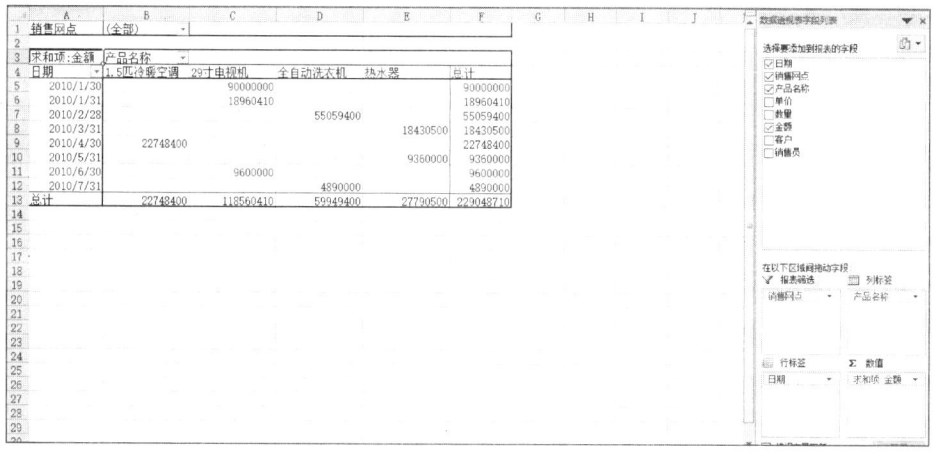

图 10-19　表 10-8 的数据透视表

销售网点	(全部)				
求和项:金额	产品名称				
日期	1.5匹冷暖空调	29寸电视机	全自动洗衣机	热水器	总计
2010/1/30		90000000			90000000
2010/1/31		18960410			18960410
2010/2/28			55059400		55059400
2010/3/31				18430500	18430500
2010/4/30	22748400				22748400
2010/5/31				9360000	9360000
2010/6/30		9600000			9600000
2010/7/31			4890000		4890000
总计	22748400	118560410	59949400	27790500	229048710

图 10-20　销售业绩分析模型

10.5.3　销售增长情况分析模型设计

【例 10-4】　假设 ABC 公司 2016 年销售情况如图 10-21 所示。请计算各期同比、环比的增长率。

日期	销售额	同一月对比		逐月对比（环比）	
		增长额	增长率	增长额	增长率
2016/1/31	67620000				
2016/2/28	77420000				
2016/3/31	81480000				
2016/4/30	95980000				
2016/5/31	108680000				
2016/6/30	120360000				
2016/7/31	146789000				
2016/8/31	150068900				
2016/9/30	168907650				
2016/10/31	153479000				
2016/11/30	140000768				
2016/12/31	162356900				
总计	1473142218				

图 10-21　ABC 公司销售增长情况分析表设计

具体操作方法如下：

（1）同比公式的设置。选择单元格 D5，输入公式"＝C5－＄C＄4"，利用填充柄向下复制到单元格 D15，各期同比增长额公式设置完毕，结果也计算出来了，如图 10-22 所示；选择单元格 E5，输入公式"＝D5/＄C＄4"，利用填充柄向下复制到单元格 E15，各期同比增长率公式设置完毕，结果也计算出来了，如图 10-22 所示。

日期	销售额	同一月对比		逐月对比（环比）	
		增长额	增长率	增长额	增长率
2016/1/31	67620000				
2016/2/28	77420000	9800000	14.49%	9800000	14.49%
2016/3/31	81480000	13860000	20.50%	4060000	5.24%
2016/4/30	95980000	28360000	41.94%	14500000	17.80%
2016/5/31	108680000	41060000	60.72%	12700000	13.23%
2016/6/30	120360000	52740000	77.99%	11680000	10.75%
2016/7/31	146789000	79169000	117.08%	26429000	21.96%
2016/8/31	150068900	82448900	121.93%	3279900	2.23%
2016/9/30	168907650	101287650	149.79%	18838750	12.55%
2016/10/31	153479000	85859000	126.97%	−15428650	−9.13%
2016/11/30	140000768	72380768	107.04%	−13478232	−8.78%
2016/12/31	162356900	94736900	140.10%	22356132	15.97%
总计	1473142218	661702218	978.56%	94736900	96.31%

图 10-22　ABC 销售增长情况分析模型

（2）环比公式的设置。选择单元格 F5，输入公式"＝C5－C4"，利用填充柄向下复制到单元格 F15，各期环比增长额公式设置完毕，结果也计算出来了，如图 10-22 所示；选择单元格 G5，输入公式"＝F5/C4"，利用填充柄向下复制到单元格 G15，各期环比增长率公式设置完毕，结果也计算出来了，如图 10-22 所示。

至此，ABC 公司销售增长情况分析模型设计完毕，该公司可以将不同时期数据导入，即可求出相关的数据，并据此进行分析。

10.6　本量利分析模型设计

在市场经济条件下，各个企业加强利润管理，对企业顺利实现财务管理目标，不断提高利润水平，具有十分重要的意义。企业进行利润管理的方法是利用本量利分析法对目标利润进行管理。本量利分析法是将成本划分为固定成本和变动成本，并假定在产、销量一致的情况下，根据成本、业务量和利润三者之间的相互关系进行预测和决策分析的一种技术方法。本量利分析法通常是通过两个方面的测算来进行的：①测算盈亏平衡点，研究利润为零时的特殊经营状况的有关问题。②测算销售数量、销售单价、变动成本、固定成本以及它们之间相互联系的变化对利润的影响，研究利润不为零的一般经营状况的有关问题。本节着重讨论运用本量利分析法的基本原理，设计在计算机环境中利润管理模型的设计。

10.6.1　本量利分析的基本原理

本量利分析是研究成本、业务量和利润三者之间关系的一种重要方法，它可以帮助企业财务管理人员顺利地找到降低成本、增加利润的途径，帮助财务管理人员进行利润规划和管理。

1. 本量利分析的公式

本量利分析是成本—业务量—利润分析的简称，三者之间的依存关系可用方程式来描述，该方程即为本量利分析公式：

$$利润总额 ＝ 销售收入总额 －（固定成本总额 ＋ 变动成本）$$
$$＝ 销售单价 \times 销售量 － 固定成本总额 － 单位变动成本 \times 销售量$$

用字母表示为：　　$P = px - (a + bx) = px - bx - a = (p - b)x - a$　　　　　　(10-1)

式中：p 为销售单价；x 为销售数量；a 为固定成本；b 为单位变动成本；P 为利润总额。

式(10-1)涉及 5 个变量 p、a、b、x、P，只要知道其中 4 个变量将其代入式(10-1)，即可以求出最后 1 个变量，因此可以导出本量利分析的 4 个变形公式，这里推导略。

2. 计算盈亏平衡点

盈亏平衡点（简称 BEP）是指企业在此点上正好处于不盈不亏的状态，即"所得"等于"所费"（或"销售收入"等于"销售成本"），因此又可称为"保本点""盈亏临界点"等。它是企业获得利润的基础，任何一个企业为了预测利润，从而把目标利润确定下来，必须先预测"盈亏平衡点"，超过"盈亏平衡点"再扩大销售量，才能获得利润。因此，盈亏平衡点的销售量也称为保本销售量。

单一产品的保本点的预测方法既可以使用本量利分析法,也可以使用贡献毛益分析法。

1) 本量利分析法

在保本点,利润 $P=0$ 即:$(p-b)x-a=0$。由此解得保本点:$x=a/(p-b)$。

2) 贡献毛益分析法。

因为单位边际贡献 $cm=p-b$,所以,保本点:$x=a/cm$。

10.6.2 本量利分析模型的设计

假设财务管理人员要求设计一个本量利分析公式中各因素的变动率为 $-20\%\sim20\%$ 的模型,下面举例说明其建立方法。

【例 10-5】 假设 ABC 公司生产、销售电风扇的财务数据如表 10-9 所示。请对其进行本量利分析模型设计。

表 10-9 ABC 公司生产销售电风扇的财务数据 金额单位:元

单价 p	120
单位变动成本 b	84
销售量 x(台)	1 029
固定成本 a	30 000

1. 本量利分析基本模型的设计

根据已经财务数据建立本量利分析模型,如图 10-23 所示,基本数据区是已知数据。

(1) 分析区域利润公式的设置:选择单元格 C8,输入公式"=(C3-C4)*C5-C6",利润公式设置完毕并计算出结果。

(2) 分析区域保本点公式的设置:选择单元格 C9,输入公式"=C6/(C3-C4)",保本点公式设置完毕并计算出结果,如图 10-23 所示。

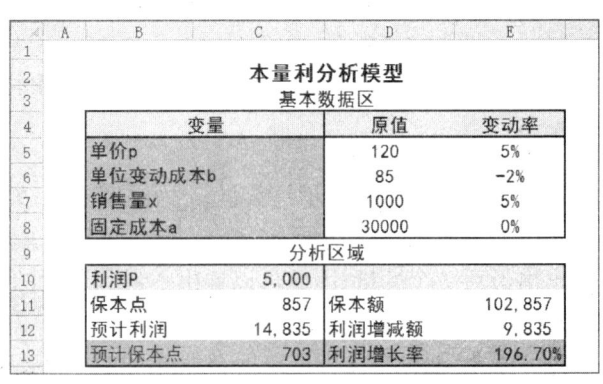

图 10-23 本量利分析基本
模型的设计

图 10-24 多因素变动的本量利分析模型

2. 加变动条件的本量利分析模型

(1) 在原来基本数据区给每个因素加变动率条件,如图 10-24 所示。

考虑多因素变动影响:即变量 p、b、x、a 可能几个因素同时变动,分析对利润的影响。假设销售单价、单位变动成本、销售量和固定成本的变动率分别为 $\Delta p/p$, $\Delta b/b$, $\Delta x/x$, $\Delta a/a$,则预计利润公式为“单价 * (1+变动率)-单位变动成本 * (1+变动率)) *(销售量 * (1+变动率))-固定成本 * (1+变动率)”,预计保本点公式为“固定成本 * (1+变动率)/(单价 * (1+变动率)-单位变动成本 * (1+变动率%))”。

(2) 利润等公式的设置。选择单元格 C10,输入公式“=(D5-D6) * D7-D8”,利润公式设置完毕,如图 10-24 所示;选择单元格 C11,输入公式“=D8/(D5-D6)”,保本点公式设置完毕,如图 10-24 所示;选择单元格 E11,输入公式“=C11 * D5”,保本额公式设置完毕,如图 10-25 所示。

(3) 预计利润等公式的设置。选择单元格 C12,输入公式“=(D5 * (1+E5)-D6 * (1+E6)) * D7 * (1+E7)-D8 * (1+E8)”,预计利润公式设置完毕,如图 10-24 所示;选择单元格 E12,输入公式“=C12-C10”,利润增减额公式设置完毕,如图 10-24 所示。

(4) 预计保本点及利润增长率公式的设置。选择单元格 C13,输入公式“=D8 * (1+E8)/(D5 * (1+E5)-D6 * (1+E6))”,预计保本点公式设置完毕;选择单元格 E13,输入公式“=E12/C10”,利润增长率公式设置完毕,如图 10-24 所示。

至此,多因素变动的本量利分析模型设置完毕,读者可以更换已知条件进行分析。

10.6.3 本量利分析模型的使用

1. 单一因素变化时对利润的影响

【例 10-6】 ABC 公司拟采取更有效的广告方式,从而使销量增加 10%,而其他因素不变。请测定其对利润的影响。

在多因素变动的本量利分析模型中,财务管理人员可以在“销售量”变动率处输入 10%,其他因素不变,此时预计利润也自动变化,当销售量变动百分比为 10%时,预计利润为 8 500 元,增加了 3 500 元,即利润增加了 70%,如图 10-25 所示。因为除广告费外其他因素不变,所以增加的 3 500 元利润是广告费开支的上限,如果这次广告费开支超过 3 500 元,就可能得不偿失。

	A	B	C	D	E
1					
2				本量利分析模型	
3				基本数据区	
4		变量		原值	变动率
5		单价p		120	0%
6		单位变动成本b		85	0%
7		销售量x		1000	10%
8		固定成本a		30000	0%
9				分析区域	
10		利润P	5,000		
11		保本点	857	保本额	102,857
12		预计利润	8,500	利润增减额	3,500
13		预计保本点	857	利润增长率	70.00%

图 10-25 销售量增加 10%后的本量利模型

【例 10-7】 ABC 公司拟实施一项技术培训计划,以提高工效,使单位变动成本降低4%。请测定其对利润的影响。

在多因素变动分析模型中,财务管理人员在单位变动成本的变动率单元格 E6 输入"-4%"时,此时预计利润也自动变化,预计利润的值为 8 400 元,增加了 3 400 元,如图10-26所示。它是培训开支的上限。如果培训开支超过 3 400 元,则要慎重考虑这项计划是否真的具有实际意义。

本量利分析模型			
基本数据区			
变量		原值	变动率
单价p		120	0%
单位变动成本b		85	-4%
销售量x		1000	0%
固定成本a		30000	0%
分析区域			
利润P	5,000		
保本点	857	保本额	102,857
预计利润	8,400	利润增减额	3,400
预计保本点	781	利润增长率	68.00%

图 10-26 单位变动成本降低 4%的预计利润

2. 多因素变化对利润的综合影响

由于外界因素变化或企业拟采取某项行动,使有关因素发生相互关联的影响,测定其引起的利润变动,有助于选择决策方案。

【例 10-8】 ABC 公司按国家规定普调工资,使单位变动成本增加 4%,固定成本增加1%,将会导致利润下降。为了抵消这种影响,公司可采取两种措施:一是提高产品销售价格 5%,因提高价格使销量减少 10%;二是降低价格 3%,则增加销量 20%。请分析采取哪种措施好。

具体做法如下:

(1) 在单位变动成本的变动率单元格 E6 输入"4%","固定成本"的变动率单元格 E8输入"1%"。此时,可以观察到调整工资后不采取措施的预计利润为 1 300 元,利润下降74%,如图10-27 所示。

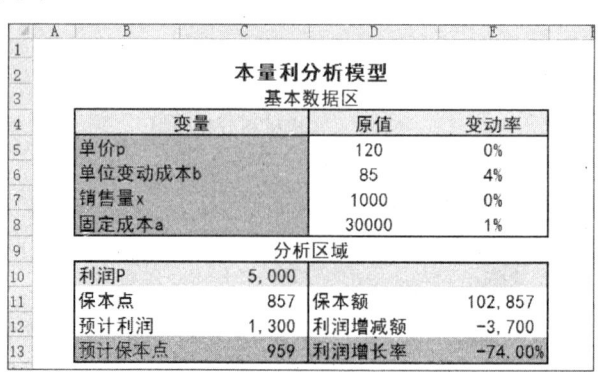

本量利分析模型			
基本数据区			
变量		原值	变动率
单价p		120	0%
单位变动成本b		85	4%
销售量x		1000	0%
固定成本a		30000	1%
分析区域			
利润P	5,000		
保本点	857	保本额	102,857
预计利润	1,300	利润增减额	-3,700
预计保本点	959	利润增长率	-74.00%

图 10-27 单位变动成本增加 4%、固定成本增加 1%的预计利润

（2）采取措施 1：在单价的变动率单元格 E5 输入"5％"在销售量的变动率单元格 E7 输入"−10％"。此时可以观察到调整工资并采取措施后的预计利润为 3 540 元,利润下降 29.20％,如图 10-28 所示。

图 10-28　采取措施 1 的结果

（3）采取措施 2：在单价的变动率单元格 E5 输入"−3％",在销售量的变动率单元格 E7 输入"20％"。此时可以观察到调整工资并采取措施 2 后的利润为 3 300 元,利润下降 34％,如图 10-29 所示。

图 10-29　采取措施 2 的结果

（4）决策分析:通过比较可知,应该选取措施 1。

【例 10-9】　承[例 10-5],假设 ABC 公司下达的目标利润为 8 000 元,请帮该公司财务管理人员分析如何减少单位变动成本、减少固定成本、提高单价、增加产销量才能实现目标利润。

具体方法如下:选择本量利分析模型,选择利润值所在的单元格 C8,点击数据菜单栏"模拟分析"图标,选择单变量求解,出现"单变量求解"对话框,如图 10-30 所示。在"目标值"中输入"8 000",即目标利润;在"可变单元格"中点击单位变动成本单元地址"$C$4",点击[确定]按钮后,会出现如图 10-31 所示界面,点击[确定]按钮,求解状态结束,目标单元利润所在单元格 C8 的值变为"8 000",可变单元格 C4 的值变为"83",即以计算结果代替原值;选择[取消]按钮,则恢复原值,如图 10-32 所示。

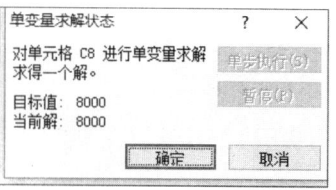

图 10-30 单变量求解设置	图 10-31 单变量求解状态

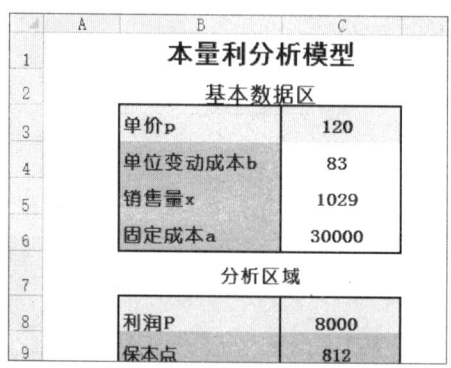

图 10-32 单变量求解的结果

同理,可以利用单变量求解的方法求出减少固定成本、提高单价、增加产销量,实现目标利润 8 000 元的计算结果,读者可以自己练习。

第 11 章　全面预算与财务预算模型设计

全面预算在财务资源安排上体现了企业发展战略。全面预算之所以十分重要，是因为：第一，全面预算提出激励目标、评价指标和标准；第二，企业的筹资决策与投资决策并非相互独立，而是相互联系、交互作用的，全面预算起着桥梁的作用；第三，企业必须充分估计到变化的条件和突发事件，而全面预算提供了财务预见性。

11.1　以市场为导向的全面预算基本框架

全面预算以货币为计量单位，将企业决策目标所涉及的财务资源的配置以计划的形式具体、系统地反映出来，即全面预算就是决策目标的具体化。在市场经济环境下，企业的一切活动都要以市场为导向，企业财务预算一头连着市场，另一头连着企业内部。企业根据其内外环境及其面临的市场制定相应的发展战略。企业财务预算实现了企业物流、资金流、信息流和人力资源配置的有机结合；同时，企业财务预算在一定的程度上实现了"企业以财务管理为中心"的目标，通过财务预算将权责发生制转化为现金流量制。全面预算的编制方法随着企业的性质和规模不同而不尽相同。但是，一个完整的全面预算应包括经营预算、财务预算和资本预算三大部分。

1. 经营预算

经营预算包括销售预算、生产预算、直接材料预算、直接人工预算、制造费用预算、产成品预算、销售与管理费用预算。严格地说，销售预算、生产预算、直接材料预算、直接人工预算不完全属于财务预算的范畴，但是，它们最终都涉及财务资源的配置问题，因此也归结为财务预算体系的重要组成部分。

2. 财务预算

财务预算包括现金预算、预计利润表、预计资产负债表和预计现金流量表。

3. 资本预算

资本预算属于长期预算（1 年以上）。

本章主要介绍经营预算与财务预算部分。其中，财务预算是企业生产经营的重要组成部分。在企业的战略计划指导下，根据企业已确定的经营宗旨、经营范围、经营目标以及对经营环境和经营对策的估量，总结预计企业生产和销售的具体作业计划方案的基础上，才能制定相应的财务预算。可见，在手工环境下，编制整个财务预算是一项十分复杂、耗时又费钱的工作。但是，财务预算的内容又是企业长期计划或年度计划的核心，是最终财务目标的具体体现，也是必须要进行的工作。随着计算机技术的普及，企业财务管理人员借助于计算机这一先进工具,建立财务预算模型,使许多过去认为很难的问题,现在可以较轻松的解决。

11.2 全面预算的编制原理及模型设计

全面预算综合反映了企业不同层次、不同单位在预算期间内应实现的目标和应完成的任务,而企业不同层次、不同单位的工作必须协调一致进行。从这个角度看,全面预算是连接企业内部不同层次和单位之间沟通的桥梁。财务预算编制原理及各项指标的确定可见图 11-1。由图可见,全面预算是经营预算、财务预算与资本预算之间相互协调配合的结果。

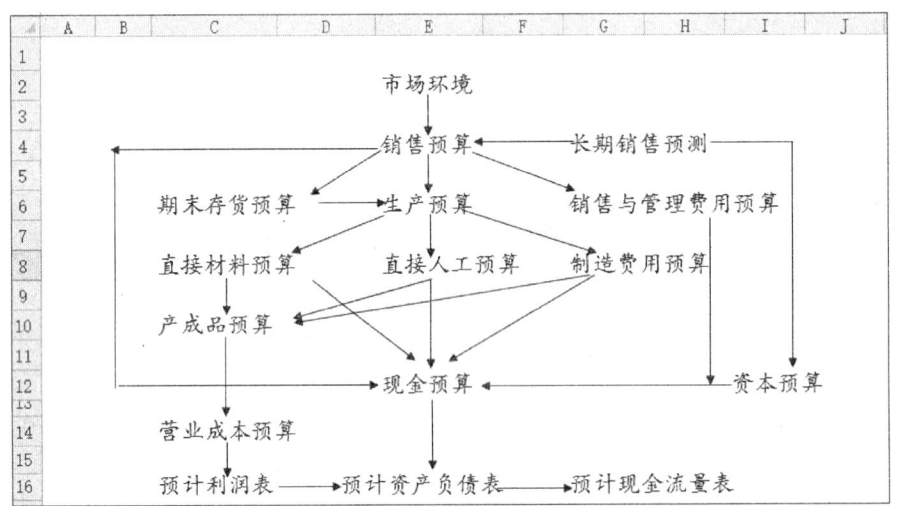

图 11-1 以市场为导向的全面预算基本框架

图 11-1 是以市场为导向的全面预算基本框架,下面根据上述各项预算之间的关系,以一个完整的例子,说明财务预算的编制原理及财务预算模型的设计。

【例 11-1】 ABC 公司 2017 年计划生产和销售甲产品,所有材料都为此产品服务。请为 ABC 公司编制全面预算表模型,表与表之间要建立数据链接,能够真正为财务决策服务。

具体做法如下:

(1) 编制 2016 年 12 月 31 日的资产负债表简表,如图 11-2 所示,读者可以按照前述的方法进行资产负债表的设计。

(2) 编制 ABC 公司 2017 年 1~3 月份的销售预算表。其销售数据经过市场调研如图 11-3 所示,假设应收账款当月收回 50%,次月收回 50%。

根据市场销售预测,可以得到预计销售量和销售价格,根据所给数据设计 ABC 公司销售预算表,如图 11-3 所示。

先插入一张新工作表,命名为"销售预算表"。相关公式的设置如下:

a. 预计销售收入公式的设置。选择单元格 C5,输入公式"=C3 * C4",利用填充柄复制

	A	B	C	D	E
1			资产负债表简表		
2	单位名称：ABC公司		2016年12月31日		单位：元
3		资产	金额	负债和所有者权益	金额
4	货币资金		10000	短期借款	10000
5	应收账款		75000	应付账款	16000
6	原材料		3600		
7	产成品		13800	普通股股本	80000
8	固定资产		80000	未分配利润	56400
9	累计折旧		-20000		
10					
11	资产总计		162400	负债和所有者权益总计	162400
12					

图 11-2　ABC 公司资产负债表

	A	B	C	D	E	F
1			ABC公司销售预算表			
2		项目	1月份	2月份	3月份	合计
3	预计销售量		6000	6000	5000	17000
4	销售单价		26	26	26	78
5	预计销售收入		156000	156000	130000	442000
6	期初应收账款收回		75000			75000
7	1月份销售现金收入		78000	78000		156000
8	2月份销售现金收入			78000	78000	156000
9	3月份销售现金收入				65000	65000
10	现金收入合计		153000	156000	143000	452000
11						

图 11-3　ABC 公司销售预算表

到单元格 E5,则 1～3 月份销售收入公式设置完毕。

b. 期初应收账款收回公式的设置。选择单元格 C6,输入公式"＝资产负债表! C5",公式设置完毕。

c. 销售现金收入公式的设置。选择单元格 C7,输入公式"＝C5＊0.5",选择单元格 D7,输入公式"＝C7",1月份销售现金收入公式设置完毕;选择单元格 D8,输入公式"＝D5 ＊0.5",选择单元格 E8,输入公式"＝D8",2月份销售现金收入公式设置完毕;选择单元格 E9,输入公式"＝E5＊0.5",选择单元格 F9,输入公式"＝E8",3月份销售现金收入公式设置完毕;再利用自动求和函数求出现金收入合计数,如图 11-3 所示。

（3）编制 ABC 公司生产预算表。生产预算的编制是以销售预算表为基础编制出来的,所依据的公式为"预计生产量＝预计销售量＋预计期末库存量－期初库存量",如图 11-4 所示。

	A	B	C	D	E	F
1			ABC公司生产预算表			
2		项目	1月份	2月份	3月份	合计
3	预计销售量		6000	6000	5000	17000
4	加：预计期末库存量		600	500	560	1660
5	减：期初库存量		600	600	500	1700
6	预计生产量		6000	5900	5060	16960

图 11-4　ABC 公司生产预算表

具体做法如下:

a. 插入一张新工作表,命名为"生产预算表"(后面此步骤省略)

b. 预计销售量公式的设置。选择单元格 C3,输入公式"＝销售预算表! C3",用填充柄复制到单元格 E3,1～3 月份预计销售量公式设置完毕。

c. 输入已知数据:预计期末库存量和期初库存量。

d. 预计生产量公式的设置。选择单元格 C6,输入公式"＝C3＋C4－C5",用填充柄复制到单元格 E6,1～3 月份预计生产量公式设置完毕;

(4) 编制 ABC 公司产成品预算表。ABC 公司产成品预算表如图 11-5 所示。其中,直接材料计算公式的设置如下:选择单元格 E3,输入公式"＝C3 * D3",由单元格 E3 向下复制到单元格 E5,可得直接人工和变动性制造费用的计算公式;再对 E 列求和,可得到变动性销售成本合计,即选择单元格 E6,输入公式"＝SUM(E3:E5)。"

项目	标准价格	用量标准	计算公式
直接材料	1.00	6	6
直接人工	2.00	5	10
变动性制造费用	1.40	5	7
变动性产品销售成本合计			23.00

图 11-5　ABC 公司产成品预算表

(5) 编制 ABC 公司直接材料采购预算表。直接材料预算是生产预算表的具体化,假设应付账款当月支付 50%,次月支付 50%,ABC 公司直接材料采购预算表如图 11-6 所示。

项目	1月份	2月份	3月份	合计
预计生产量	6000	5900	5060	16960
单位产品材料定额	6	6	6	18
预计生产需要量	36000	35400	30360	101760
加: 期末存货量	3540	3036	3120	9696
减: 期初存货量	3600	3540	3036	10176
预计直接材料采购量	35940	34896	30444	101280
直接材料单位价格	1.00	1.00	1.00	3
预计采购金额	35940	34896	30444	101280
期初应付购料款	16000			
1月份购料现金支出	17970	17970		35940
2月份购料现金支出		17448	17448	34896
3月份购料现金支出			15222	15222
现金支出合计	33970	35418	32670	102058

图 11-6　ABC 公司直接材料采购预算表

ABC 公司直接材料采购预算表公式设置如下:

a. 各个数据的计算公式如下:

预计直接材料需要量 ＝ 预计生产量 × 单位产品的材料需要量

预计直接材料采购量 ＝ 预计直接材料需要量 ＋ 预计期末存货量 － 预计期初存货量

预计直接材料费用金额 ＝ 预计直接材料采购需要量×预计直接材料单位价格

预计本期支付直接材料费用 ＝ 预计直接材料费用金额 － 不需要在本期支付的部分

根据上述公式,设计图 11-6 对应公式,具体方法如下:

b. 预计生产量公式的设置。选择单元格 C3,输入公式"＝生产预算表! C6",用填充柄复制到单元格 E3,1～3 月份预计生产量公式设置完毕。

c. 单位产品材料定额公式的设置。选择单元格 C4,输入公式"＝产成品预算表! ＄D ＄3",用填充柄复制到单元格 E4,1～3 份月单位产品材料定额公式设置完毕。

d. 预计生产需要量公式的设置。选择单元格 C5,输入公式"＝C3＊C4",用填充柄复制到单元格 E5,1～3 月份预计生产需要量公式设置完毕。

e. 在图 11-6 中输入期初、期末存货量的数据。

f. 预计直接材料采购量公式的设置。选择单元格 C8,输入公式"＝C5＋C6－C7",用填充柄复制到单元格 E8,1～3 月份预计直接采购量公式设置完毕。

g. 直接材料单位价格公式的设置。选择单元格 C9,输入公式"＝产成品预算表! ＄C ＄3",用填充柄复制到单元格 E9,1～3 月份直接材料单位价格公式设置完毕。

h. 预计采购金额公式的设置。选择单元格 C10,输入公式"＝C8＊C9",用填充柄复制到单元格 E10,1～3 月份预计采购金额公式设置完毕。

i. 期初应付购料款公式的设置。选择单元格 C11,输入公式"＝资产负债表! E5",期初应付购料款公式设置完毕。

j. 购料现金支出公式的设置。选择单元格 C12,输入公式"＝C10＊0.5",选择单元格 D12,输入公式"＝C12",1 月份购料现金支出公式设置完毕。选择单元格 D13,输入公式"＝D10＊0.5",选择单元格 E13,输入公式"＝D13",2 月份购料现金支出公式设置完毕;选择单元格 E14,输入公式"＝E10＊0.5",选择单元格 F14,输入公式"＝E14",3 月份购料现金支出公式设置完毕。

k. 现金支出合计公式的设置。选择单元格 C15,输入公式"＝SUM(C11:C14)",用填充柄复制到单元格 E15,1～3 月份现金支出合计公式设置完毕;同理求出列合计,如图 11-6 所示。

(6) 编制 ABC 公司直接人工预算表。ABC 公司直接人工预算表如图 11-7 所示。

项目	1月份	2月份	3月份	合计
预计生产量	6000	5900	5060	16960
单位产品工时定额	5	5	5	15
直接人工工时总额	30000	29500	25300	84800
工资率	2	2	2	6
预计直接人工总额	60000	59000	50600	169600

图 11-7　ABC 公司直接人工预算表

各个数据的计算方法如下:

a. 直接人工工时定额计算公式如下:

预计直接人工工时需要量 ＝ 预计生产量×单位产品直接人工工时需要量

$$直接人工费用 = 预计直接人工工时需要量 \times 小时工资率$$

b. 直接人工工时定额公式的设置。选择单元格 C3，输入公式"＝生产预算表！C6"，利用填充柄向右复制到单元格 E3，1～3 月份预计生产量公式设置完毕；选择单元格 C5，输入公式"＝C3＊C4"，利用填充柄向右复制到单元格 E5，1～3 月份直接人工工时定额公式设置完毕，如图 11-7 所示。

c. 预计直接人工总额公式的设置。选择单元格 C7，输入公式"＝C5＊C6"，利用填充柄向右复制到单元格 E7，1～3 月份预预计直接人工总额公式设置完毕，如图 11-7 所示。

（7）编制 ABC 公司制造费用预算表。制造费用根据成本性态可以分成变动性制造费用和固定性制造费用，同时制造费用中包括属于转账摊销而非现金支出的折旧费用，在计算现金支出时，应该将折旧费用予以扣除，如图 11-8 所示。

项目	1月份	2月份	3月份	合计
变动性制造费用:				
间接材料	12000	11800	10120	33920
间接人工	30000	29500	25300	84800
合计	42000	41300	35420	118720
固定性制造费用:				
折旧费	1000	1000	1000	3000
财产税	1000	1000	1000	3000
维修费	1500	1500	1500	4500
合计	3500	3500	3500	10500
制造费用总计	45500	44800	38920	129220
减: 折旧费用	1000	1000	1000	3000
现金支出合计	44500	43800	37920	126220

图 11-8　ABC 公司制造费用预算表

a. 制造费用的计算公式如下：

$$预计制造费用合计 = 预计直接人工小时 \times 预计变动性制造费用 + 预计固定性制造费用$$
$$预计需用现金支付的制造费用 = 预计制造费用合计 - 折旧费用$$

b. 制造费用相关数据输入。

图 11-8 中，变动性制造费用、固定性制造费用为已知数据直接录入，并算出合计数。

c. 制造费用总计公式的设置。选择单元格 C12，输入公式"＝C6＋C11"，用填充柄复制到单元格 E12，1～3 月份制造费用合计公式设置完毕。

d. 制造费用现金支出公式的设置。因为制造费用中包括属于转账摊销而非现金支出的折旧费用，在计算现金支出时，应该将折旧费用予以扣除，所以，选择单元格 C14，输入公式"＝C12－C13"，用填充柄复制到单元格 E14，1～3 月份制造费用现金支出公式设置完毕，如图 11-8 所示。

（8）编制 ABC 公司销售与管理费用预算表。根据销售费用与管理费用的性质，可先将其区分为固定性费用和变动性费用，然后根据预计销售量编制销售与管理费用预算表，如图 11-9 所示，这里假设销售费用为销售收入的 1％。

具体做法如下：

图 11-9　ABC 公司销售与管理费用预算表

a. 销售费用公式的设置。选择单元格 C4，输入公式"＝销售预算表！C5＊1‰"，用填充柄复制到单元格 E4，1～3 月份销售费用公式设置完毕；其他数据为已知数据，直接录入，并按照前面所述方法算出小计。

b. 销售与管理费用合计公式的设置。选择单元格 C9，输入公式"＝C4＋C8"，用填充柄复制到单元格 E9，1～3 月份销售与管理费用合计公式设置完毕。

（9）编制 ABC 公司现金预算表。现金预算一般由现金收入、现金支出、现金余缺，资金筹集与运用四个部分组成，这种关系也是计算现金余缺的基础，现金预算表设计如图 11-10 所示。

图 11-10　ABC 公司现金预算表设计

现金预算表各个数据的计算公式设置如下：

a. 期初现金余额公式的设置。选择单元格 C3，输入公式"＝资产负债表！C4"，选择单元格 D3，输入公式"＝C15"，由此用填充柄复制到单元格 E3，1～3 月份期初现金余额公式设置完毕。

b. 本期现金收入公式的设置。选择单元格 C4，输入公式"＝销售预算表！C10"，用填充柄复制到单元格 E4，1～3 月份的现金收入公式设置完毕。

c. 直接材料现金支出公式的设置。选择单元格 C5，输入公式"＝直接材料采购预算表！C15"，用填充柄复制到单元格 E6，1～3 月份的直接材料现金支出公式设置完毕。

d. 直接人工现金支出公式的设置

选择单元格 C6，输入公式"＝直接人工预算表！C7"，用填充柄复制到单元格 E5，1～3 月份的直接材料现金支出公式设置完毕。

e. 制造费用现金支出公式的设置。选择单元格 C7，输入公式"＝制造费用预算表！C14"，用填充柄复制到单元格 E7，1～3 月份的制造费用现金支出公式设置完毕。

f. 销售与管理费用现金支出公式的设置。选择单元格 C8，输入公式"＝销售与管理费用预算表！C9"，用填充柄复制到单元格 E8，1～3 月份的销售与管理费用现金支出公式设置完毕。

g. 所得税费用现金支出：预计每月 3 000 元，直接录入；购置设备现金支出：在 3 月份购买设备一台现金支出 20 000 元，直接录入；现金股利预计每月 3 000 元，直接录入。

h. 现金支出合计公式的设置。选择单元格 C12，输入公式"＝SUM(C5:C11)"，用填充柄复制到单元格 E12，1～3 月份现金支出合计公式设置完毕。

i. 现金余缺公式的设置。选择单元格 C13，输入公式"＝C3＋C4－C12"，用填充柄复制到单元格 E13，1～3 月份现金余缺公式设置完毕。

j. 期末现金余额公式的设置。银行借款是指当现金余缺小于公司维持资金正常需要 10 000 元时，需要到银行借款来补充空缺至 10 000 元的数额，由图 11-10 可见，1、2 月现金余缺超过 10 000 元，没有必要去银行借款，只有当 3 月份现金余缺小于 10 000 元时，需要到银行借款来补充空缺的余额部分，但设置公式时不管是否有银行借款都要设置出来。具体操作方法为：选择单元格 C15，输入公式"＝C13＋C14"，用填充柄复制到单元格 E15，1～3 月份期末现金余额公式设置完毕。

至此，现金预算表设置完毕。由上面公式设置可见，现金预算表大部分数据都是调用前面预算表计算的结果，由此建立数据链接而得到的。

（10）编制 ABC 公司预计利润表。在上述各项预算表编制完成的基础上，我们可以编制预计利润表，预计利润表格式如图 11-11 所示。

项目	金额
销售收入	442000
变动成本：	
变动性产品销售成本	391000
变动性销售与管理费用	4420
变动成本合计	395420
贡献毛益（边际贡献）	46580
固定成本：	
固定性制造费用	10500
固定性销售与管理费用	18000
固定成本合计	28500
利润总额	18080
减：所得税费用	9000
净利润	9080

图 11-11　ABC 公司预计利润表

具体设置如下:

a. 销售收入公式的设置。选择单元格 C3,输入公式"=销售预算表! F5",销售收入公式设置完毕。

b. 变动性产品销售成本公式的设置。选择单元格 C5,输入公式"=销售预算表! F3 * 产成品预算表! E6",变动性产品销售成本公式设置完毕。

c. 变动性销售与管理费用公式的设置。选择单元格 C6,输入公式"=销售与管理费用预算表! F4",变动性销售与管理费用公式设置完毕。

d. 变动成本合计公式的设置。选择单元格 C7,输入公式"=SUM(C5:C6)",变动成本合计公式设置完毕。

e. 贡献毛益公式的设置。选择单元格 C8,输入公式"=C3-C7",贡献毛益公式设置完毕。

f. 固定成本公式的设置。选择单元格 C10,输入公式"=制造费用预算表! F11",固定性制造费用公式设置完毕;选择单元格 C11,输入公式"=销售与管理费用预算表! F8",固定性销售与管理费用公式设置完毕。

g. 固定成本合计公式的设置。选择单元格 C12,输入公式"=SUM(C10:C11)",固定成本合计公式设置完毕。

h. 利润总额公式的设置。选择单元格 C13,输入公式"=C8-C12",利润总额公式设置完毕。

i. 所得税费用公式的设置。选择单元格 C14,输入公式"=现金预算表! F9",所得税费用公式设置完毕。

j. 净利润公式的设置。选择单元格 C15,输入公式"=C13-C14",净利润公式设置完毕。

至此,预计利润表公式设置完毕。由上面公式设置可见,预计利润表大部分数据都是调用前面预算表计算的结果,由此建立数据链接而得到的。

(11) 编制 ABC 公司预计资产负债表。在上述各项预算表编制完成的基础上,我们可以编制预计资产负债表。ABC 公司预计资产负债表格式如图 11-12 所示。

	A	B	C	D	E
1		预计资产负债表			
2		单位:ABC公司	2016年3月31日		单位:元
3		资产	期末数	负债和所有者权益	期末数
4		货币资金	10000	银行借款	16298
5		应收账款	65000	应付账款	15222
6		原材料	3120		
7		产成品	12880	普通股股本	80000
8		固定资产	100000	未分配利润	56480
9		累计折旧	-23000		
10					
11		资产总计	168000	负债和所有者权益总计	168000

图 11-12 ABC 公司预计资产负债表

具体设置如下:

a. 货币资金公式的设置。选择单元格 C4,输入公式"=现金预算表! E15",货币资金公式设置完毕。

b. 应收账款公式的设置。选择单元格 C5,输入公式"=销售预算表! F9",应收账款公式设置完毕。

c. 原材料公式的设置。选择单元格 C6,输入公式"＝直接材料采购预算表！E6＊产成品预算表！C3",原材料公式设置完毕。

d. 产成品公式的设置。选择单元格 C7,输入公式"＝生产预算表！E4＊产成品预算表！E6",产成品公式设置完毕。

e. 固定资产公式的设置。选择单元格 C8,输入公式"＝资产负债表！C8＋现金预算表！E10",固定资产公式设置完毕。

f. 累计折旧公式的设置。选择单元格 C9,输入公式"＝资产负债表！C9－制造费用预算表！FB",累计折旧公式设置完毕。

g. 资产总计公式的设置。选择单元格 C11,输入公式"＝SUM(C4：C10)",资产总计公式设置完毕。

h. 银行借款公式的设置。选择单元格 E4,输入公式"＝资产负债表！E4＋现金预算表！F14",银行借款公式设置完毕。

i. 应付账款公式的设置。选择单元格 E5,输入公式"＝直接材料采购预算表！F14",银行借款公式设置完毕。

j. 普通股股本公式的设置。选择单元格 E7,输入公式"＝资产负债表！E7",普通股股本公式设置完毕。

k. 未分配利润公式的设置。选择单元格 E8,输入公式"＝资产负债表！E8＋预计利润表！C15－现金预算表！F11",未分配利润公式设置完毕。

l. 负债和所有者权益总计公式的设置。选择单元格 E11,输入公式"＝SUM(E4：E10)",负债和所有者权益总计公式设置完毕。

至此,预计资产负债表公式设置完毕。由上面公式设置可见,预计资产负债表大部分数据都是调用前面预算表计算的结果,由此建立数据链接而得到的。

整个的全面预算表及其模型到此编制设计完毕,财务人员只要将各期相应的财务数据输入模型中,即可得到相应的现金预算表、预计利润表和预计资产负债表,为财务决策提供必要的决策依据。

通过全面预算模型的编制,本节建立了各个数据之间的钩稽关系,使读者对会计学原理的理解更加清晰和透彻,使财务管理和管理会计的知识加以巩固,是一个将财务知识较好的融合在一起的案例。

11.3　财务预算模型的设计

本节将介绍与前面全面预算方法计算的财务预算不一样的财务预算方法。它是把企业的财务政策制定也加入其中来进行财务预测和决策的方法。

11.3.1　财务预算模型设计的一般程序

只有设计好了财务预算模型,企业才可以根据其特点输入相应财务计划所需要的财务数据,计算机将自动迅速地给出财务计划方案,以便企业进行财务决策。但是,对于不同的企业,其财务预算模型会有所不同,但其一般程序如图11-13所示。

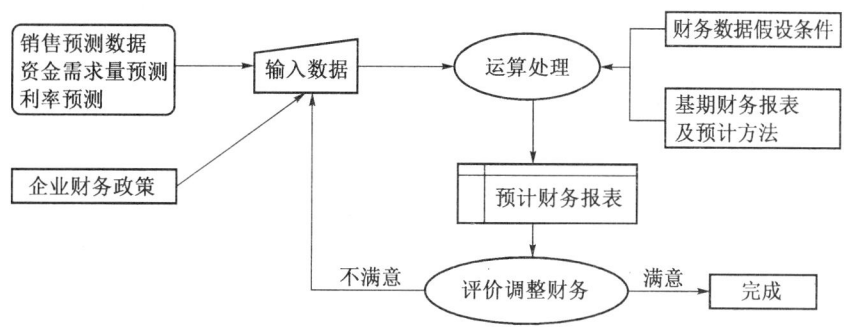

图11-13　财务预算模型设计的一般程序

将财务预算模型设计好后,财务人员可以按照下面程序进行操作。

1. 输入数据

(1) 输入销售预测得到的销售收入、销售增长率,输入利率变化趋势预测得到的银行贷款利率等。

(2) 企业财务政策。企业财务政策直接影响着财务计划的编制,如每股收益的最低增长需求、负债与资产的最高比率、股利分配政策等。因此,财务人员需要将有关财务政策数据输入模型。

2. 运算处理

预计财务报表的方法有多种,如销售百分比法、线性回归法、曲线回归法、专项预测法等;财务管理人员事先按照某种方法,在计算机财务计划模型中建立了预测财务报表模型。一旦将基本数据输入模型,计算机将根据基本数据、基期财务报表和模型中的预测财务报表模式,自动、准确、快速地进行运算,并以预测财务报表的形式表示整个企业的财务预算方案。财务管理人员的工作只是观察、分析、研究产生的财务计划方案即可。

3. 评价、调整财务预测

财务计划制订之后,企业需要对其进行评审,认为满意,财务计划就编制完成;认为不满意,则应该改变假设条件、财务政策及重新调整预计结果,直到满意为止。另外,企业的经济环境是不断变化的。当制定预算所依据的经济条件、政策发生变化时,也需要调整、改变计划所依赖的证据。建立财务计划模型的最大优点是能够使财务管理人员非常方便地改变计划条件和特定财务政策,并能及时掌握在不同假设条件下和不同政策下产生的结果。

11.3.2　财务预算模型的设计

具体操作方法如下:

(1) 插入一个新工作表,将其命名为"财务预算模型",在其中将基年资产负债表和基年利润表的数据输入,为编制财务计划作准备。基年财务报表如图11-14所示。

(2) 建立财务预算条件。

ABC企业基年财务报表

利润表

2016年12月31日

营业收入	2000000
营业成本	1500000
销售和管理费用	200000
息税前利润	300000
财务费用	36000
利润总额	264000
所得税费用	66000
净利润	198000

资产负债表

2016年12月31日

流动资产	580000
固定资产	780000
资产合计	1360000
应付账款	180000
其他应付款	10000
流动负债	190000
长期借款	400000
所有者权益	770000
负债及所有者权益合计	1360000

ABC公司假设条件和财务政策

30.00%	营业增长率
75%	营业成本占营业收入的比例
10%	营业和管理费用占营业收入的比例
9%	利率
25%	所得税率
29%	流动资产占营业收入的比例
9%	应付账款占销售收入的比例
39%	固定资产投资占销售收入的比例
40%	留存收益率
60%	股利占净收益的比例
248040	外部资金需求量
50%	借款比率

图 11-14　ABC 公司基年报表、财务假设条件和财务政策

ABC 公司在编制财务预算模型时，首先要将销售进行预测，得到销售收入增长率；其次对基年的财务报表进行研究和分析，按销售百分比法预测财务报表，提出假设条件，并制定财务政策。

a. 经过预测，公司的销售收入预计在原来的基础上增长 30%。

b. 新的年度可以发行普通股。

c. 从利润表看：销售量的增加会直接影响到销售成本，销售成本占销售收入的比例为 75%；销售量的增加会直接影响到销售与管理费用的增加；销售与管理费用占销售收入的比例为 10%。

d. 从资产负债表看：如果销售量增加，固定资产也会增加，固定资产占销售收入的 39%；如果销售量增加，流动资产也会增加，其占销售收入的 21%；随着销售量的增加，购买原材料的数量也增加，则应付账款也增加，应付账款占销售收入的比例为 9%；但有些负债不会因销售量的增加而增加，如其他应付款等。

e. 资产负债表必须保持平衡。因此，增加的资产必须来源于某种方式所筹集的资金。企业外部资金需要量按以下公式计算：

计划期预计需要追加外部资金需求量：

$$Q=\left(\frac{A}{S_0}-\frac{L}{S_0}\right)\times G\times S_0-S_0\times(1+G)\times R_0\times k$$
$$=(A-L)\times G-S_0\times(1+G)\times R_0\times k$$

式中：Q 为计划期预计需要追加的资金需求量；S_0 为基期的销售收入总额；G 为计划期的销售增长率；A/S_0 为基期随销售额增加而增加的资产项目与销售收入的百分比；L/S_0 为基期随销售收入增加而增加的负债项目与销售收入的百分比；R_0 为基期的销售净利率；k 计划期的留存收益率。

f. 企业外部资金的筹集。企业采用的财务政策是50%借款筹资，50%股票筹资。

g. 对于留存收益和股利支付率，ABC公司的财务政策为：留存收益比率为40%，股利支付率为60%（1−40%）。为分别计算和直观效果，这里把假设条件和财务政策列入财务预算模型中，如图11-14所示。

根据ABC公司的具体情况，在财务预算模型中加入ABC公司假设条件与财务政策，并将相应的数据输入其中，如图11-14所示。

（3）按销售百分比法进行财务预算模型的设计。为了计算和分析数据，将预计利润表和预计资产负债表放在财务预算表中，如图11-15所示。

	A	B	C	D	E	F	G	H	I
1		ABC企业基年财务报表							
2		利润表							
3		2016年12月31日			ABC公司假设条件和财务政策			ABC公司预计利润表	
4		营业收入	2000000		30.00%	营业增长率		营业收入	2600000
5		营业成本	1500000		75%	营业成本占营业收入的比例		营业成本	1950000
6		销售和管理费用	200000		10%	营业和管理费用占营业收入的比例		销售和管理费用	260000
7		息税前利润	300000		9%	利率		息税前利润	390000
8		财务费用	36000		25%	所得税率		财务费用	47162
9		利润总额	264000		29%	流动资产占营业收入的比例		利润总额	342838
10		所得税费用	66000		9%	应付账款占销售收入的比例		所得税费用	85710
11		净利润	198000		39%	固定资产投资占销售收入的比例		净利润	257129
12		资产负债表			40%	留存收益率			
13		2016年12月31日			60%	股利占净收益的比例		ABC公司预计资产负债表	
14		流动资产	580000		248040	外部资金需求量		流动资产	754000
15		固定资产	780000		50%	借款比率		固定资产	1014000
16		资产合计	1360000					资产合计	1768000
17		应付账款	180000					应付账款	234000
18		其他应付款	10000					其他应付款	10000
19		流动负债	190000					流动负债	244000
20		长期借款	400000					长期借款	524020
21		所有者权益	770000					所有者权益	996871
22		负债及所有者权益合计	1360000					负债及所有者权益合计	1764891
23									

图11-15　ABC公司财务预算模型

具体做法如下：

a. 公式设置中涉及的公式。一些公式可以直接从表中看出，就不在此列出；另一些公式从表中不容易看出关系，现将这些公式列示如下：

预计长期借款 = 基期长期借款 + 外部资金需要量 × 借款比例

预计财务费用 = 预计长期借款 × 借款利率

预计所有者权益 = 基期所有者权益 + 净利润 − 股利 + 股票筹资

= 基期所有者权益 + 净利润 − 股利占净收益的比例 × 净利润

\+ 外部资金需要量 ×（1 − 借款比例）

b. 预计利润表公式的设置。选择单元格I4，输入公式“=C4 *（1+E4）”，预计营业收入公式设置完毕；选择单元格I5，输入公式“=I4 * E5”，预计营业成本公式设置完毕；选择单元格I6，输入公式“=I4 * E6”，预计销售与管理费用公式设置完毕；选择单元格I7，输入公式“=I4−I5−I6”，预计息税前利润公式设置完毕；选择单元格I8，输入公式“=I20 * E7”，财务费用公式设置完毕；选择单元格I9，输入公式“=I7−I8”，预计利润总额公式设置完毕；选择单元格I10，输入公式“=I9 * E8”，预计所得税费用公式设置完毕；选择单元格I11，输入公式“=I9−I10”，预计净利润公式设置完毕。

c. 预计资产负债表公式的设置。选择单元格I14，输入公式“=I4 * E9”，预计流动资产公式设置完毕；选择单元格I15，输入公式“=I4 * E11”，预计固定资产公式设置完毕；选择单元格I16，输入公式“=SUM(I14:I15)”，预计资产总计公式设置完毕；选择单元格I17，输入公式"＝I4＊E10"，预计应付账款公式设置完毕；选择单元格 I18，输入"10 000"，预计其他应付款数据录入完毕；选择单元格 I19，输入公式"＝SUM(I17:I18)"，预计流动负债公式设置完毕；选择单元格 I20，输入公式"＝C20＋E14＊E15"，预计长期借款公式设置完毕；选择单元格 I21，输入公式"＝C21＋I11－I11＊E13＋E14＊(1－E15)"，预计所有者权益公式设置完毕；选择单元格 I22，输入公式"＝I19＋I20＋I21"，预计负债和所有者权益总计公式设置完毕。

　　d. 财务报表调整。由图 11-15 的预计资产负债表和预计利润表，可发现资产总计不等于负债和所有者权益总计，这是因为这里列示的是预计的财务报表，预计的数据不一定准确，因此可以通过不断调整资产负债表，使其趋于平衡。即满足会计恒等式：资产＝负债＋所有者权益。但是这样调整很花时间，又无意义。所以在一般情况下，找一个与前面建立公式无关的量，如其他应付款与销售收入无关，利用单变量求解，通过调整"其他应付款"项目来达到平衡。如图 11-15 中预计资产总计为 1 768 000元，而负债和所有者权益总计为 1 764 891 元，两者不等故需要调整。为使负债和所有者权益总计等于资产总计，不断调整"其他应付款"项目的值，当将其调整到 13 109 元时，资产总计等于负债和所有者权益总计，但这样不如直接用数据菜单栏下的单变量求解来得快。如图 11-16 所示，选择"数据"菜单栏下的模拟运算表，选择单变量分析，输入相关数据的地址，这样 Excel 会帮助我们求出数值，如图 11-17 所示。

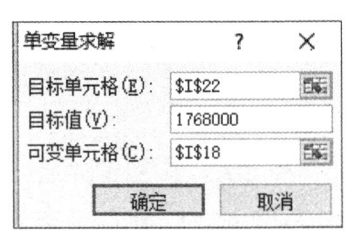

图 11-16　利用"单变量求解"求其他应付款

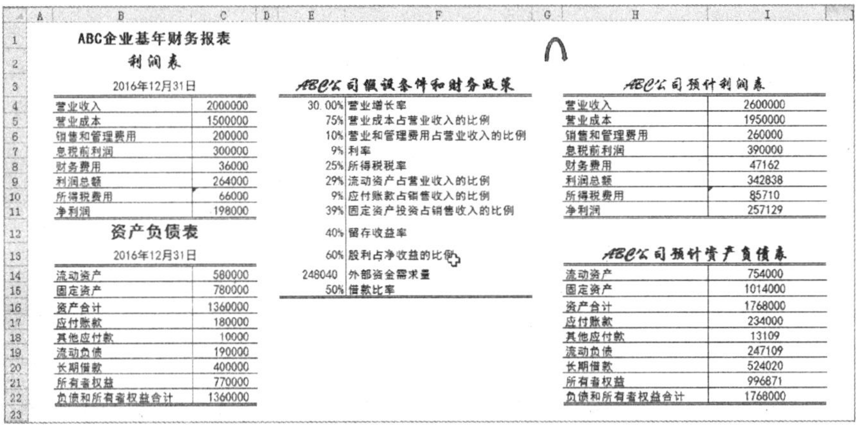

图 11-17　调整后的 ABC 公司财务预算模型

　　e. 利用单变量求解工具调整目标利润。

　　【例 11-2】　承图 11-15，利用 ABC 公司的财预算模型，计算目标利润为 30 万元时营业增长率。

　　具体操作如下：选择预计净利润单元格 I11，用鼠标单击"数据"菜单栏下的模拟分析图标，选择单变量求解，出现如图 11-18 所示界面，目标单元格为"净利润"项目 I11，目标值输入"300 000"，可变单元格选择营业增长率地址 E4，点击[确定]按钮后，计算结果就显示出来了，为 52.78%，此时，外部资金需要量也增加为 502 862 元，如图 11-18 所示。

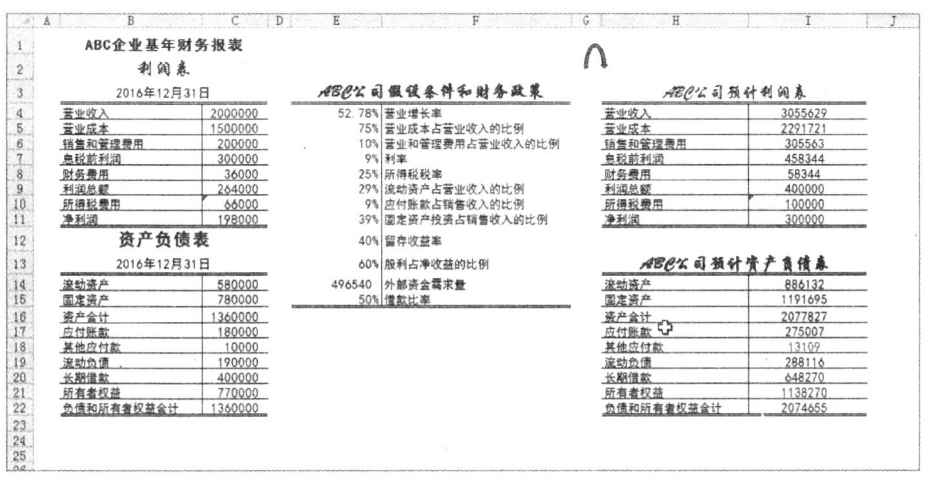

图 11-18　用单变量求解求达到目标利润的营业增长率

11.4　运用方案管理器进行方案分析

采用逐步测试法和单变量求解法，每次改变假设条件和财务政策，就可以方便、快速地得到不同假设条件下和不同财务政策下的结果。如果想将不同的结果保存在同一张工作表中，并进行对比，用上述方法则难以办到。Excel 提供了一种管理假设分析方案的工具——方案管理器，此工具可以根据用户输入的多组假设条件和财务政策，自动计算出相应的多种结果，并将输入值和结果作为方案的摘要报告保存。下面介绍 Excel 的方案管理器工具的用法，并用此工具调整财务预算中假设条件和财务政策的方法。

11.4.1　方案管理器概述

方案管理器是 Excel 为财务管理人员提供的一种分析工具。方案管理器可以管理多个方案，每个方案允许财务管理人员建立一组（最多 23 个）假设条件，并将据此产生的多种相应结果作为方案摘要报告予以保存，通过查看方案摘要报告，便可以看到假设条件对模型目标值的影响。

1. 方案管理器的使用

选择"数据"菜单栏上的模拟分析图标，便会出现"方案管理器"对话框，如图 11-19 所示。

2. 添加方案

（1）单击"方案管理器"对话框中的［添加］按钮，出现"添加方案"对话框，如图 11-20 所示。

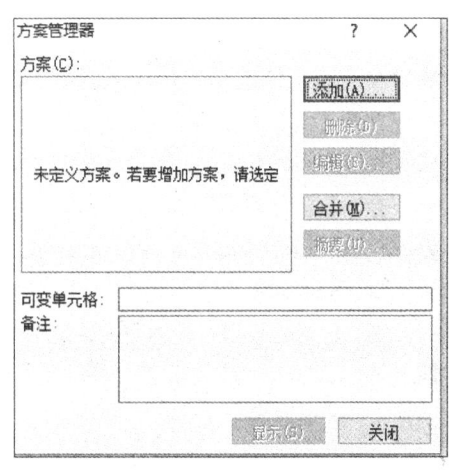

图 11-19　方案管理器

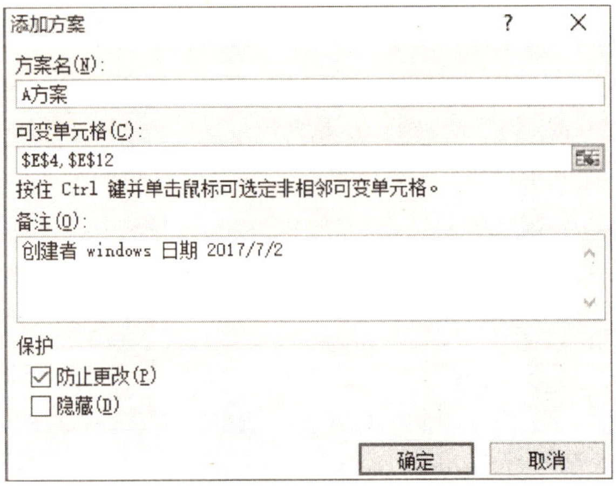

图 11-20　添加 A 方案

（2）在"方案名"框中输入方案的名字。

（3）在"可变单元格"框中输入假设条件所在的单元地址或引用，可变单元格（假设条件）最多为 23 个。

温馨提示

若要选择多个不相邻的单元区域，请在选定单元格或单元区域的同时，按住 Ctrl 键。每一个方案可以设置一组不同的可变单元。

（4）单击[确定]按钮，出现"方案变量值"对话框，如图 11-21 所示。在"方案变量值"对话框的可变单元格的下列框中输入各方案的值。

3. 显示方案

在"方案管理器"对话框中，选定想使用的方案名字，单击"方案管理器"对话框中的[显示]按钮，选定方案的输入值会出现在工作表的"可变单元格"中，工作表会重新计算以反映新的结果，如图 11-12 所示。

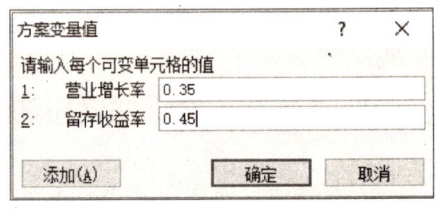

图 11-21　方案变量值输入

4. 修改方案

在"方案管理器"对话框中，选择需要修改的方案，单击"方案管理器"对话框中的[编辑]按钮，出现"编辑方案"对话框，此时可以根据需要改变可变单元的地址和数值。

5. 删除方案

在"方案管理器"对话框中，选择需要删除的方案，单击"方案管理器"对话框中的[删除]按钮，此时，所选方案被删除。

6. 合并方案

在"方案管理器"对话框中，单击[合并]按钮，出现"合并方案"对话框。在"工作簿"框内选择工作簿名字，并在"工作表"框内，选择含有要合并的方案的工作表名字。单击[确定]按钮,所有在源工作表中定义的方案都要复制到活动工作表中。

7. 建立方案总结报告

在"方案管理器"对话框中,选择[总结]按钮,出现"方案总结"对话框。在"工作簿"框中,输入结果单元格的引用位置或名字,以便在报告中显示这些单元格。如果输入一个以上的单元引用,应该用逗号隔开它们。当输入完成之后,单击[确定]按钮,Excel 会自动在本工作簿中的另一张工作表上建立报告,并且把该工作表命名为"方案总结"或"方案数据透视表"。

下面通过案例说明其用法。

11.4.2 运用方案管理器进行外部资金需要量预测分析

【例 11-3】 承图 11-15,在财务预算模型中,分析 ABC 公司外部资金需要量与营业增长率、留存收益率是否有紧密的关系。ABC 公司想同时改变财务预算模型中的两个条件:营业增长率、留存收益率,并给出三个假设方案:

A 方案:营业增长率为 35%,留存收益率为 45%。

B 方案:营业增长率为 40%,留存收益率为 50%。

C 方案:营业增长率为 45%,留存收益率为 55%。

ABC 公司希望财务管理人员分析出三组不同的假设方案对外部资金需要量的影响,并给出三组方案的综合比较报告。

对于这种问题,如果用逐步测试法或逆推法都显得比较困难。因此,财务管理人员决定采用方案管理器工具进行分析,解决上述问题。

具体操作步骤如下:

(1)选择"财务预算模型"工作表中的财务预算区域。

(2)将要分析的变量定义名称。选择单元格 E4,点击"公式"菜单栏上的定义名称图标,在弹出的对话框中填入"营业增长率",如图 11-21 所示;选择单元格 E12,点击"公式"菜单栏上的定义名称图标,在弹出的对话框中填入"留存收益率",如图 11-21 所示;选择单元格 E14,点击"公式"菜单栏上的定义名称图标,在弹出的对话框中填入"外部资金需要量"。这样做的目的是当 Excel 给出方案时,显示的是名称而不是地址,便于分析。

(3)选择"方案管理器"添加方案。点击"数据"菜单栏上的模拟分析图标,选择"方案管理器",出现如图 11-19 所示界面。点击[添加]按钮,出现如图 11-20 所示界面,添加 A 方案,并在"可变单元格"栏内输入要分析的两个条件的地址,地址之间用英文的逗号分开;点击[确定]按钮后弹出"方案变量值"对话框,如图 11-21 所示。将 A 方案已知数据填入,点击[添加]按钮,继续添加 B 方案和 C 方案,方案添加完毕后,点击[确定]按钮后,弹出如图 11-22 所示对话框。点击图 11-22 中的[摘要]按钮,出现如图 11-23 所示界面,在"报表类型"下选择"方案摘要"选项;在"结果单元格"下输入外部资金需要量地址 F14。点击[确定]按钮后,Excel 会产生方案摘

图 11-22 三个方案设置完毕

要，如图 11-24 所示。

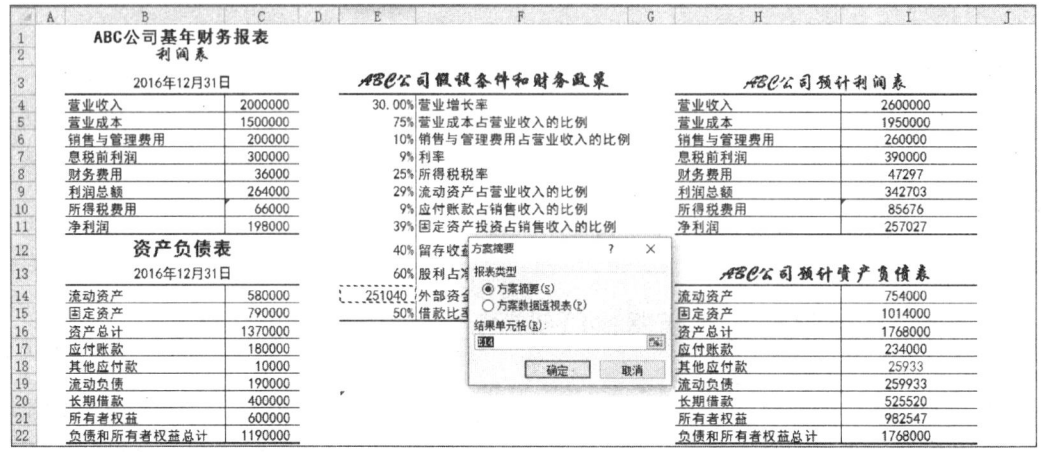

图 11-23　选择方案摘要

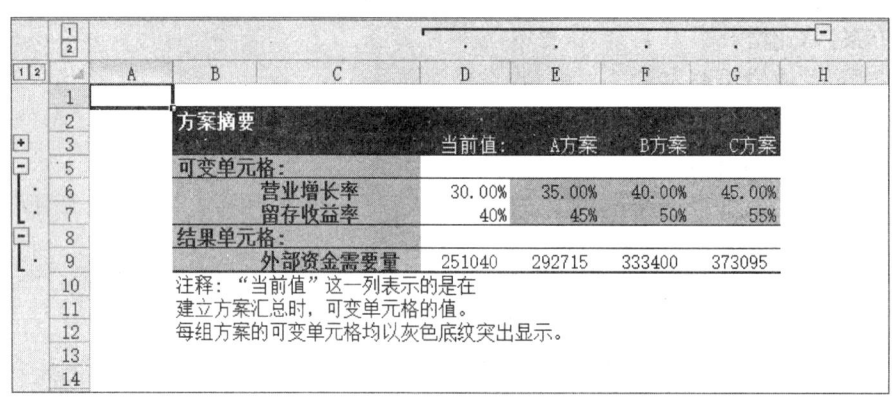

图 11-24　方案摘要分析

至此，全面预算和财务预算方法介绍完毕，财务人员可以根据需要选择使用。

第12章　会计与财务管理信息系统的设计与实现

到目前为止,本书介绍了如何设计各种会计与财务管理模型的方法,并建立了各种会计与财务管理模型。然而,每个模型都是分散地存放在相应工作簿的工作表中,财务管理人员需要使用该模型进行分析时,必须选择包含模型的工作簿所在的目录,然后再选择具体管理模型所在的工作表等,即每次使用模型都必须重复复杂的操作步骤。为了减少不必要的操作,以及让更多不太熟悉 Excel 2010 的财务管理人员和企业管理者都能非常方便地使用已经设计好的模型,就需要应用 Excel 2010 的"宏"技术或"超链接"工具,将设计好的模型有机地组合起来,建立一个面向管理者的会计与财务管理信息系统。因为"宏"在使用时要受到许多限制,本章主要介绍利用"超链接"来实现会计与财务管理信息系统的设计,如何设计用户界面以及建立会计与财务管理信息系统的技术和方法。

12.1　建立会计与财务管理信息系统的意义

随着经济的发展和市场竞争的加剧,每个企业面临的市场环境在不断地发生变化,作为企业的管理者应该随时对市场发生的变化作出反应,因此要求企业应该有一套现代、科学化的管理工具。进行会计与财务管理的现代化势在必行。从这个意义上说,建立会计与财务管理信息系统是非常必要的,也是非常及时和实用的,本书的目的不仅仅是建立会计与财务管理信息系统,而且还旨在教会读者如何设计所需要的会计与财务管理信息系统,如何方便地使用会计与财务管理信息系统。

假设当管理者打开 Excel 2010"会计与财务管理信息系统"工作簿时,会计与财务管理信息系统界面就会自动地显示在屏幕上,如图 12-1 所示。管理者可以通过系统中的菜单选择命令进入相应的管理模型,如点击会计信息系统中的"账务处理系统"图标,则进入账务处理系统界面,该模型包括的主要内容将清晰地展现在管理

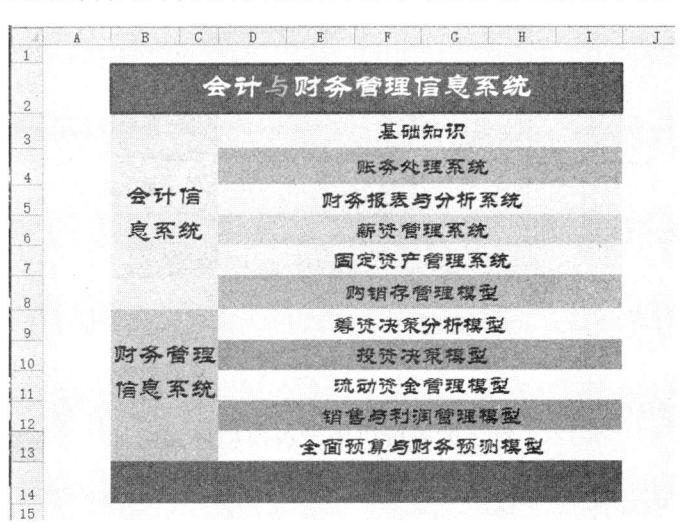

图12-1　会计与财务管理信息系统主界面

者面前,如图 12-2 所示;如果想进入"财务管理信息系统"中"筹资决策分析模型"界面,点击该图标,便自动进入筹资决策分析模型界面,该模型包括的主要内容将清晰地展现在管理者面前,管理者通过该界面能一目了然地了解该工作簿中包含哪些模型,如图 12-3 所示,通过点击该界面上的图标,即可直接进入相应的各个模型。

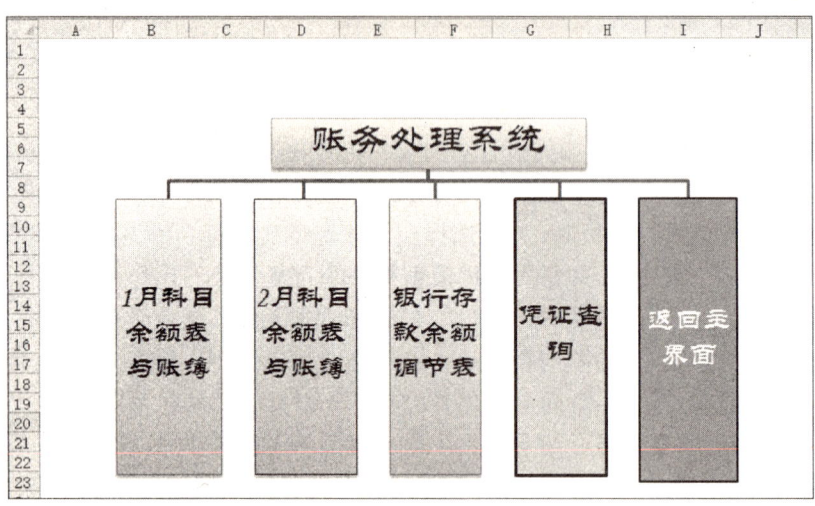

图 12-2 账务处理系统界面

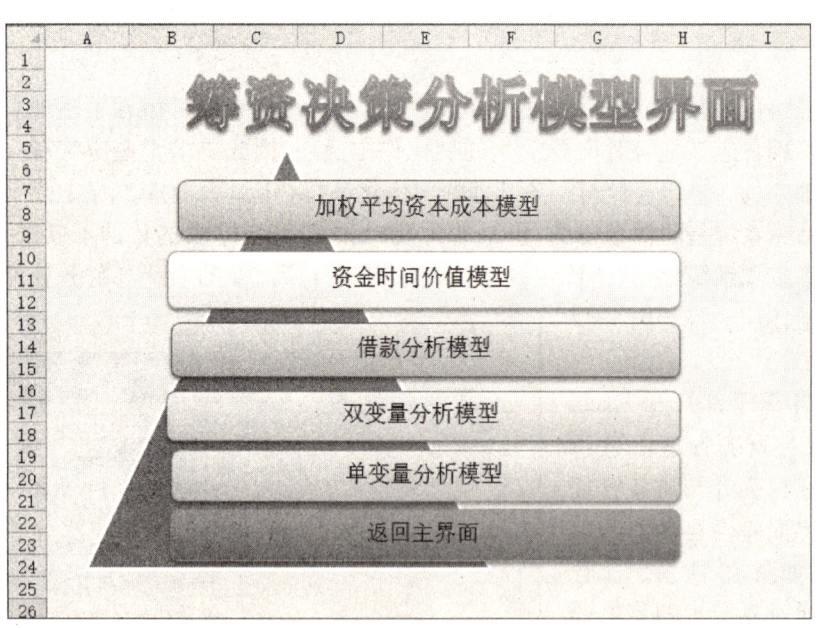

图 12-3 筹资决策分析模型界面

图 12-3 所示的筹资决策分析模型界面由加权平均资本成本模型、资金时间价值模型、借款分析模型、双变量分析模型、单变量分析模型等组成,管理者可根据需要点击相应的模型图标,进入相应的模型中,以便进行各种管理、分析、决策工作。当管理工作完成后,管理者可点击"返回主界面"图标,即可返回如图 12-1 所示的上一级主界面。

12.2　建立会计与财务管理信息系统的方法

Excel可以广泛地应用于财务、行政、金融、经济、统计和审计等众多的领域，它是一个强有力的经济信息分析工具，主要体现在它的超级链接技术上。利用超链接所提供的功能，财务管理人员可以按自动方式执行日常的管理、分析、决策任务，还可以按需要加入某些自定义的操作和功能，直至建立一个完整的会计与财务管理信息系统。

12.2.1　将各个章工作簿和工作表命名

前述章节已提及要将每个工作表和工作簿根据具体内容命名，例如，第1章中建立的工作簿命名为"基础知识"，其中设计的模型根据具体内容命名，如"地址引用""区域求和""智能功能""成绩单""SUMIF函数""VLOOKUP函数""DGET函数"等，即要建立的该章模型界面与工作表的名称一一对应，然后在"基础知识"工作簿中插入一张工作表，将其命名为"基础知识界面"，这样建立超链接时连接内容就比较明了。

12.2.2　建立基础知识界面

将以上工作做好后，建立基础知识界面，如图12-4所示。

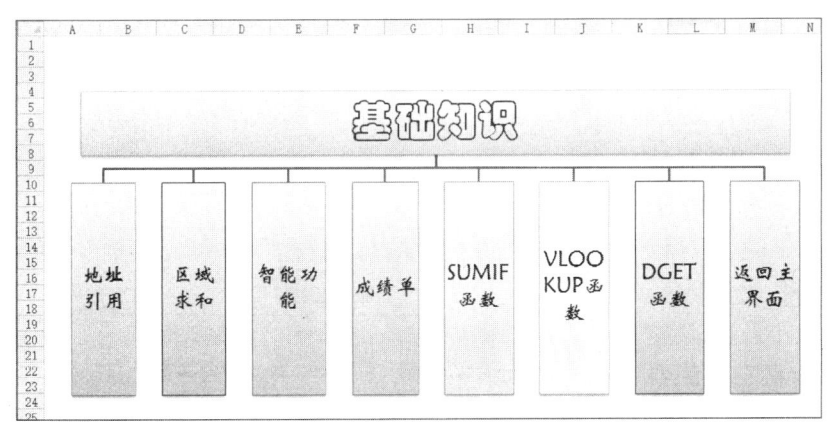

图12-4　基础知识界面

设计该界面具体做法如下：

（1）在"插入"菜单栏中选择"SmartArt"图标，出现如图12-5所示界面，选择其中任何一种层次结构图，这里选择第一个结构图，出现如图12-6所示界面。

（2）在最上面文本框中填入文字"基础知识"，对左面第一个下级文本框，不需要可剪切掉，在下一级文本框进行填入相应文字，如图12-4所示。当二级文本框不够时，可以选择最后一个文本框，点击鼠标右键，选择"添加形状"，则可以在该文本框后添加一个矩形形

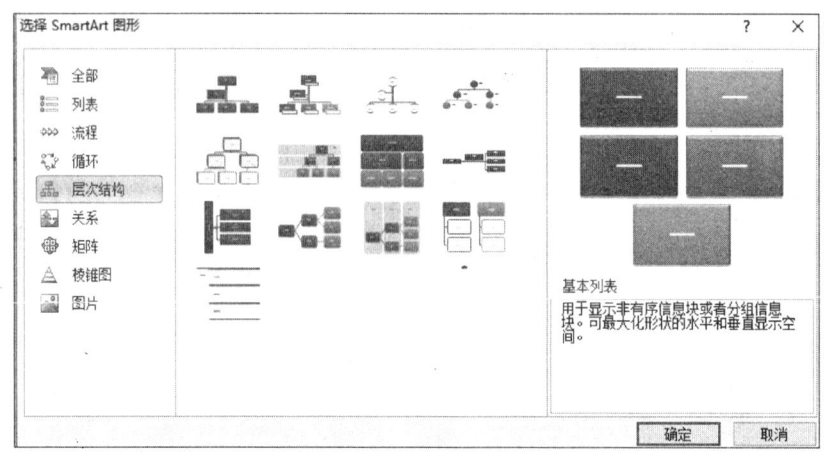

图 12-5　基础知识界面设计步骤(一)

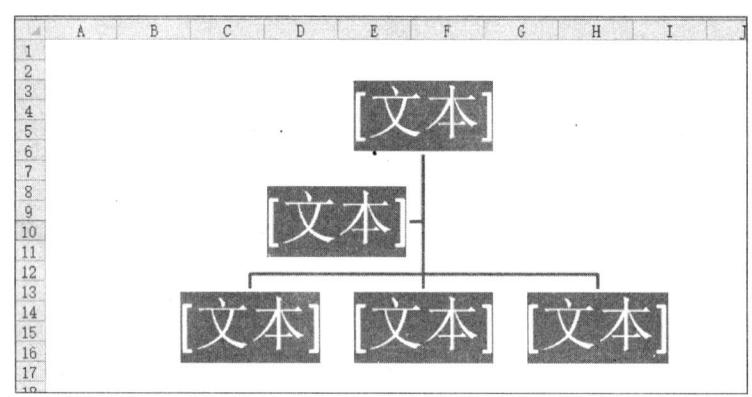

图 12-6　基础知识界面设计步骤(二)

状,如此反复,可以添加所需要的矩形形状,如图 12-7所示。之后对该矩形进行编辑:改变颜色、字体、字号大小设置、调整矩形形状等,调整成为自己想要设计的界面,如图 12-4 就是这样设计出来的;而且在"SmartArt"中,有很多图形供读者选择,读者可以从中选择自己喜欢的图形进行设计。如图 12-1 至图 12-3 都是

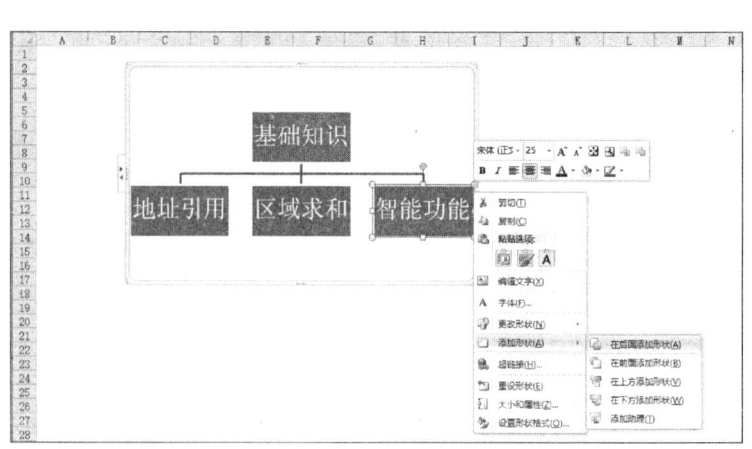

图 12-7　基础知识界面设计步骤(三)

从中选择的图形进行设计的,后面不再赘述,读者可以通过练习进行界面设计,利用 Excel 2010 中的众多工具,以增加自己对 Excel 更多的了解。

12.2.3　将界面与该章各个模型建立超级链接

假设按照以上步骤,读者已经把基础知识设置完毕后,应进行如下操作:

(1)点击[保存]按钮,将该界面保存下来。

(2)点击第一个"地址引用"图标,出现选中状态,点击鼠标右键,选择"超链接",出现如图 12-8 所示界面,选择"书签",出现如图 12-9 所示的界面。点击"地址引用"工作表后,按[确定]按钮,回到图 12-8 所示界面,再点击[确定]按钮,这样界面上的"地址引用"图标就与工作表地址引用建立起超级链接。此时再点击"地址引用"图标,就会出现一个"小手"形状指向地址引用,说明链接上了;否则,应检查一下是否没有链接上。若没有链接上,可以点击鼠标右键,点击"编辑超链接",重复以上的步骤即可。

图 12-8　对地址引用进行超级链接

图 12-9　单元格引用界面

（3）在"地址引用"界面建立一个图标，这个图标可以是任何形状：可以是图标、图片、剪贴画等，也可以从"添加形状"中随便找出一个图形，如图 12-10 所示。

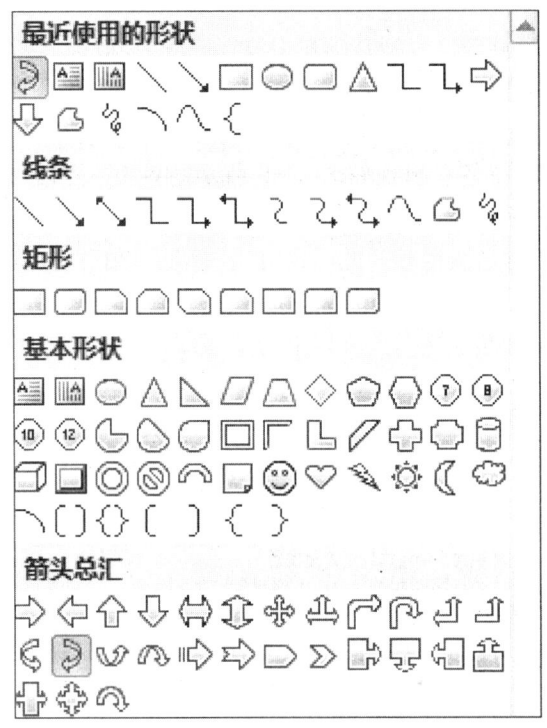

图 12-10　图标形状的选择

选择有象形意义的"箭头"返回图标，再对箭头图标进行超链接，重复刚才的超链接步骤，只不过这一次，选择书签里的"基础知识界面"，这样就返回的基础知识界面了。

（4）同理，重复刚才的过程，可以把基础知识界面的各个图标与基础知识工作表的各个相应的工作表连接起来。

（5）同理，把每个工作簿的模型建立一个相应的界面，将界面与工作表中相应的模型建立超链接。

12.2.4　建立各个子系统超链接

具体操作步骤如下：

（1）选择"会计与财务管理信息系统"界面，如图 12-1 所示。

（2）点击"基础知识"图标，出现选中状态，点击鼠标右键选择"超链接"，选择当前文件为"第 1 章 Excel 2010 基础知识"，出现如图 12-11 所示界面。点击"书签"，出现如图 12-12 所示界面，选择"基础知识界面"，按[确定]按钮，回到图 12-11 所示界面。再点击[确定]按钮后，"会计与财务管理信息系统"界面的"基础知识"图标就与"基础知识"工作簿上的"基础知识界面"建立起超链接。此时，再点击"基础知识"图标，会出现一个"小手"形状指向"基础知识"，说明链接上了；否则，应检查一下是否没有链接上。

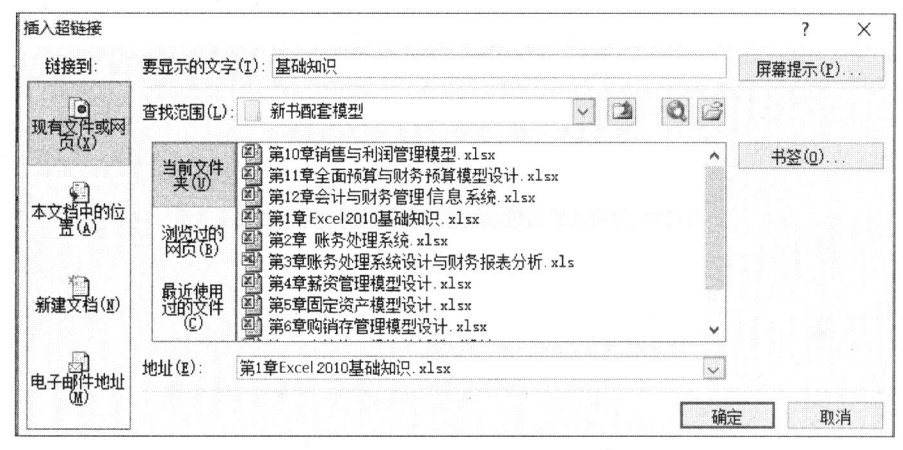

图 12-11 对基础知识图标进行超级链接

图 12-12 选择基础知识界面

温馨提示

　　若没有链接上，可以点击鼠标右键，点击"编辑超链接"，重复以上步骤即可。

　　（3）由"基础知识界面"返回"会计与财务管理信息系统"主界面。选择"基础知识界面"的"返回主界面"图标，点击鼠标右键，选择"超链接"，出现如图 12-13 所示界面。

　　选择当前文件为"第 12 章会计与财务管理信息系统"，点击"书签"，选择"会计与财务管理信息系统"工作表，出现如图 12-14 所示界面。点击[确定]按钮后，返回图 12-13 所示界面。再点击[确定]按钮，超链接就完成了。这样就由"基础知识界面"返回"会计与财务管理系统界面"了。

　　所不同的是这次是工作簿与工作簿之间的超链接。

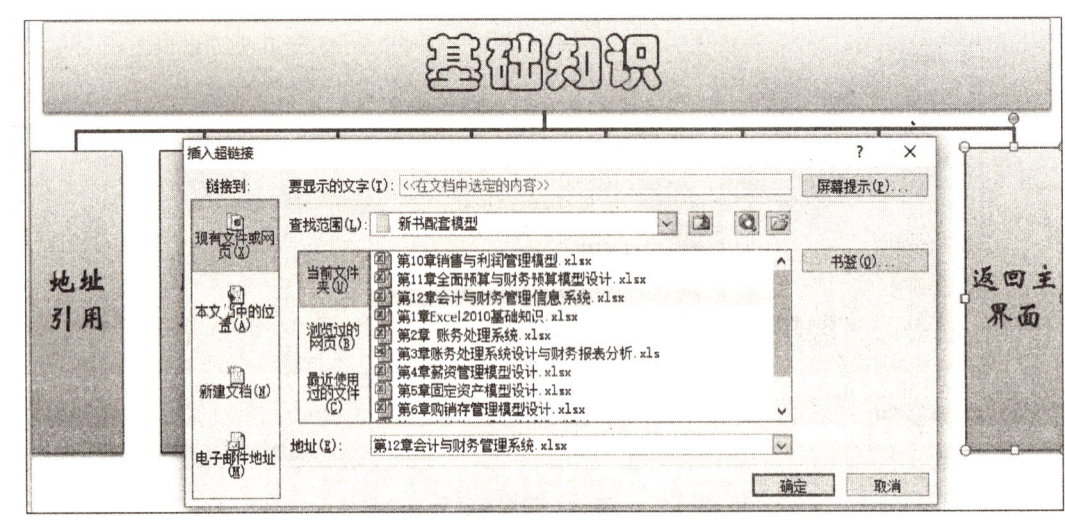

图 12-13　由基础知识界面返回主界面

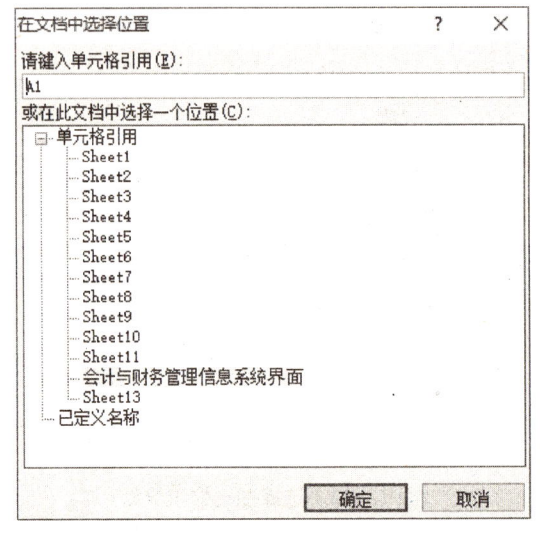

图12-14　与"会计与财务管理信息系统"工作表链接

（4）同理，重复刚才的步骤，可以把"会计与财务管理信息系统"界面的各个图标与各个工作簿对应界面工作表建立起超链接。至此，整个会计与财务管理信息系统就建立起来了。

温馨提示

　　关于界面的设计，读者不一定局限于书中所讲的方法，也可以自己设计其他的界面。只要是你认为是可行的，而且最后能用超链接形成一个完美的系统，就都是可行的，这样可有更多个性化的图文并茂的设计出现，为枯燥的学习增添一些色彩和情趣，使学习变成快乐的事！

下面列示各章界面设计的方法,供读者选择或参考,如图 12-15 至图 12-19 所示。

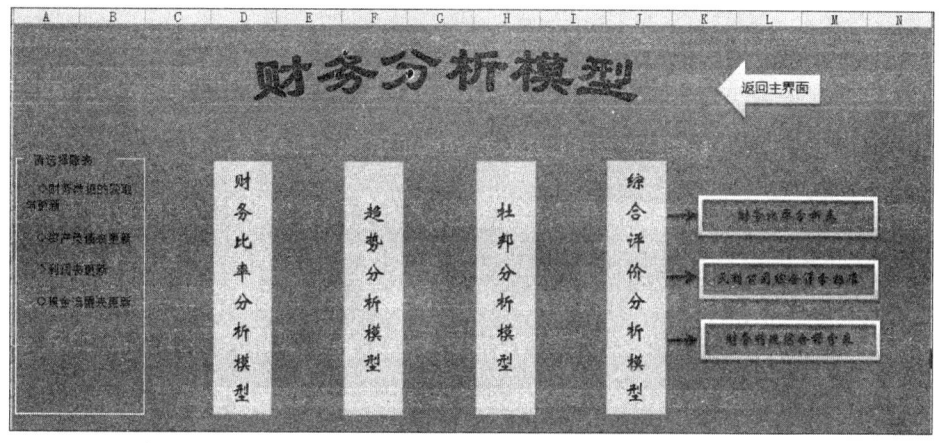

图 12-15 财务分析模型界面设计

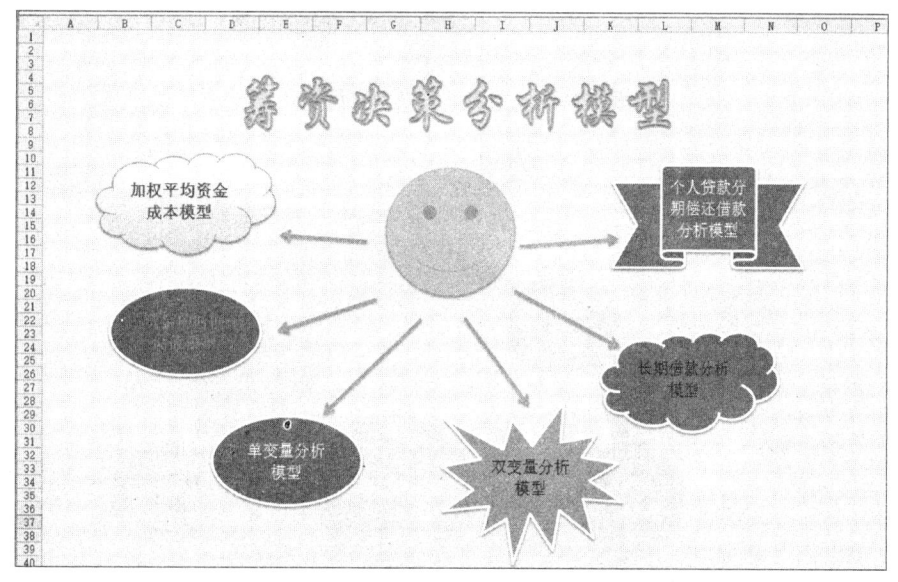

图 12-16 筹资决策分析模型界面设计

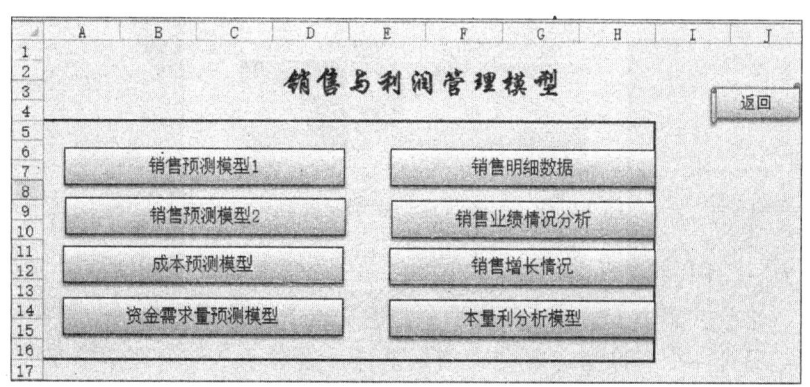

图 12-17 销售与利润管理模型界面设计

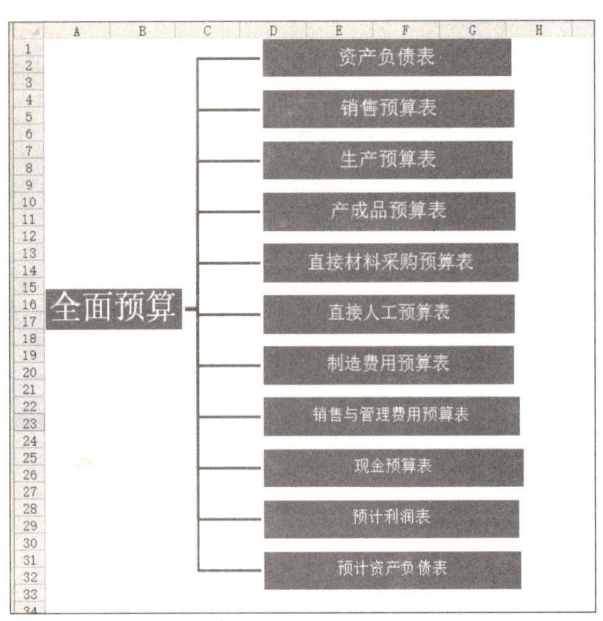

图 12-18　全面预算模型界面设计

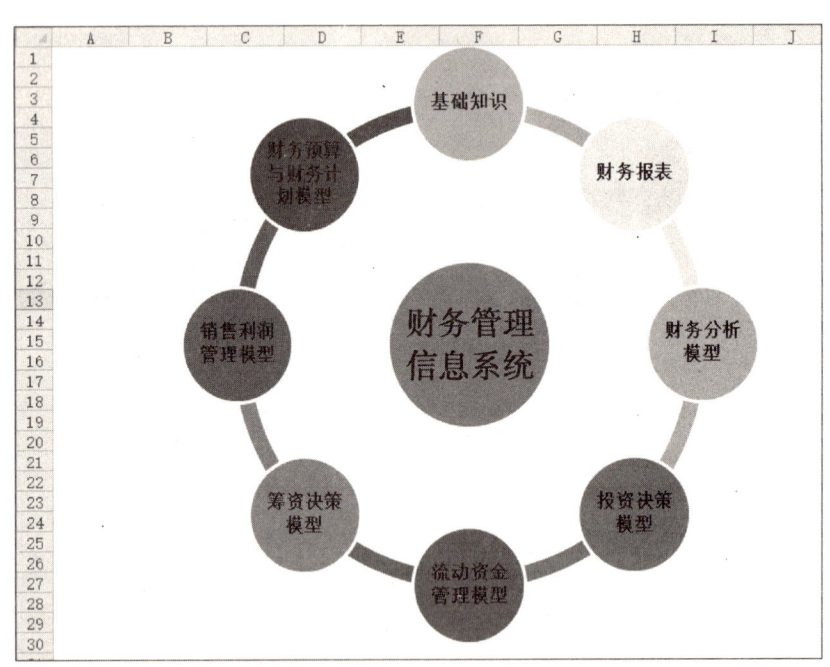

图 12-19　财务管理信息系统模型界面设计

　　至此，整个会计与财务管理信息系统就建立完毕了，本书也到此结束了，相信完整学习下来的学生一定收获颇丰。学生不仅能学会利用 Excel 2010 设计会计与财务管理的模型，而且还会自己设计一个会计与财务管理信息系统。这对于一个管理学类专业的学生来讲在过去是不敢想象的，而现在却亲自做到了，一定很有成就感吧！